w

Klaus Hanisch

Echt Prag

Als Reporter bei Menschen, Wandel, Schicksalstagen

Wiesenburg Verlag

Bibliographische Information der Deutschen Nationalbibliothek:

Die Deutsche Nationalbibliothek verzeichnet diese Publikation
in der Deutschen Nationalbibliographie;
detaillierte bibliographische Daten sind im Internet
über http://dnb.d-nb.de abrufbar.

2. Auflage 2012
Wiesenburg Verlag
Postfach 4410 · 97412 Schweinfurt
www.wiesenburgverlag.de

Layout:
Media-Print-Service • 97456 Dittelbrunn

© Wiesenburg Verlag

ISBN 978-3-942063-72-2

Inhalt

Vorwort

Früher ging ich gerne in das Lokal „U dvou koček" („Zu den zwei Katzen"). Es liegt in einem der für Prag typischen Arkadengänge auf dem Uhelný trh, dem früheren Kohlenmarkt. Ein „tierischer" Platz. Schräg gegenüber befindet sich das Haus „Zu den drei goldenen Löwen", in dem Wolfgang Amadeus Mozart ab Oktober 1787 wohnte und an seiner Oper „Don Giovanni" arbeitete.

Das „koček" ist seit vielen Jahren ein Klassiker unter den Prager Kneipen. Die Geschichte des Hauses soll bis ins späte 13. Jahrhundert zurückreichen, worauf eine Holztäfelung am Tresen hinwies. Eine Gaststätte wurde darin erstmals 1677 eingerichtet. Populär wurde sie auch durch die tschechoslowakische Komödie „Vrchní, prchni" (deutscher Titel: „Lauf, Ober, lauf!"), die Ladislav Smoljak im Jahr 1980 nach einem Drehbuch von Zdeněk Svěrák verfilmte.

Selbst während der kommunistischen Zeit priesen Reiseführer dieses beliebte Restaurant mit überschwänglichen Worten. Seinen Ruf verdanke es seiner vorzüglichen Küche und seinem Pilsner Urquell, bei dessen bloßer Erwähnung man sich auf einen Schluck Bier freue, verfiel der Autor Ctibor Pybár in einem Buch aus dem Jahr 1970 in geradezu marktwirtschaftliche Werbephrasen. Doch er hatte nicht Unrecht. Das „koček" stand für Qualität und war trotzdem nie so überlaufen wie das „U Fleků" und andere Bierlokale, die auch von Ausländern aufgesucht werden. Stattdessen saßen im Vorraum lange Zeit nur Prager auf schmalen Bierbänken kuschelig rund um die Theke.

Ein Kunde, der immer die gleiche Kneipe aufsucht, heißt auch im Tschechischen *štamgast*. Und er genoss im „koček" viele Vorteile. So hatte er ein Anrecht auf den stets gleichen Sitzplatz und bekam das Bier oft in seinem persönlichen Krug vorgesetzt. Seine Zeche durfte er, falls nötig, erst beim nächsten Besuch bezahlen. Zudem verrechnete sich der Kellner bei ihm nie.

In Lokalen wie dem „koček" zeigen Ober bis heute keinerlei Gefühlsregungen und verrichten ihren Job ohne jegliches Lächeln oder einen Kommentar. Deshalb vermitteln sie den Anschein, als ob sie immer schlechte Laune haben. Waren sie im „koček" jedoch tatsächlich einmal mies gestimmt, bekamen dies die seltenen Gäste zu spüren. Also Neulinge, Touristen oder Ausländer, die mit ihren Besuchen sowieso nur die Sitzordnung durcheinander brachten. Auch für das „koček" galt lange: je typischer die Kneipe, desto lauter die Gäste und heftiger der Aufprall, wenn das erste Halblitergefäß gebracht wurde.

Im „besseren" Gastraum links neben der Theke servierten Bedienungskräfte die ganze Palette der tschechischen Küche. Mit Lendenbraten und Gulasch als Hauptattraktionen. Dazu gab es schäumendes Pilsner Urquell in großen Gefäßen. Zum krönenden Abschluss drehte eine Bedienung ihre Runde mit einem Tablett voller Becherovka-Gläser, dem Kräuterlikor aus Karlsbad. Wer besonderes Glück hatte, wurde dabei nicht einmal von einem Alleinunterhalter mit allzu bekannten böhmischen Weisen auf einem Akkordeon gestört. Und das Pissoir war, wie üblich, ein stinkendes Loch.

Eines Tages stand plötzlich ein kleines unansehnliches Männchen von weit über 70 Jahren an der Tür, wo niemals zuvor ein Menschen auf Gäste gewartet hatte.

„Macht 20 Kronen Eintritt", sagte er und hielt die Hand auf.

„Kommt nicht in Frage", wehrte ich entschieden ab.

Es war nicht auszuschließen, dass der Mann tatsächlich vom Besitzer als neuer Türsteher bestellt worden war. Allerdings konnte er auch einer von den Zechern aus der Eingangshalle sein, der sich lediglich einen Scherz mit mir machen wollte.

„Gut", legte der Alte nach, „gibst du mir zehn Kronen für den Eintritt und zehn Kronen für deine Garderobe."

„Auf keinen Fall", verwarf ich seinen Vorschlag. Zwar hatten 20 Kronen damals nur den Wert von ein paar Pfennigen. Doch es ging ums Prinzip.

„In Ordnung", bot der Mann schließlich an, „dann gibst du mir zehn Kronen, und ich passe umsonst auf deinen Mantel auf."

Vor so viel Prag-matismus gab ich mich schließlich geschlagen.

Mittlerweile ist das „koček" nur noch ein Lokal von vielen in der Altstadt. Die Preise sind überteuert, die Güte nicht mehr so wie einst, und die Prager sind aus dem Vorraum längst verschwunden oder vertrieben worden. Lediglich die Toiletten entsprechen nach dem EU-Beitritt Tschechiens penibel den europäischen Vorschriften.

In der Komödie von Smoljak mimte der berühmte tschechische Schauspieler Josef Abrhám nur einen Hochstapler und falschen Kellner. Im wahren „koček" erhöhen echte Ober den Rechnungsbetrag jetzt gerne mal um 100 Kronen, um ihr Trinkgeld „abzusichern". Deshalb wird im Internet über dieses Gasthaus in englischer Sprache geschimpft („Are you happy to add the equivalent of 5 Euro per person(!) for service+music+whatever charges?"). Und ebenso auf französisch („Nous avons à la place pu apprécier la fourberie d'une équipe rodée à la tromperie. Une honte!").

Der alte Mann vom Eingang ist wahrscheinlich schon gestorben. Doch sein Geist voller Witz und Ironie schwebt noch immer über vielen Gassen und in zahlreichen Räumen Prags. Die Stadt kennt viele Gesichter. Originale wie diesen Alten, Vorbilder, Außenseiter, Einzelschicksale. Tschechen und Ausländer, die gemeinsam das Bild von Prag als einer internationalen Metropole prägen.

Von ihnen will dieses Buch erzählen. Begegnungen mit diesen Menschen machen Vorgänge und Ereignisse lebendig, die nicht in Reiseführern stehen oder in fiktionalen Erzählungen oft nur verklärt wiedergegeben werden. Sie sorgen dafür, dass die Stadt nicht zu einem blutleeren Museum zwischen Burg und Altstädter Ring verkommt und somit ihrer eigenen Pracht erliegt.

Und es geht in diesem Buch auch um den Wandel, den Prag und seine Bewohner durchlebt haben. Wie im „koček". Es will also schildern, wie das Leben und seine Menschen in Prag wirklich sind. Unverfälscht, authentisch, in seiner ganzen Vielfalt. Das echte Prag eben.

Prag, im Juli 2011

Die letzten Tage von Prag

Kommt es zum Krieg zwischen Tschechen und Slowaken? Wird aus der „Samtenen" Revolution drei Jahre später doch noch eine blutige? Diese Fragen beschäftigen viele Menschen in Europa, nachdem sich beide Völker dazu entschlossen haben, ihren Bundesstaat zum Jahresende 1992 aufzulösen. Sie denken jetzt unwillkürlich an Jugoslawien, denn dort tobt zur gleichen Zeit ein menschenverachtender Bürgerkrieg. Auch auf dem Balkan streben Teilrepubliken nach den politischen Veränderungen im ehemaligen sozialistischen Osteuropa nach mehr Autonomie und Unabhängigkeit. In Slowenien gab es bereits einen militärischen Konflikt. In Kroatien begann anschließend ein Krieg, der schon Monate andauert. In diesem Jahr '92 hat er sich auf Bosnien und Herzegowina ausgeweitet. Und überall schießen ebenfalls vermeintliche Brüder aufeinander, die jahrzehntelang friedlich zusammenlebten. Vergleiche mit der vereinbarten Trennung von Tschechen und Slowaken drängen sich daher geradezu auf.

So haben Prager Korrespondenten und Autoren übers Jahr 1992 alle Hände voll damit zu tun, ihre Leser und Hörer in der Heimat zu beruhigen. Ein entscheidendes Zitat liefert ihnen der frühere Außenminister Jiří Dienstbier, der mit seinem Amtskollegen Hans-Dietrich Genscher in den revolutionären Tagen kurz vor Weihnachten 1989 am Übergang Rozvadov/Waidhaus den Grenzzaun zwischen Deutschland und der Tschechoslowakei zerschnitt. „Eine Lösung à la Slobodan Milošević" entspreche nicht dem Wesen der Tschechoslowaken, sagt Dienstbier, jetzt prominenter Oppositionspolitiker, in Anspielung auf den serbischen Präsidenten.

Tatsächlich bewegt die Bewohner Prags im Dezember 1992 eine ganz andere Frage: Endzeit oder Aufbruch? Viele Menschen suchen drei Jahre nach der Revolution in der Tschechoslowakei noch immer nach ihrem Selbstverständnis und ihrer Rolle in der neuen demokratischen Gesellschaft. Sicher wissen sie lediglich, dass ihre Metropole schon wieder eine historische Stunde erlebt: Prag ist nur noch für wenige Tage die gemeinsame Hauptstadt von Tschechen und Slowaken.

Weiterer Wandel muss kommen. Unklar ist, in welche Richtung er jeden Einzelnen führen wird. Jaroslav Šimandl bemüht sich bereits intensiv darum, seine persönliche Zukunft zu gestalten. Er ist ein renommierter Fotograf in Prag und kreierte bereits Werbekampagnen für Pelzmäntel und Parfums, ebenso ein CD-Cover des populären Schlagerstars Karel Gott und eine Fotostrecke mit dem tschechischen Top-Model Simona Krainová. Diese Erfolge sind für ihn in dieser unruhigen Zeit jedoch keine Garantie dafür, auch weiterhin erfolgreich zu sein. Šimandl muss sich neue Ziele setzen und will nun auch im Ausland bekannt werden. Zu seiner Freude und ein wenig auch zu seiner Überraschung hat die weltweit operierende Werbeagentur Saatchi&Saatchi ihre Fühler nach ihm ausgestreckt. „Er könnte bald wie ein Kapitalist verdienen", freut sich seine sympathische Frau bei unserem gemeinsamen Abendessen in seinem Haus in Lysolaje weit oben im Nordwesten Prags. „Bestenfalls wie ein kleiner Kapitalist", winkt ihr Gatte vorläufig noch ab.

Ich habe Šimandl in der Redaktion des tschechischen „Playboy" kennen gelernt. Das Magazin ist ein prägnantes Ergebnis der Zeitenwende. Als Lizenznehmer des amerikanischen Mutterhauses eröffnet der „Playboy" den Tschechen Anfang der 1990er Jahre eine Welt aus Erotik, Glanz und Prominenz, die ihnen unter der „Diktatur des Proletariats" über Jahrzehnte verborgen und verboten blieb. Dafür residieren seine Mitarbeiter an einem fürstlichen Ort, im Palác Lucerna mitten in der Prager City. An der Spitze des „Playboy" steht Jaroslav Kořán. Er ist 53 Jahre alt, war früher Autor und Übersetzer und übertrug unter anderem Henry Millers „Stille Tage in Clichy" ins Tschechische. Dann stieg er zum Oberbürgermeister von Prag auf, musste aber wegen seiner allzu autoritären Amtsführung zurücktreten. Nun ist Kořán Chefredakteur des „Playboy" - eine Karriere, wie sie nur in den Jahren zwischen der Revolution 1989 und diesem Dezember 1992 möglich werden konnte. Nach den vielen missmutigen Politikern fühle er sich inmitten seiner bildhübschen Mädchen derzeit wie in einem Schwebezustand, lacht Kořán in seinem Büro.

Für ihn ist Zeit bereits ein knappes Gut. „Ich muss gleich nach Mähren fahren", ruft er mir zu. Was bei Tschechen immer so klingt, als würden sie zu einer Weltreise aufbrechen und nicht nur ein paar hundert Kilometer in Richtung Osten. Und Kořán muss Geld verdienen. Der „Playboy" und sein Verlag wollen auf den neuen Märkten in Osteuropa satte Gewinne einfahren. Wie das in Zukunft besser klappen könnte, möchte eine junge Kollegin von Kořán erfahren, die mich auf dem Flur abfängt. „Vielleicht haben Sie später noch eine Minute für mich", sagt die Mitarbeiterin aus der Marketingabteilung, „mich würde brennend interessieren, wie das bei Ihnen im Westen mit Werbung und Inseraten abläuft." Der „Playboy" kostet stolze 99 Kronen, für Tschechen fast unerschwinglich, und mögen sie noch so neugierig sein. Deshalb rechnen seine Macher „mal zehn": Sie gehen davon aus, dass jedes Heft einen Käufer und neun weitere Leser findet. So kommen sie auf eine hohe Leserschaft, mit der sich mehr Anzeigenkunden locken lassen. Mit solchen Zahlenspielen kalkulieren deshalb auch andere tschechische Magazine bis heute gerne in der Öffentlichkeit.

Im Zimmer neben Kořán sitzt Art Director Jan Glozar und ist nicht gut auf seinen Chef zu sprechen. Gerade trug er ihm die Idee von einem Foto-Shooting mit einer Playmate auf den Dächern hoch über dem Wenzelsplatz vor. Doch Kořán lehnte ab. „Was immer ich auch vorschlage, mit dem Dickschädel ist einfach nichts zu machen", ärgert sich der kreative Kopf. Deshalb hat Glozar gekündigt. Im neuen Jahr will er lieber für eine Computerfirma in Prag arbeiten. Glozar tritt in ein Unternehmen ein, das mit vielen anderen eine neue Gründerzeit in Prag eingeleitet hat. Auch Weltkonzerne haben die Boomtown an der Moldau wieder entdeckt. Henkel kramte seine berühmte Persil-Werbung aus der Frühzeit der deutschen Marktwirtschaft hervor, jene Frau in weißem Kleid und Hut auf grünem Grund und mit einer Packung Waschpulver in der Hand. Sie lacht die Prager nun von einer Hauswand am Wenzelsplatz an und ist so hoch wie fünf Stockwerke. Auf dem Boulevard gibt es zudem schon eine McDonalds-Filiale. Der japanische Elektronikkonzern Toshiba und mehrere Fluggesellschaften ließen riesige Werbetafeln weithin sichtbar auf Dächern oder obersten Hausetagen montieren. Die Abkehr von der Plan- zur Marktwirtschaft verläuft schnell und schrill.

Das Land, dem Prag noch als Hauptstadt dient, heißt seit April 1990 Tschechische und Slowakische Föderative Republik (ČSFR). Kaum war die Trennung beider Landesteile beschlossen, erinnerte sich das Ausland wieder daran, dass es bei dieser Namensgebung vor zweieinhalb Jahren zu einem heftigen Streit zwischen Tschechen und Slowaken gekommen war. Dabei ging es nur um die Frage, ob das Land mit Bindestrich geschrieben werden sollte, wie Präsident Havel vorschlug, oder ohne, was schließlich die Bundesversammlung befürwortete. Wenn schon solch eine Lappalie einen Zwist verursachte, wie könne dann erst eine komplette Trennung friedlich verlaufen, fragten sich deshalb nicht wenige im Ausland. Vor allem die Deutschen fürchteten, dass die geplante „sanfte Scheidung" in eine blutige Auseinandersetzung münden könnte. Schließlich hat Deutschland mit keinem anderen Nachbarn eine längere Grenze als mit den Tschechen. Nur zu Österreich ist sie ebenfalls über 800 Kilometer lang. Älteren kam wieder der 21. August 1968 in den Sinn, als Truppen des Warschauer Paktes in der Tschechoslowakei einmarschierten und dem „Prager Frühling" gewaltsam ein Ende bereiteten. Mitten im Kalten Krieg. Mit unabsehbaren Folgen.

Tatsächlich befindet sich die Republik nach der „Samtenen Revolution" von 1989 noch immer im Umbruch. Die gewaltigen Veränderungen brachten den Bürgern freie Wahlen und Reisemöglichkeiten, offene Grenzen und Rechtssicherheit. Doch in Wirtschaft und Gesellschaft sind die Folgen von 40 Jahren kommunistischer Befehlsherrschaft längst nicht überwunden. Infrastruktur und viele Betriebe sind in einem erbärmlichen Zustand, ebenso die Umwelt. Zu Jahresbeginn 1991 hatte Präsident Havel bereits ernüchtert bemerkt, man habe befürchtet, ein vernachlässigtes Haus zu übernehmen und müsse nun erkennen, eine Ruine geerbt zu haben. Auch die Arbeitsmotivation der Bevölkerung ist nicht sehr ausgeprägt. Viele Bürger sind enttäuscht darüber, dass alte kommunistische Eliten weiter in Behörden und Fabriken sitzen, weil das Land ohne Hilfe der ehemaligen Mittäter und Mitläufer nicht funktioniert. Nun schafft die Spaltung wieder neue Bedingungen. Ein großer Einheitsmarkt zerbricht, inländische Lieferbeziehungen werden zu komplizierten Auslandsgeschäften. Die über Jahrzehnte gewachsene Wirtschaft muss entflochten, Verkehr und Telekommunikation neu justiert werden. Es beginnt ein Kampf um ausländische Investoren, der bis zum heutigen Tag andauert. Allenthalben macht sich Unsicherheit breit.

So deutet vieles darauf hin, dass für Prag die Nachkriegs-Geschichte der Tschechoslowakei nicht mit dem revolutionären Umsturz vor drei Jahren endete, sondern erst jetzt mit dem Austritt der Slowaken aus dem gemeinsamen Staat. Bei den Wahlen im Juni 1992 wurden zudem Revolutionäre und Dissidenten wie Jiří Dienstbier weitgehend aus den Ämtern gewählt. Mit Václav Klaus im tschechischen und Vladimír Mečiar im slowakischen Landesteil kamen stattdessen nationalistische und separatistische Politiker an die Macht. Somit war der Teilungsprozess nicht mehr aufzuhalten. Auf Reisen in die Slowakei war Präsident Havel zuvor schon attackiert und beinahe verprügelt worden. Er hatte durchgesetzt, dass die Rüstungsindustrie landesweit auf ein Minimum begrenzt und Exporte gestoppt wurden, wobei dieser Industriezweig größtenteils in der Slowakei angesiedelt worden war. Gerade für die Produktion von Rüstungsgütern war die Tschechoslowakei seit Jahrzehnten berühmt, sie schafften Reichtum und Arbeitsplätze. Noch Mitte der 1980er Jahre nahm das kleine Land mit seinen Waffenexporten rund 1,5 Milliarden Dollar ein und lag damit an achter Stelle in der Welt. Slowakische Abgeordnete verhinderten die Wiederwahl von Havel. Die meisten der fünf Millionen Slowaken fühlten sich bevormundet. Dagegen sahen die doppelt so vielen Tschechen zunehmend größere Chancen für Wirtschaftsreformen ohne ihre rückständigen Brüder und Schwestern im Ostteil. Das Parlament in Bratislava erklärte die Slowakei schließlich am 17. Juli 1992 zum souveränen Staat. Die gemeinsame Bundesversammlung ratifizierte im November des gleichen Jahres ein Teilungsabkommen.

Nach dem Votum betonte der Vorsitzende der Versammlung, der Slowake Michal Kováč, dass damit eine friedliche Machtübergabe an die Regierungen beider Republiken gewährleistet sei. Er wertete dies zugleich als Appell und Versprechen an die Völkergemeinschaft und die eigenen Bürger. Aus heutiger Sicht und mit dem Wissen um die weitere Entwicklung erscheinen viele Bedenken von damals grotesk. Das waren sie auch in jenen Tagen schon, besonders bezüglich der vermeintlichen Kriegsgefahr. Tschechen gelten im allgemeinen als stur und misstrauisch, Slowaken dagegen als großherzig und hilfsbereit. In diesem Fall hielten sich beide Seiten jedoch an einen Fahrplan, um ihren gemeinsamen Staat nach 74 Jahren zu beerdigen, der eigentlich dem Vorbild der Schweiz nacheifern sollte. An einem runden Tisch in der Villa Tugendhat in Brünn, einem der wichtigsten Bauwerke der modernen Architektur von Ludwig Mies van der Rohe und seit 2001 ein UNESCO-Weltkulturerbe, wurde der Vertrag über die Teilung der Tschechoslowakei unterzeichnet. Beide Parteien einigten sich darauf, das jeder vom volkswirtschaftlichen Vermögen und den Schulden erhält, was auf seinem Territorium liegt. Ein kleiner Rest wurde gemäß der Einwohnerzahl im Verhältnis 2:1 aufgeteilt. Außerdem vereinbarten sie ein Wirtschaftsabkommen und eine Zollunion, einen Freundschaftsvertrag und eine enge Zusammenarbeit und Integration.

Daher kennzeichnet Ende 1992 nicht Hass die Stimmung in Prag, sondern oft Melancholie. Besonders spürbar wird sie in den alten Kaffeehäusern. Etwa im „Arco" gleich neben dem Masarykovo nádraží (Masaryk-Bahnhof), einem Knotenpunkt der inländischen Eisenbahnverbindungen. Das Traditionscafé erlebte seine besten Tage, als Literaten zu Gast waren, von denen es einige später zu Weltruhm brachten. Egon Erwin Kisch setzte hier nach Redaktionsschluss in seiner Zeitung „Bohemia" gerne die angebrochene Nacht fort. 1908 betrat Franz Werfel in Begleitung des Publizisten Willy Haas, des Dramatikers Paul Kornfeld, des Schriftstellers Otto Pick und weiteren Freunden erstmals das „Arco". Dort las er spontan aus seinen Schriften, sang, sprach und erzählte. Nach Werfels Erfolg mit dem Gedichtband „Der Weltfreund" wurde „sein" Café auch ausländischen Besuchern Prags wie Kurt Tucholsky ein Begriff. Gelegentlich kam Franz Kafka, im „Arco" lernte er die Journalistin Milena Jesenská kennen, woraus sich eine der größten Brief- und Liebesaffären der Literaturgeschichte entwickelte. Im Gegensatz zu anderen Prager Cafés, in denen Deutsche und Tschechen lieber unter sich blieben, traf sich im „Arco" die deutsche und jüdische Intelligenz der Stadt, die meist zweisprachig war und eine Verständigung mit den tschechischen Nachbarn suchte. Umgekehrt gingen auch tschechische Autoren trotz des schwelenden Nationalitätenkonflikts dorthin. In dem Café herrschte ein pazifistischer Geist, nicht wenige Gäste trachteten danach, dem wachsenden Nationalismus durch Übersetzungen beispielhafter Texte in die jeweils andere Sprache entgegen zu wirken. Die Kunden wurden deshalb oft als „Arconauten" bezeichnet.

Als ich Anfang der 1990er Jahre zum ersten Mal ins „Arco" komme, ist diese ruhmreiche Vergangenheit längst Geschichte. Jetzt ist es ist nur noch eines von vielen Gasthäusern, mit dunklen alten Holzbänken in den Saalecken und einem Gemisch aus Bierdunst und Küchenmief in der Luft. Das Lokal überhaupt zu finden, war keine einfache Aufgabe. Die Prager Neustadt ist in dieser verwinkelten Ecke kaum beleuchtet, das Kopfsteinpflaster in dieser Nacht regennass und glitschig. Auf das Gasthaus weisen weder eine Außenbeleuchtung noch ein Schild hin, nur schwacher gelber Lampenschein dringt von innen durch milchige Fenster. Bei meinem Eintritt reckt sich schlagartig ein Dutzend Köpfe in meine Richtung. Der Ober trägt gerade Teller mit Gulasch in beiden Händen auf, verlangsamt aber sofort sein Tempo, um mich näher zu betrachten. Dann schickt er einen Boten auf die Straße. Während ich noch in der Speisekarte blättere, tritt ein notdürftig zurechtgemachtes junges und etwas dickliches Mädchen im Minirock ein, das der Ober für den Fremden schnell bestellt hat. Nach Ende des Zweiten Weltkrieges und dem Holocaust mit der Vernichtung der jüdischen Bevölkerung Prags, nach der Vertreibung der Deutschen und den Jahrzehnten unter kommunistischer Herrschaft hat das „Arco" sein Gesicht vollständig verloren.

In späteren Jahren sitzen dort dunkle Gestalten in Lederjacken unter Neon-Röhren. Taxifahrer, Hehler und Kleinkriminelle, zu einer Schandtat stets bereit. Sie bewahren das „Arco" nicht davor, schließen zu müssen, bevor neue Inhaber nach einiger Zeit versuchen, seine ruhmreiche Tradition wieder zu beleben. Dafür platzieren sie hinter den großen Fenstern am Eingang türkisfarbene Stellwände mit Porträts und Zitaten der großen Schriftsteller, die hier früher mal verkehrten. Doch im Gastraum versprühen lieblos arrangierte Sitzecken aus dunkelrotem Kunstleder lediglich den Charme eines Eisenbahn-Coupés. So lockt das „Arco" kaum heimische Besucher an, und Touristen verirren sich sowieso selten in diesen abgelegenen Teil der Stadt. Eine Weile dient es noch als Kantine für Bedienstete der Stadtverwaltung und wird dann erneut verriegelt.

Auch andernorts wird deutlich, dass Prag zwischen Stillstand und Fortschritt schwankt. Das Hauptpostamt sieht im Winter '92 kaum anders aus als zehn Jahre zuvor. Es unterhält noch immer ein Rohrpostnetz, über das etwa 9.000 Behälter im Monat bis hinauf zum Präsidentenpalais auf der Burg befördert werden. Schon 1887 führte eine Trasse vom Postamt in die Altstadt, mit mehr als 50 Kilometern ist das Prager System eines der längsten weltweit. Am Fuß der großen Festung sehe ich einen Polizisten in einer uralten Zelle telefonieren, die aus Holz und Blech zusammengeschraubt wurde. Ein Ticket für die Straßenbahn kostet weiterhin vier Kronen. Auf den Straßen Prags riecht es im Dezember 1992 wie früher in der DDR. Denn viele Prager fahren nun jene Trabis, die Flüchtlinge im Herbst '89 vor der westdeutschen Botschaft abstellten, bevor sie in die Bundesrepublik ausreisten. Daraus entwickelt sich eine Veranstaltung namens „Trabantiade", bei der Liebhaber der ostdeutschen

Zweitakter bis heute unzählige Fahrzeuge in Prag vorführen. In den Restaurants sind an Feiertagen und Wochenenden kaum Plätze frei, weil sie noch immer nicht auf den Ansturm der Touristen vorbereitet sind. Im Jahr 1992 werden 50 Millionen Gäste in Prag erwartet. Zum Vergleich: Knapp 20 Jahre später kommen bestenfalls noch fünf Millionen.

Und doch ist auch schon Wandel sichtbar. An grauen und schwarzen Häuserfassaden wird kräftig geputzt, ausgebessert, gestrichen. „Die Wende kam gerade noch rechtzeitig, sonst wären viele Gebäude der Stadt in sich zusammengefallen", erklärt mir ein Historiker aus der ehemaligen DDR, der seit einigen Jahren in Prag lebt. Er hat sich nun als Unternehmer selbständig gemacht. Das scheint zu funktionieren. Zum einjährigen Bestehen seiner Firma lädt er mich zu einer Feier ein.

„Kommen Sie um neun", sagt der Geschäftsmann.

Kurz vor 21 Uhr betrete ich das noble Lokal „Nový Svět" nahe der Burg. Allerdings kann ich den Unternehmer nirgends finden. Auch keinen seiner Mitarbeiter.

„Die Gäste sind schon alle gegangen", bedauert die Bedienung.

Und die Feier?

„Ist längst vorbei", klärt mich die ältere Frau auf, „gefeiert wurde doch schon heute Morgen ab 9 Uhr."

Als Geschenk für den Unternehmer hatte ich einen guten Tropfen in einem Feinkostladen in der Jindřišská gekauft, einer Nebenstraße des Wenzelsplatzes. Das Geschäft „Paris-Praha" offeriert Rotwein und andere Spezialitäten aus Frankreich. Allerdings zu Preisen, die vorläufig nur Diplomaten und Ausländer mit guten Geschäften zu seinen Kunden machen. Nachdem die Feier gelaufen ist, kehre ich auf dem Rückweg im „U Podhradi" in der Nerudová ein, einem rustikalen Lokal am Fuß des Burgbergs mit schweren dunklen Holzbänken und weißen Decken über den Tischen. Ich bin der einzige Gast an diesem späten

Dienstagabend. Der Chef ist schon außer Haus, der Koch ebenfalls. Die Kellnerin langweilt sich maßlos. Als ich ihr von meinem Pech erzähle, lacht sie herzhaft. „So ist eben Prag", stellt sie nüchtern fest. Was bei ihr so klingt wie „wilder Osten". Ich lade die junge Frau auf ein Glas ein. Sie erzählt mir von ihren Zukunftsplänen. Gemeinsam leeren wir die Flasche aus der Jindřišská. In der nächsten Saison will sie in Italien arbeiten, dem Traumland vieler Tschechen in diesen Tagen. Denn, so schön ihr Tschechien auch ist, es bleibt immer ein Binnenland. Doch praktisch alle Tschechen sehnen sich nach den Jahren hinter dem „Eisernen Vorhang" jetzt nach dem Meer. Dafür nehmen sie viele Unannehmlichkeiten in Kauf, riskieren lange Fahrten in ihren alten Škoda-Autos, übernachten in ebenso verbrauchten Zelten und versorgen sich auf Gaskochern mit Konservendosen und Bier aus ihrem überladenen Kofferraum. Hauptsache Strand, Wasser, Sonne. Das ist bis heute so, allerdings verbringen die meisten ihren Urlaub nun am liebsten in Kroatien.

Als ich die Metrostation erreiche, ist der letzte Zug längst abgefahren. Notgedrungen muss ich ein Taxi nehmen. Ich meide den Wenzelsplatz, weil die Chauffeure dort schon in diesen Tagen einen miserablen Ruf genießen und suche mir lieber ein Transportmittel auf dem Parkplatz rechts hinter dem Nationalmuseum. Der Fahrer verlangt einen viel zu hohen Preis. Ich biete die Hälfte. Er verweist darauf, dass die Metro seit Mitternacht geschlossen ist und ich ohne ihn nicht mehr nach Hause kommen werde. Ich halte dagegen, dass nach Mitternacht kaum noch ein Mensch unterwegs ist und er ohne mich keine Krone mehr verdienen wird. Außerdem müssen nach meinen Informationen noch 6.999 andere Prager Taxis durch diese kalte Winternacht bewegt werden. Das überzeugt ihn. Wir verhandeln wie auf einem Pferdemarkt, Handschlag auf Handschlag, und verständigen uns schließlich in der Mitte zwischen seiner Forderung und meinem Angebot. Am Ende sind wir beide zufrieden. Heute unvorstellbar, mit einem Taxifahrer handeln und sich gütlich einigen zu können.

„Wo ist meine Heimat?", so lautet die erste Textzeile der tschechischen Nationalhymne. Solange es die ČSFR noch gibt, wird zunächst sie und anschließend die slowakische gespielt. In kaum einem Land der Erde beginnt eine Hymne mit einer Frage wie in der tschechischen. Wo nun genau ihre Heimat liegt, fragen sich im Augenblick tatsächlich viele Tschechen und Slowaken. Zwar wurden im Trennungsvertrag freier Personenverkehr und freie Zulassung zum jeweils anderen Arbeitsmarkt verankert. Gleichwohl betrifft die Separation Tausende von Familien und Arbeitsplätzen, hüben wie drüben. Nur jede dritte Slowake freut sich daher uneingeschränkt auf die staatliche Selbständigkeit. Auch 56 Prozent der Tschechen bleiben skeptisch, fast jeder Zweite ist traurig. Doch die Politik verweigerte eine Volksabstimmung und entschied allein über die Teilung des Landes.

In den repräsentativen Redaktionsräumen des „Spiegel" am Gorkého náměstí 1565/16 (Gorki-Platz) sinniert auch der Reporter Hans-Joachim Noack über die Zukunft von Stadt und Land. Das Nachrichtenmagazin hat ihn dafür extra aus Hamburg nach Prag beordert. Korrespondentin Renata Hanušová öffnet mir die Tür. Gemeinsam mit ihr soll Noack die Gefühlslage ausloten. Für Prag kommt er zu der Erkenntnis, dass die Intellektuellen auf beiden Seiten geknickt seien, die Älteren ihre Identität bedroht sehen, die meisten Bürger jedoch mit Gleichmut reagieren würden. Eine Minderheit unter seinen Gesprächspartnern ergehe sich demnach in Fin de siècle-Stimmung, hauptsächlich herrsche derbes Leben in der Stadt.

Obwohl Noack kaum Heinz aus Hof begegnet sein dürfte, bestätigt der Mann aus Oberfranken sein Urteil. Denn Heinz schwankt in diesen Tagen ganz besonders zwischen Ausgelassenheit und Depression. Ich lerne ihn kennen, als ich die Portiers eines großen Hotels im Süden von Prag aufsuche, weil sie in ihrem Hinterzimmer wie in kommunistischen Tagen noch immer bis zu 20 Kronen für eine D-Mark tauschen, weit mehr als der offizielle Kurs. Dort betreibt auch Heinz gerade solch ein lukratives Geldgeschäft. Trotzdem zeigt sich der korpulente, fast rundliche Mann unzufrieden. „Prag ist einfach nicht mehr, was es früher war", teilt er mir ungefragt mit. Und auch, dass er schon 49mal ist in der Goldenen Stadt war, mindestens an zwei langen Wochenende pro Jahr. Damit ist Heinz fraglos ein Veteran des Prager Reisewesens. Wenigstens ihm kam zugute, dass den Reformkommunisten der politische Wandel 1968 nicht gelang. Denn anschließend wurde Heinz zu einem Experten für die sozialistische Mangelwirtschaft. Er wusste immer genau, wo etwas billig zu haben war. Die besten Restaurants, die urigsten Bierkneipen, die schönsten Huren, und alles zu angenehmen Preisen - der Metallfacharbeiter aus Bayern hätte ein besonderer Stadtführer werden können.

„Hier ist für mich nichts mehr zu holen", gibt mir Heinz noch einmal mit deutlicher Verbitterung in seiner Stimme zu verstehen. Dafür hat er sich in den letzten beiden Jahrzehnten reichlich eingedeckt. Auch Freunde und Bekannte profitierten von seinen Fahrten. Heinz besorgte Alkohol, Zigaretten und Werkzeuge. Viele, viele Werkzeuge. „Dafür sind sie hier ja Spezialisten", erläutert er. Gerade kam Heinz aus einer Prager Vorstadt zurück, wo er bei einem Fachhändler seines Vertrauens wieder mal ein Schnäppchen machte. Er hat dort eine Art von Entkernungsmaschine entdeckt, für verschiedene Zwecke nutzbar. Deshalb hat Heinz alle verfügbaren Vorräte aus dem Geschäft abgeräumt. „Seit Juni sind die Preise schon wieder gestiegen", klagt er dennoch lautstark. Einmal gelang ihm nur mit tatkräftiger Unterstützung von drei Freunden, mehrere zentnerschwere böhmische Kristalllüster bis vor sein Haus nach Hof zu karren. Er selbst war dabei einem Leistenbruch und bei der Zollkontrolle wegen der zu erwartenden Strafe gar einem Herzinfarkt nahe. Nun habe sich Prag für den kleinen Mann endgültig erledigt, fasst er zusammen, künftig würden die Reichen die Geschäfte machen. Leute wie Heinz sind indes nur kleine Fische im Teich jener Kapitalisten, die bei vielen Tschechen die Angst vor einer „germanisace" ausgelöst haben. Sie fürchten, dass die Deutschen nun zurückkehren und mit ihrem Geld aufkaufen könnten, was sie durch den Krieg verloren haben. Geschürt wird diese Furcht von linken und nationalistischen Politikern.

Und von Zeitungen wie „Rudé právo" („Rotes Recht"), einst Zentralorgan der Kommunisten. Das Blatt hat seinen Sitz in Na Florenci 19. Dieses große Haus im alten Habsburgergelb beherbergt auch die „Prager Zeitung", ein tschechisches Wochenblatt in deutscher Sprache, das seit einem Jahr seine Leser im In- und deutschsprachigen Ausland über Politik, Wirtschaft und Gesellschaft in der Tschechoslowakei informiert. Im Dezember '92 will ich dort Beiträge abgeben, komme aber nur bis an die Pforte, wo mich uniformierte Wächter mit Revolvern und amerikanischen Schlagstöcken bremsen. Nicht nur deshalb wird die Zeitung bald ihre Adresse wechseln. Auch nicht, weil die Nachfolger der Kommunisten die Miete zu stark erhöht haben. Vielmehr sind es die Mitarbeiter der „Prager Zeitung" leid, jeden zweiten Tag auf die Straße rennen zu müssen, weil wieder ein Bombenalarm für ihr Gebäude ausgerufen wurde. Obwohl „Rudé právo" bald darauf den unverfänglicheren Titel „Právo" („Recht") annimmt, tragen ein paar Wirrköpfe dem Blatt noch immer seinen Einfluss und seine Berichterstattung aus der Vergangenheit nach.

Kurz vor Weihnachten '92 fahre ich mit einem Bus zurück nach Deutschland. Drei Reihen hinter mir sitzt Heinz. An der Grenze will ich mir zur Erinnerung an die zu Ende gehende ČSFR einen Stempel in den Pass geben zu lassen. „Sitzen bleiben", brüllt Heinz plötzlich, und mit ihm noch einige andere.

Sie sind Mitglieder einer Kapelle, die das vorweihnachtliche Prag erkundet haben. Dies war nicht der einzige Grund für ihre Reise, wie sich nach dem Grenzübergang herausstellt. Heinz und die Musiker schmuggeln in den Gepäckfächern des Busses Noten und sogar Instrumente außer Landes, die sie in der Metropole erheblich billiger erstanden haben als zu Hause. Prag und sein Umland sind für Konzerte und Festivals klassischer Musik ebenso bekannt wie für qualitativ hochwertige Instrumente. Schon im 18. und 19. Jahrhundert war die Stadt eine Hochburg des Geigenbaus. Deshalb wollten sie unbedingt vermeiden, dass ein Grenzer wegen meines Stempels in den Bus kommt und dort womöglich herumschnüffelt. Es sollte der letzte Coup von Heinz sein.

Menschen im Wandel

Wer Martina folgt, sieht deutlich mehr von Prag. Ihr Rundgang beschränkt sich nicht auf Burg, Karlsbrücke und Altstädter Ring. Führt Martina über den breiten Boulevard Na Příkopě, den die deutschen Bewohner vor dem Krieg „Graben" nannten, dann biegt sie bei Hausnummer 585/20 plötzlich in ein riesiges Gebäude ab. Es besteht seit 1894 und wirkt von außen durch seine schmutzig dunkelbraune Fassade und hohen Fenster eher unscheinbar. Innen ist es jedoch ein Palast, den die Živnostenská banka nutzt, die 1992 als erstes Geldinstitut in den ehemaligen Ostblockstaaten privatisiert wurde (und mittlerweile der Uni-Credit Bank gehört). Dort präsentiert Martina ihren Gästen eine monumentale Ausstattung, die sonst nur Kunden vorbehalten ist. In einer imposanten Halle stehen Ritter in Eisenrüstungen am Aufgang eines verwinkelten Treppenhauses. Der große Saal im ersten Stock ist reich verziert und gleicht einem Museum, dient aber nur als Schalterraum für nüchterne Bankgeschäfte.

Danach steuert Martina nicht sofort den Wenzelsplatz an, sondern geht zunächst in die Národní třída (Nationalstraße). Hier macht sie mit einer Besonderheit Prags vertraut, von der nicht viele wissen. Martina läuft durch sogenannte Durchhäuser, um auf den Uhelný trh (Kohlenmarkt) zu kommen. Nur Fremde gehen durch Straßen, ein Prager benutze dagegen ein Durchhaus, wenn es seinen Weg verkürze oder wenn er einer Frau vom Lande mit großstädtischer Lokalgeografie imponieren wolle, schrieb Egon Erwin Kisch einst. Solche Durchhäuser sind Vorläufer der heutigen Innenstadtpassagen und entweder überbaute oder offene Durchlässe durch einen Gebäudekomplex. Sie liegen zwischen zwei parallelen Straßen, deshalb müssen Passanten nicht um Häuser herumlaufen, sondern kommen auf direktem Weg auf die andere Seite.

Martina ist nicht nur Reiseführerin, sondern besitzt auch eine schöne Wohnung, was für mich in der ersten Hälfte der 1990er Jahre wichtiger ist. Ein Bekannter hatte mich auf sie aufmerksam gemacht, zu meiner großen Freude überlässt sie mir ihr Heim für einige Wochen und zieht zu ihren Eltern auf die andere Straßenseite. „Herzlich willkommen in Žižkov mit seinen zahlreichen Kneipen und seinen sanften bis knusprigen Menschen", schreibt sie zur Ankunft auf ein Blatt Papier, das auf dem Tisch liegt. Der dritte Prager Stadtbezirk ist ein traditionelles Arbeiterviertel mit zahllosen Mietskasernen aus dem 19. und 20. Jahrhundert, die an engen und steil abfallenden Straßen liegen. Wegen der relativ günstigen Mieten und der Nähe zur City zogen nach der Revolution viele Prager Künstler nach Žižkov, immer neue Kneipen wurden und werden hier eröffnet. Das Viertel hat sich auch in der post-revolutionären Zeit seinen besonderen Charme und seine Originalität bewahrt, ohne allzu großen Kommerz und Verbeugungen vor touristischen Wünschen.

Martinas Wohnung befindet sich im dritten Stock eines älteren, aber gut erhaltenen Hauses. Sie hat ihr Zwei-Zimmer-Appartement gemütlich eingerichtet, mit einem Hochbett im Schlafraum und einer Bar als Teil des Wohnzimmers. „Es ist nicht leicht, solch eine Wohnung zu bekommen, noch dazu bezahlbar", erklärte sie mir zuvor stolz. Deshalb setzte sie alle Hebel in Bewegung, um sie auf Dauer behalten zu können. Das Haus liegt in der Koněvova, einer der wenigen Hauptstraßen Žižkovs, auf der Autos den Stadtteil von einem Ende zum anderen durchqueren können. In ihrer Mitte ist eine Haltestelle für die Straßenbahnlinie 9, die über zehn Stationen und in 20 Minuten direkt auf den Wenzelsplatz fährt. Gleich links neben der Haustür gibt es eine Teestube, allerdings mit nur einem Tisch, weil sie eigentlich eine winzige Konditorei ist. Und unweit davon ein Gasthaus, in dem ich sonntags vor allem die älteren unter meinen zahlreichen Mitbewohnern treffe. Sie essen dort gerne Lendenbraten mit Knödel und Spinat, das ganze zum Preis von umgerechnet 1,50 Mark. Die Wahl der Speisen und ihre Bekleidung legen nahe, dass sie nur über bescheidene Einkommen oder Renten verfügen. Gäste, Angebot und Mobiliar des Lokals sind vier Jahre nach der Revolution noch so wie in den kommunistischen Tagen.

Auch in einem kleinen Lebensmittelladen oberhalb der Straße stapeln sich wie früher Suppen, Konserven und Waschpulver ausschließlich von tschechischen Herstellern zu kleinen Pyramiden. Im Schaufenster sind Aufkleber und Reklameschilder teilweise schon vergilbt. Weil es die Kunden so wünschen, werden in den Regalen weiterhin heimische Marken von čokoládovny statt Milka oder Ritter Sport ausgelegt. Obwohl der einstige Monopolist für Hartgebäck und Süßwaren längst nicht mehr in tschechischem Staatsbesitz ist, sondern 1992 als Joint-Venture teilweise an die Global Player Nestlé und Danone verkauft wurde. Auch in Textilläden weit und breit keine Spur von westlichen Produkten. Dort werden Kittelschürzen, Blusen und Unterhemden wie ehedem aus landeseigener Produktion angeboten.

An beinahe jeder Ecke riecht Žižkov nach Kohle und verbranntem Holz. Und durch das Treppenhaus vor Martinas Wohnung strömt einige Tage lang ein penetranter Gasgeruch. Wahrscheinlich, weil es schon vor vielen Jahren erbaut wurde und nicht mehr alle Leitungen richtig abdichten. Dass dieses Übel erst spät beseitigt wird, liegt an der Nonchalance seiner

Bewohner. Manchmal kommt morgens eine rostbraune und streng duftende Brühe aus dem Wasserhahn. Dann hole ich mir sicherheitshalber eine Flasche Mineralwasser aus dem Tante-Emma-Laden an der Straße.

Schon in ihrem Job als Reiseführerin ist Martina fix, in ihrer Freizeit ist sie jedoch schnell. Rasend schnell. Denn sie hat eine ungewöhnliche Leidenschaft: Martina fährt Autorennen. Gleich nach der politischen Wende entschied sie sich für eine „PS-Karriere". Dafür musste sich die Pragerin erst mühsam qualifizieren, wie sie mir bei einem Essen in einem kleinen Grill-Imbiss an der großen Straße erzählt. Sie war eine von 400 Bewerberinnen, die sich auf eine Ausschreibung hin meldeten, nur ihr und einer weiteren Kandidatin wurde Talent für den Motorsport attestiert. Warum sie nicht lieber Sportarten betreibt, die weniger gefährlich sind, begründet Martina so: „Der Rausch der Geschwindigkeit ist toll, auch die gute Stimmung unter den Fahrern ist für mich ein Anreiz. Noch wichtiger sind mir aber die innere psychische Einstellung und die Ausgeglichenheit, die unmittelbar damit zusammenhängen." Zwar will auch sie immer die Schnellste sein. Trotzdem hat sie sich Augenmaß bewahrt. „Was zählt schon ein Sieg im Motorsport im Vergleich zu den wirklich wichtigen Dingen im Leben, wie etwa der Gesundheit", erklärt Martina mit beinahe philosophischer Gelassenheit. Sie sieht darin durchaus keinen Widerspruch zu der deutlich höheren Aussicht, in einem Autorennen schwer oder gar tödlich zu verunglücken. „Im täglichen Straßenverkehr habe ich viel mehr Angst, weil dort unzählige Menschen unterwegs sind, die überhaupt nicht fahren können", antwortet sie. Martina ist schon heftig von der Piste geflogen. Wobei sie der Schaden an ihrem Fahrzeug mehr schmerzte als die Leiden am eigenen Körper. Denn sie pflegt ein teures Hobby. Bremsen, Reifen, Motoren verschleißen und müssen oft erneuert werden.

In wenigen Wochen will Martina erneut eine Tourenwagen-Serie bestreiten, in der sie ein halbes Jahr lang Rennen in Osteuropa fahren wird. Mit einem Fahrzeug, das zwar äußerlich einem normalen Straßenauto gleicht, aber mit einem speziellen Rennfahrwerk und einem viel stärkeren Motor ausgerüstet wird. Um daran teilnehmen zu können, muss sie vorab rund 40.000 Mark auftreiben. Dafür reicht ihr Verdienst aus den Touristenführungen bei weitem nicht aus. Deshalb geht Martina jeden Mittwochabend in eine Sporthalle, um Badminton zu spielen und dort vor allem Sponsoren zu treffen. Ob ich nicht vielleicht einen Artikel in der Zeitung über sie veröffentlichen könne, fragt Martina beiläufig. „Dies würde meine Suche nach Förderern wesentlich einfacher machen." Ich sage gerne zu. Frauen im Motorsport sind noch immer eine Ausnahme. Gerade auch in Tschechien. Martina möchte ihre Erfahrungen zudem später in einer eigenen Rennschule an junge Fahrer vermitteln. So gewinne ich alsbald eine Prager Redaktion für das spannende Thema.

Bevor ich mit dem Beitrag beginne, klingelt morgens kurz vor sieben Uhr plötzlich das Telefon. „Hier ist Katja", meldet sich eine fremde Stimme. Sie gibt sich als Konkurrentin von Martina im Kampf um den Cup zu erkennen. Katja hat erfahren, dass ich einen Artikel über ihre Rivalin schreiben werde. Ob sie nicht auch darin vorkommen könne? „Ich suche ebenfalls noch dringend Sponsoren", erklärt sie. Ich hole die Meinung von Martina ein. Sie ist damit einverstanden. Katja lebt seit einem Jahr in Prag und will ihr weiteres Leben komplett einer Karriere im Motorsport unterordnen. Die Deutsche ist 24 und damit ein paar Jahre jünger als Martina. Bei ihrer Größe von 1,90 Meter frage ich mich, wie sie stundenlang im Sitz eines Rennautos zurechtkommt. Nach einem zweiten (Katja) bzw. dritten Rang (Martina) im Vorjahr wollen beide in der Damen-Wertung endlich ganz oben auf dem Siegertreppchen stehen. Martina verbindet damit die Hoffnung, „den Sprung in eine höhere Kategorie" zu schaffen, Katja erwartet von sich nichts weniger als „den Durchbruch".

Nicht nur der optische Gegensatz zwischen der blonden hektischen Katja und der souveränen Martina mit der schwarzen Kurzhaarfrisur belebt meinen Bericht enorm. In beinahe jedem Satz von Katja spielt brennender, schon übertrieben wirkender Ehrgeiz mit. „Für mich sind diese Rennen Ausdruck meines Lebensstils", sagt sie, „kein Risiko scheuen, immer am Limit, stets etwas Neues." Dagegen wirkt Martina deutlich entspannter, zumindest stellt sie ihre Ambitionen nach außen weniger emotional zur Schau. Und sie nennt mir am nächsten Tag auch einen anderen Grund als unbedingten Siegeswillen dafür, gerade Autorennen zu fahren. „Ich sammle Erlebnisse", sagt sie. Dies hat Martina zu ihrem Lebensmotto erhoben. Eigentlich ist sie Diplom-Ingenieurin für Betriebswirtschaft, nach einem Studium an der Prager Hochschule. Doch die lebensfrohe Junggesellin kehrte Zahlen und Statistiken rasch den Rücken und kündigte auch ihre Arbeit in einem Reisebüro bald wieder, um sich zunächst einer ganz anderen Herausforderung zu stellen: Sie wurde Schlagzeugerin in einer reinen Mädchen-Rockband. Ein Wechsel, der ihr nicht nur mehr Spaß, sondern von Beginn an unerwartet viel Erfolg einbrachte. Musikkritiker feierten ihre Gruppe Ende der 1980er Jahre als „Entdeckung des Jahres". Die sieben Girls machten fortan professionell Musik und durften um die halbe Welt reisen. „Das ging sicher nur, indem man Mitglied in der kommunistischen Partei war", interessiert mich der historische politische Hintergrund. „Ich war niemals in der Partei", versichert Martina mit großem Nachdruck, während sie mir Schwarz-Weiß-Fotos von Auftritten ihrer Band zeigt. Sie gab fraglos eine gute Figur am Schlagzeug ab.

Als ich eines Tages einen örtlichen Friseur aufsuchen will, besteht Martina darauf, mich zu begleiten. Was sich als großes

Glück erweist, denn ohne sie hätte ich ihn niemals gefunden. Den Salon verrät kein Schild an der Tür, außerdem ist er im Hinterzimmer einer Bierkneipe untergebracht. Nachdem ich meinen Wunsch geäußert habe, kommt die Bedienung hinter der Theke hervor, zieht ihre weiße Schürze aus, führt uns in den anderen Raum und greift dort zur Schere. Der Haarschnitt kostet fünf Mark und fällt nicht schlechter aus als in vielen deutschen Friseurläden. Einmal kocht uns Martina in der Wohnung ein Abendessen. Ihr Gulasch ist von hoher Qualität, doch für Martina schmeckt es nur mit einem schäumenden Bier dazu. Deshalb schickt sie mich in die örtliche Eckkneipe. „Du hast kleine Hände, wirst du trotzdem genügend Bier für uns beide zurückbringen?", merkt sie an. Solch ironische Anspielungen kommen Martina immer wieder über die Lippen, wie vielen Tschechen. In diesem Fall macht sie mich darauf aufmerksam, dass ich keinen Krug in Händen habe, als ich die Wohnung verlassen will. Warum auch, schließlich bin ich davon ausgegangen, in der Kneipe ein paar Flaschen Bier zu kaufen. Nicht im Traum hätte ich daran gedacht, dass man von dort noch offenes Bier mit nach Hause nehmen kann.

Weil sie über kein geeignetes Gefäß verfügt, holt Martina kurzerhand einen ihrer Siegerpokale aus dem Schrank und drückt ihn mir in die Arme. Die Trophäe stellt den Wirt vor erhebliche Probleme. Nachdem er den Gerstensaft eingeschenkt hat, rätselt der Kneipier, welchen Preis er dafür verlangen soll. „Ist das nun ein Liter oder nicht?", fragt er laut in die Runde. Daraufhin versammeln sich einige Stammgäste um die Theke und nehmen den Pokal genauer in Augenschein. Etliche Minuten wird hin und her beraten, eine Umfüllaktion in ein anderes Glas zur genauen Festlegung der Maßeinheit erwogen und schließlich eine Mehrheitsentscheidung herbeigeführt: Es könnte ein Liter sein, jawohl, aber es wird knapp. Sehr knapp sogar. Der Wirt gibt vorsorglich zehn Prozent Rabatt. Als ich in die Wohnung zurückkomme, schäme ich mich. Weil das Bier so süffig schmeckte, habe ich den Pokal unterwegs bereits zur Hälfte geleert. Martina sagt kein Wort, nimmt den Cup, versucht einen Schluck, sagt „köstlich" und trinkt die restliche Hälfte auf einen Zug aus.

Dass sie eine Könnerin am Lenkrad ist, beweist mir Martina ein paar Tage später bei einer Autofahrt quer durch Prag. Ich habe etwas in Pankrác zu erledigen, weit im Süden der Stadt. Dorthin braucht man ab Žižkov bei normalem Verkehrsfluss etwa eine halbe Stunde. Mit triumphierendem Gesichtsausdruck legt Martina die Strecke in weniger als 20 Minuten zurück. Dafür bremst sie die Kurven wie bei Rallye-Fahrten an und achtet auch sonst kaum auf Verkehrsvorschriften. Nicht nur die Reifen quietschen, sondern ebenso ihre beiden Neffen vor Vergnügen auf den Rücksitzen. In keiner Sekunde habe ich das Gefühl, bei ihr in unsicheren Händen zu sein. Als ich jedoch aussteige, zittern mir die Knie wie nach einer rasanten Karussellfahrt auf einem Volksfestplatz.

Knapp zwei Jahre später bitte ich Martina noch einmal darum, ihre Wohnung nutzen zu dürfen. Diesmal kann sie mir ihre Unterkunft nur für wenige Tage überlassen. Für die Zeit danach besorgt sie mir jedoch sofort eine gemütliche Dachkammer bei einer Nachbarsfamilie. Martina ist hilfsbereit wie immer. Sie erzählt mir, dass sie Katja besiegte und den Wettbewerb gewann, um den sich beide damals stritten. Danach gab sie jedoch den Rennsport auf. Die neugierige, menschenoffene, unbeschwerte Martina hat sich mittlerweile in die nachdenkliche, kritische Marta verwandelt. Sie ist mit ihrem Leben und dem Zustand ihres Landes prinzipiell sehr unzufrieden. „Bei uns zählt nur noch Geld", klagt sie, „und alle sprechen davon, jetzt schnell Karriere machen zu müssen." Ihr Ton lässt erkennen, wie angewidert Martina von den neuen Wertmaßstäben vieler Mitbürger ist. Auch sie hat

Bekannte, für die *byznys* zu einem neuen Schlüsselwort geworden ist.

Durch Privatisierung und Rückgabe von Eigentum hat sich in der Tschechischen Republik mittlerweile ein leistungsfähiger Privatsektor entwickelt, der bereits drei Viertel des Bruttosozialproduktes erwirtschaftet. Der Lebensstandard steigt. Internationale Edel-Designer haben schon kurz nach der politischen Wende Filialen in den Straßen rund um den Altstädter Ring eröffnet, ganz besonders in der Pařížská. Nirgendwo in Mittelosteuropa werden Läden in den nächsten Jahren teurer vermietet als in der Prager Einkaufsmeile Na Příkopě. Und dort kaufen nicht mehr nur betuchte Ausländer ein. Wie Martina lieben auch andere Tschechen nun schnelle Autos. Viele kaufen sich von ihrem wachsenden Verdienst gerne einen Importwagen, um damit ins *víkend* zu fahren. Dadurch häufen sich Unfälle auf den Straßen. Oft werden sie „wegen dringender Termine mit Geschäftspartnern" ausgelöst, zumindest geben Verursacher solch einen Grund dafür an.

Verantwortlich für diese starke Fixierung vieler Landesbürger auf Ökonomie und bare Münze ist vor allem Václav Klaus. Er war nach der Revolution Finanzminister und ist seit 1992 Ministerpräsident (und mittlerweile der Präsident Tschechiens). Der konservative Politiker setzt radikale Wirtschaftsreformen in der jungen tschechischen Demokratie durch. Wie in keinem anderen Land im ehemaligen Ostblock treibt Klaus die Privatisierung der alten Staatsbetriebe voran. Zunächst wurden über 20.000 einst staatliche Läden und Werkstätten versteigert und über 100.000 Betriebe an frühere Eigentümer oder Erben zurückgegeben. Dann folgte eine sogenannte „große Privatisierung", nach der nur noch ein Viertel der 4.000 größten Unternehmen in Staatsbesitz bleiben sollte. Damit gab der Staat bis ins Jahr 1996 schon Werte von mehr als 50 Milliarden Mark aus der Hand. Den besonderen Vorteil dieser Methode sah

Klaus darin, rascher einen Vermögenstransfer durchführen zu können.

Mit seiner knallharten Wirtschaftssanierung gilt Tschechien nun als Musterschüler in den mittelosteuropäischen Reformstaaten. Nach der Aufnahme in die OECD will das Land möglichst bald der EU beitreten (was jedoch erst 2004 gelingt). Knapp fünf Prozent Wachstum, nur drei Prozent Arbeitslosigkeit, stabile Währung, boomender Handel und Baugewerbe und eine wachsende Industrieproduktion sprechen für Klaus. Allerdings liegt die Inflationsrate noch immer bei zehn Prozent. Und Klaus folgt dem Credo einer „Marktwirtschaft ohne Adjektive". Er federt die Transformation nicht durch einen sozialen Ausgleich ab, sondern kürzt rigoros bei Schulen, Gesundheit und sozialen Ausgaben. Die Folgen sind gravierend. Mieten verdoppeln sich, ein Fünftel der Bevölkerung ist verarmt und wünscht sich das kommunistische System zurück. Klaus ist zudem egal, ob schmutziges oder sauberes Geld in den Wirtschaftskreislauf fließt. Hauptsache, es wird kräftig investiert.

Doch der Wandel hat eine zügellose Goldgräberstimmung ausgelöst. Viele ausländische Geldgeber plündern mit ihren tschechischen Geschäftspartnern lediglich Betriebe aus statt sie und damit auch Arbeitsplätze zu erhalten. Dabei sollte vor allem die Masse der Bevölkerung von den Privatisierungen profitieren, weshalb die Regierung Coupons ausgab. Jeder Tscheche, der mindestens 18 Jahre alt war, durfte solche Wertmarken etwa in der Höhe eines Wochenlohns kaufen und dafür in zwei Abschnitten Anteilsscheine an den mittlerweile in Aktiengesellschaften umgewandelten ehemals staatlichen Großbetrieben erwerben. Doch diese Investitionen glichen einer Lotterie, da nach Jahrzehnten kommunistischer Planwirtschaft niemand über die genaue Ertragskraft von Unternehmen oder den Wert von Grundstücken Bescheid wusste. Zudem wurde die Idee nicht rechtlich abgesichert. Diese unklaren Spielregeln auf dem

Weg zum tschechischen Kapitalismus riefen Immobilienhaie und Spekulanten auf den Plan, die oft Scheinfirmen gründeten.

Keiner nutzt diese Wirren der Wendezeit skrupelloser aus als Viktor Kožen. Der Tscheche lebte lange in den USA und kam nach der politischen Wende mit einem Diplom der Harvard Extension School zurück. Dies reichte aus, um in seiner Heimat als Fachmann für den Aufbau der Marktwirtschaft zu gelten. Kožený wurde Berater am Finanzministerium, feilte dort angeblich an der Coupon-Privatisierung mit und gründete dann seinen eigenen Investmentfonds. 800.000 Bürger, etwa ein Zehntel der erwachsenen Bevölkerung, vertrauen ihm ihre Scheine an. Dadurch erhielt der Mann mit dem jungenhaften Lachen die Aufsicht über lukrative tschechische Unternehmen wie der Tschechischen Sparkasse, dem Energieriesen ČEZ, dem Chemieunternehmen Spolana oder Sklo Union Teplice. Zudem konnte er diese Aktien ohne Kontrolle zu einem schlechteren Kurs abstoßen und privat erneut aufkaufen. Sein Fonds verlor über 80 Prozent an Wert. Viktor Kožený, der sich damit rühmte, lediglich 3.000 Dollar bei seiner Rückkehr in der Tasche gehabt zu haben, wurde quasi über Nacht zum reichsten Mann Tschechiens. Erst Mitte 2010 verurteilte ihn das Prager Stadtgericht zu zehn Jahren Gefängnis, weil er einen Schaden von 16 Milliarden Kronen (etwa 615 Millionen Euro) verursacht hatte. Doch da war der Betrüger längst auf die Bahamas geflüchtet, mit denen die Tschechische Republik kein Auslieferungsabkommen abgeschlossen hat.

Kožený und Konsorten trugen wesentlich dazu bei, dass in Tschechien noch immer verdächtig ist, wer ein großes Vermögen angehäuft hat. Auswüchse dieser hemmungslosen Wirtschaftsjahre wirken nach Meinung von Kritikern bis heute nach. Sie führen sogar die Tatsache, dass in Tschechien mittlerweile die meisten Ladendiebstähle europaweit verübt werden, auf den Raubtier-Kapitalismus jener Zeit und die damals geschürte Bereicherungshysterie zurück. Allerdings betrügen umgekehrt auch Ladenbesitzer ihre Kunden in beträchtlichem Maße. Kontrolleure der tschechischen Handelsinspektion deckten erst jüngst auf, dass 30 von 31 geprüften Luxusboutiquen in der Prager City Fälschungen oder falsch ausgezeichnete Waren verkauften. Auch in Konditoreien mit teuren Angeboten verstießen sieben von acht getesteten Läden gegen gesetzliche Bestimmungen, indem sie zum Beispiel Süßwaren mit der Verpackung wogen. Etliche Cafés setzten ihren Kunden Fruchtsäfte vor, die in zu geringen Mengen eingeschenkt waren.

Mitte der 1990er Jahre werden viele Geschäfte und Banken im Prager Zentrum von Schwarzen Sheriffs bewacht. Wegen der missglückten Streuung müssen die Geldhäuser viele Aktien der großen Betriebe wieder einsammeln, die daher weiter mehrheitlich vom Staat oder von Geldinstituten gelenkt werden. Für Führungskräfte bleiben Restrukturierung, Kostensenkung und Flexibilisierung jedoch Fremdwörter. Bankrotte von nicht mehr wettbewerbsfähigen Unternehmen werden so sinnlos hinausgezögert. Doch die Regierung von Klaus wehrt sich immer noch vehement gegen Ausländer als Mehrheitseigentümer von tschechischen Unternehmen. Stattdessen vermitteln wie früher alte Seilschaften untereinander wichtige Kontakte. Es entsteht eine neue tschechische Oberschicht, zu der nun auch jene gehören, die durch großzügige Bankkredite Zugriff auf privatisierte Unternehmen hatten. Bei dieser Privatisierung sollen rund 200 Milliarden Kronen verschleudert worden sein, damals rund zehn Milliarden Mark und etwa ein Viertel des gesamten Vermögens. *Tunelování*, wie die Tschechen dazu sagen. Soll heißen: Viel Geld verschwand einfach in dunklen Kanälen. Und zwar durch sogenannte *Tuneláŕs*, den Tunnelarbeitern. Dabei handelte es sich oft um Manager, die ihre eigenen Firmen aushöhlten, den gesunden Teil herausschnitten und unter neuem Namen registrieren ließen, während der kranke in den Bankrott geschickt wurde. Mit ihren Beziehungen zu Banken transferierten sie das Vermögen dieser Unternehmen in kleine Tochtergesellschaften, am Ende landeten die Privatisierungsgewinne auf ihren Privatkonten im Ausland.

Für einen Skandal sorgte auch ein ehemaliger tschechoslowakischer Vize-Ministerpräsident, der den tschechischen Buchgroßhandel übernahm und dafür 23 Millionen Kronen zahlte. Doch allein der Verkauf eines Lagers brachte ihm 90 Millionen Kronen ein. Bei der Übernahme der staatlichen Telefongesellschaft und der Lizenzvergabe für das Mobiltelefonnetz sollen mehr als 20 Millionen Dollar an Provisionen geflossen sein. Gerade dieser Wirtschaftszweig gilt heute mehr denn je als Goldgrube, weil in kaum einem anderen europäischen Land mehr Handys in Gebrauch sind als in Tschechien. Schon wenige Jahre nach der Revolution haben viele Bürger deshalb kaum noch Vertrauen in die Politik, nicht einmal mehr in ihre neuen Politiker. Zumindest erweist sich nun als Segen, dass Bürger bei der großen Privatisierung nur Anteile für 1.000 Kronen kaufen durften, weil sonst möglicherweise eine Armutswelle das Land überrollt hätte.

Martina hat von vornherein keine Anteilsscheine gekauft, weil sie ihr Geld lieber in den Motorsport investierte. Gleichwohl hat die Entwicklung der letzten Jahre Spuren hinterlassen. Nicht allein der Tod ihres Vaters, der ihr ein Halt war und mit dem ich zwei Jahre vorher noch bei anregenden und unterhaltsamen Gesprächen manchen Becherovka geleert hatte, hat sie verändert. Ihr Wesen prägt jetzt Nüchternheit statt Ironie. Sie kocht uns zum Abendessen nicht mehr Gulasch, sondern Tofu. Während andere ihr Glück im Geld suchen, wendet sich Martina fernöstlichen Lehren zu. Shiatsu wird zum Quell ihrer Erkenntnisse und zu ihrer neuen Lebensphilosophie. Diese Behandlungsmethode basiert auf chinesischer Heilkunde und Zen-Buddhismus und sieht den Menschen als Einheit von Körper, Geist und Emotionalität. Sie geht von einer Lebensenergie im Menschen aus und will daher einen freien Energiefluss und größere Vitalität erreichen, wofür sich Praktiker der natürlichen Werkzeuge des Körpers bedienen, nämlich Händen, Daumen, Ellenbogen und Knie. Martina überredet mich zum Besuch eines Freundes. Er ist Amerikaner und übersetzt hauptsächlich englische Texte für ein Prager Monatsmagazin. Nach ihren Worten ist er aber auch ein Könner für Shiatsu-Massagen. Martina und er begrüßen sich durch eine Berührung ihrer Unterarme. Anschließend liege ich bäuchlings auf einer Matte in seiner kargen Wohnung, spüre allerdings weder dabei noch danach etwas von seinen Anstrengungen. Dafür ist Martina restlos begeistert. „Wenn du gesehen hättest, wie er sich konzentrierte und seine Augen anschwollen, um deine Energie zu wecken", gerät sie ins Schwärmen. Er verlangt umgerechnet 30 Mark für seine Mühe.

Zuweilen streitet Martina mit ihrer Mutter. „Er war ein Kommunist!", schimpft sie beim Gespräch über einen Bekannten. „Er war ein guter Mensch!", erwidert die Mutter ebenso lautstark. Damit rechfertigen viele in Prag nachträglich Personen, die durch ihre Parteizugehörigkeit kompromittiert sind. Mehr als ihre Mutter machte Martina eine andere ältere Frau nachdenklich, die ihr kürzlich vorwarf, noch immer unverheiratet zu sein. Ich finde diese vermeintliche Kritik reichlich unverschämt, doch Martina stimmt der Frau zu meiner Überraschung vorbehaltlos zu. „Ohne Kinder und Familie zu sein, ist für eine Frau in unserer Gesellschaft ein Makel", gibt sie mir zu verstehen, „und wer gar schon über 30 ist, wird zur Außenseiterin." Diese Einsicht wurde in der kommunistischen Ära geboren und hatte nicht zuletzt monetäre Gründe. Heirat und Geburt eines Kindes erhöhten die Aussicht auf Zuteilung einer eigenen Wohnung im staatlich gelenkten Markt. Damit endete auch die Abhängigkeit von den Eltern. Unvorstellbar schienen damals Partnerschaften ohne Trauschein oder eigenes Heim. Noch heute heiraten Tschechen früher als andere junge Leute in Europa und ziehen auch eher in eine Wohnung. Singles, die freiwillig und dauerhaft ohne Partner leben wollen, sind eine große Ausnahme. Dagegen hat sich die Zahl lediger Frauen, die ein Kind zur Welt bringen, in den letzten 20 Jahren verfünffacht. Gesellschaftlicher Konsens ist weiterhin, dass Kinder vor Karriere kommen und Mütter nur selten bereits kurz nach der Geburt wieder in ihren Beruf zurückkehren. Daher nimmt Tschechien mit seinen Regelungen zur Elternzeit in Europa eine führende Rolle ein. Dies gilt allerdings auch für die Zahl der Scheidungen.

Zwischen meinen Begegnungen mit Martina habe ich die tschechische Regisseurin Drahomíra Vihanová bei einem Filmfestival kennen gelernt. Sie zählte in den 1960er Jahren zu einer Generation junger Filmemacher um Oscar-Preisträger (1966) Jiří Menzel und Věra Chytilová, die eine neue Welle im tschechoslowakischen Film begründeten und damit weltweit für Aufsehen sorgten. Diese Regisseure zeichnete eine hohe moralische Gesinnung aus, sie wollten einen Wandel in der verängstigten sozialistischen Gesellschaft bewirken. Doch die Aufbruchstimmung erlosch jäh mit dem Ende des „Prager Frühlings". Drahomíra Vihanová erhielt ein achtjähriges Berufsverbot, trotzdem blieb sie in ihren Filmen danach ihren zentralen Themen Moral und Verantwortung treu. Als Dozentin an der Prager Film-Akademie ist sie seit der Revolution auch ein Bindeglied zwischen der alten und einer neuen Generation von Autoren.

In diesen Tagen treffe ich sie am Bahnhof im Stadtteil Smíchov erneut, um mit ihr im Bus zu den Barrandov-Studios zu fahren. Die Filmstadt wurde schon in den 1920er Jahren auf einem Felsen im Südwesten Prags errichtet und ist damit eine der ältesten und mit rund 600.000 Quadratmetern größten in Europa. Während des Kommunismus waren die Studios ein Prestigeobjekt, nach Plan wurden oft 75 Streifen in einem einzigen Jahr hergestellt. Barrandov galt jahrzehntelang als

„Hollywood des Ostens" und Welthauptstadt für Kinderfilme, womit sich die Machthaber auch gerne schmückten. Mittlerweile werden in Hallen zwischen 106 und 2.000 Quadratmetern höchstens noch sieben tschechische und drei ausländische Filme pro Jahr produziert. Dafür bereitet Barrandov nun TV-Sitcoms die Bühne, zwei Studios sind ausschließlich für die Produktion von Game-Shows reserviert. Allein Werbefilme für tschechische und fremde Sender halten Barrandov am Leben. Und dies auch nur, weil die Studios ihre Einrichtungen 30 Prozent billiger anbieten als die Konkurrenz. Deshalb kann Barrandov nur noch knapp 600 Mitarbeiter beschäftigen, vor der Revolution waren es 2.500. Barrandov entwickelt sich immer stärker zu einem Dienstleister, der mit hervorragender technischer Ausstattung, qualifiziertem Personal und einem einzigartigen Fundus bei internationalen Regisseuren punkten will. Wer hier produziert, kann aus 240.000 Kostümen, 20.000 Paar Schuhen, 10.000 Möbelstücken, 9.000 Perücken, 16.000 Waffen und 200 Kutschen auswählen.

Auf der Rückfahrt überlässt mir Drahomíra Vihanová das Drehbuch für ihren neuen Film. Er trägt den Arbeitstitel „Streit zwischen Wasser und Wein" und thematisiert das Problem der Roma in der tschechischen Gesellschaft. Viele Roma-Angehörige wanderten nach der Revolution in Tschechien ein, werden aber von heimischen Bürgern gemieden, meist sogar verachtet. In ihrer Geschichte will Vihanová nicht nur den Umgang mit ihnen, sondern Gerechtigkeit und Wahrheit prinzipiell auf den Prüfstand stellen. Als Martina davon hört, ist sie fasziniert. Nicht wegen des Projektes, sondern wegen der Person. „Drahomíra Vihanová ist schon älter als 60 und hat keinen Mann", weiß sie über die Autorin, „sie wagt viel und ist ungeheuer mutig." Für Martina wird sie in ihrer augenblicklichen Lebenssituation zu einem Vorbild. Sie reißt mir beinahe das Drehbuch aus der Hand, um es zu kopieren und darin vermutlich nach Stellen zu suchen, die ihre Verbundenheit mit der Regisseurin weiter belegen.

Ende der 1990er Jahre sehen wir uns im „Antik-Café" wieder, das im ersten Stock eines Eckhauses am unteren Ende des Wenzelsplatzes liegt. Unter einer kunstvollen holzgetäfelten Decke aus dem frühen 17. Jahrhundert mit verschiedenen Rottönen, die angeblich von dem dafür verwendeten Bullenblut herrühren, bietet es einen grandiosen Blick auf den Boulevard. Martina kommt ein paar Minuten zu spät, denn ihr Mann hatte ihr geraten, zu unserem Treffen unbedingt ein paar Fotos mitzubringen. Sie ist mittlerweile mit einem Masseur verheiratet, den sie in einem tschechischen Kurbad kennen lernte. Die Bilder zeigen Aleš und Alena, ihre Zwillinge, zwei Jahre alt. „Es ist für eine Frau nun einmal das höchste Ziel, verheiratet und eine Mutter zu sein", darauf beharrt sie mehr denn je. Martina wirkt an diesem Nachmittag wieder glücklich. Oder zumindest zufrieden.

Clinton und die Folgen

Hätten wir Herrn Procházka ein paar Jahre früher getroffen, wären wir mit großer Wahrscheinlichkeit in einem tschechischen Gefängnis gelandet. Man hätte uns Spionage zum Vorwurf gemacht. Herr Procházka wäre noch einige Zeit länger eingesessen. Wenn man ihn nicht gleich wegen Geheimnisverrats erschossen hätte. Denn Herr Procházka ist nicht einfach nur ein Bürger Prags, er ist vor allem Oberst der tschechischen Luftwaffe. Jetzt aber, im Januar 1994, sitzen wir gemütlich in seinem Wohnzimmer und plaudern über seine Arbeit beim Militär. Auch bei dieser Gelegenheit offenbart er uns natürlich keine Geheimnisse. Doch überhaupt mit ihm über sich, seine Familie und seinen Beruf sprechen zu können, schien kürzlich noch undenkbar. Oberst Procházka ist Ende fünfzig und ein Offizier vom Scheitel bis zur Sohle. Aufrechter Gang, lichte graue Haare, etwas steife Sitzhaltung. Er ist höflich und zuvorkommend, trotzdem fühlt er sich spürbar unwohl in seiner Haut. Der Oberst sieht unsere Begegnung in erster Linie als militärischen Auftrag an. Noch schlimmer geht es seiner Frau und seiner Tochter. Auch sie bemühen sich mit Kaffee und Kuchen um uns, doch ihre Unsicherheit übertrifft die des Familienoberhauptes um einiges. Nur richtig verhalten, nur kein falsches Wort, schwirrt ihnen offensichtlich durch den Kopf. Niemals zuvor seien Gäste aus dem westlichen Ausland in ihrer Wohnung gewesen, sagen sie. Daher ist die Atmosphäre etwas verkrampft.

Das Wohnzimmer ist bei Procházkas so eingerichtet, wie es die sozialistische Gesellschaft jahrzehntelang für schön und angemessen hielt und so auch nur kaufen konnte. Mit schweren dunklen Holzschränken an der Wand, die einen Fernseher in ihrer Mitte einrahmen. Davor eine Couchgarnitur aus dunkelbraunem Stoff und ein Holztisch. An der Seite eine Glasvitrine, die unverzichtbare Stehlampe und ein Lehnstuhl, aus dem heraus uns Oberst Procházka ein Interview mit eher unverbindlichen Antworten gibt. Wichtig sei jetzt, die tschechische Armee mit der NATO in Einklang zu bringen, schließt er sich der Meinung der meisten Militärs und Bürger an. Einige Stunden vorher haben wir ihn bereits an seinem Arbeitsplatz gefilmt, auf dem Militärflughafen Kbely im Nordosten von Prag. Er war nach dem Ersten Weltkrieg der erste richtige Flugplatz auf tschechischem Gebiet, entwickelte sich danach mehr und mehr zum Herz der tschechoslowakischen Luftfahrt und wurde später militärisch genutzt. Wären wir vor wenigen Jahren gar bei Filmaufnahmen auf diesem Hochsicherheitsgebiet erwischt worden, hätte dies möglicherweise nicht nur Herrn Procházka den Kopf gekostet...

Das Porträt über ihn hat der Südwestfunk für sein Auslandsmagazin bestellt. Der Arbeitstitel lautet „Wandel nach Annäherung - ein tschechischer Oberst und der Westen". Tatsächlich ermöglichen im Winter 1994 besondere Umstände unsere Dreharbeiten. Die Tschechische Republik drängt, wie die anderen Reformstaaten Mittelosteuropas, mit aller Macht in die NATO. Denn ihre Regierung und die meisten Tschechen haben noch immer Angst vor Russland. Das Trauma von 1968 sitzt tief, als der russische Einmarsch die Reformbemühungen des „Prager Frühlings" im Keim erstickte. Nun sorgt man sich, dass der langjährige Besatzer das alte sowjetische Imperium knapp vier Jahre nach den Revolutionen in Osteuropa neu begründen könnte. Russische Demokraten könnten einfach keine Vision von einem starken Russland in seinen heutigen Grenzen vermitteln, urteilt der tschechische Vize-Außenminister Alexandr Vondra und bringt damit die Furcht seiner Landsleute auf den Punkt. Die Tschechen halten die Russen von Natur aus für ein imperialistisches Volk. Verstärkt werden ihre Befürchtungen dadurch, dass mit Wladimir Schirinowskij ein unberechenbarer nationalistischer Ultra die politische Bühne Russlands betreten und beim Wahlvolk Erfolg hat. Nur eine Ausweitung der NATO nach Osten könne ihnen somit ausreichende Sicherheit garantieren, glauben die Tschechen.

Genau diese Erweiterung soll ihnen US-Präsident Bill Clinton versprechen, der Mitte Januar 1994 zu einem mehrtägigen Besuch nach Prag kommt. Daher kann sich das ARD-Studio in der tschechischen Hauptstadt in diesen Tagen über mangelnde Aufträge nicht beklagen. Seine Arbeitsräume sind im ersten Stock eines Wohnhauses in der Vlašimská 4 untergebracht, im zehnten Prager Stadtbezirk. Der Hessische Rundfunk betreibt es bereits seit 30 Jahren, damit ist Prag eines der ältesten Auslandsstudios der ARD. Und es war das erste im kommunistischen Osteuropa, deshalb wurden seine Berichterstatter immer wieder selbst zu Opfern von Bespitzelungen und Abhöraktionen. Die Räume sind für Prager Verhältnisse komfortabel ausgestattet und bilden eine sinnvolle Einheit, damit Fernsehen und Hörfunk ihre Aufgabe - die Berichterstattung über Tschechien und die Slowakei - professionell erledigen können. Das Arbeitszimmer des Studioleiters wird von mehreren Fenstern gesäumt und ist daher angenehm hell. Eine kleine Fernsehecke erinnert gar ein wenig an ein Wohnzimmer. Auf eine Diele mit Besprechungstisch folgt hinter einem Vorhang der Schnittplatz mit Regalen für die Archivbänder. Rechts daneben liegt das Büro des Hörfunk-Korrespondenten. Zur Not könnte man im Studio auch übernachten, sogar eine Dusche ist vorhanden.

Bevor Bill Clinton in Prag eintrifft, ist heftiger Streit entbrannt. Die vier Länder, die einst das Vorfeld des sowjetischen Einflussbereiches gegenüber dem Westen bildeten, liegen sich in den Haaren. Zwar schlossen sich Tschechien, Polen, Ungarn und die Slowakei im Februar 1991 im ungarischen Visegrád zur sogenannten „Visegrád-Gruppe" zusammen, um ihre Kräfte zu bündeln und ihre Reformen gemeinsam voranzutreiben. Doch für einen NATO-Beitritt will nun jeder vor Clinton den Musterknaben geben, allen voran die tschechischen Gastgeber. Wir drehen einen Tag vor Clintons Ankunft im Verteidigungsministerium. „Dieser Beitritt ist wie ein Spiel", erklärt uns Minister Antonín Baudyš, „und will wollen der erste sein." Der US-Präsident hat anderes im Sinn. Auf einer Tagung in Brüssel hatte die NATO zuvor eine Zauberformel gefunden: „Partnerschaft für den Frieden" (P4P). Damit will sie den vier Staaten langsam den Weg zu einer NATO-Mitgliedschaft ebnen. Für Baudyš ist dieses Angebot im Moment nur ein Trostpreis. „Wir müssen erkennen, dass eine Vollmitgliedschaft schon in diesem Jahr nicht möglich ist", drückt er sich diplomatisch aus, „diese Partnerschaft eröffnet uns zumindest viele Möglichkeiten, denn die Spannweite reicht von überhaupt keiner Zusammenarbeit bis hin zu einer sehr engen Kooperation."

Anschließend fahren wir ins Hotel „Atrium" (heute „Hilton") zu einer Pressekonferenz mit der amerikanischen UN-Botschafterin Madeleine Albright. Die noble Herberge ist mit 786 Zimmern die größte in der Tschechischen Republik und komplett in amerikanischer Hand, alle Betten wurden für Clintons Entourage gebucht. Albright, die dem Präsidenten vorausgeeilt ist (und drei Jahre später von ihm zur Außenministerin gemacht wird), besitzt besondere Ortskenntnisse, denn sie wurde 1937 unter dem Namen Marie Jana Korbelová in Prag geboren. „Es ist für mich ein glücklicher Zufall, gerade in diesen Tagen hier zu sein", geht sie auf ihre Herkunft ein. Denn für ihr Heimatland werde sich die P4P-Idee als großes Glück erweisen. Albright preist den Plan im Gegensatz zu Verteidigungsminister Baudyš geradezu euphorisch an, die konträren Aussagen verdeutlichen den Zwiespalt. So schwirren unendlich viele Gerüchte und Vermutungen durch Prag, bevor Clinton überhaupt gelandet ist. Wird er mit den Oberhäuptern der vier mittelosteuropäischen Staaten einen gemeinsamen Nenner finden? Und einigen sich die vier Präsidenten untereinander auf ein einheitliches Vorgehen? Selbst die Nebensächlichkeit, ob Bill Clinton im Hotel „Atrium" übernachten wird oder in der amerikanischen Botschaft, bekommt unter diesen Umständen eine beinahe staatstragende Bedeutung.

Solange der US-Präsident in Prag sein wird, herrscht quasi Ausnahmezustand. In den Stadtteilen, in denen er sich bewegt, dürfen Bewohner keine Fenster öffnen, in der Moldau suchen Taucher nach gefährlichen Sprengsätzen. Doch für Vorberichte zum Besuch Clintons auf aktuellen Sendeplätzen in der ARD braucht Korrespondent Thomas Kreutzmann reichlich Material. Daher müssen wir vordrehen, um Stoff von jenen Schauplätzen zu haben, die Clinton aufsuchen wird. Dazu gehört das Traditionslokal „U zlatého tygra" („Zum goldenen Tiger"), in dem sich der US-Präsident mit seinem tschechischen Amtskollegen Václav Havel am Abend treffen will. Der „Tiger" ist ein typisches Bierlokal in der Altstadt, mit langen Sitzbänken in einem kleinen Raum, auf denen sich Gäste eng aneinander zwängen. Wer keinen Platz bekommt, steht notgedrungen an der Theke. Zu den Politikern wird sich eventuell auch der berühmte Schriftsteller Bohumil Hrabal gesellen, der hier fast täglich sein Bier trinkt. Kein Wunder, schließlich soll im „Tiger" das beste Pilsner der Stadt ausgeschenkt werden. Vielleicht ist es aber auch umgekehrt: Wenn sogar der große Hrabal jeden Tag hierher kommt, muss das Bier einfach gut sein...

Unser Arbeitstag endet an der Karlsbrücke, über die Clinton im Licht unzähliger Schweinwerfer ebenfalls mit Václav Havel gehen wird. Auch deshalb sind Polen, Ungarn und Slowaken nicht gut auf den tschechischen Hausherrn zu sprechen. Statt gemeinsam die vielzitierte „Rückkehr nach Europa" anzustreben und Clinton den Sinn einer einheitlichen Verbreitung westlicher Werte in der postkommunistischen Region mit 65 Millionen Menschen vorzutragen, herrschen Streit und Eifersucht unter den Partnern. Die Polen werfen den Tschechen vor, ihre Rolle als Gastgeber für eine Solo-Show mit Clinton zu missbrauchen. Auch Ungarn und Slowaken hegen den Verdacht, dass Prag wegen seiner wirtschaftlichen und politischen Stabilität im Alleingang und schneller als alle anderen in die NATO (und auch in die EU) aufgenommen werden will. Tatsächlich sprach Außenminister Josef Zieleniec im Vorfeld davon, dass der Besuch von Bill Clinton zunächst einen bilateralen Zweck (für die Tschechen) und dann einen multilateralen (für allen anderen) erfüllen soll. Den Tschechen missfällt dagegen, dass der polnische Präsident Lech Wałęsa angeblich als Sprecher der „Visegrád-Gruppe" auftritt. Um das heute kindisch anmutende Gezänk zu beenden, wäre Clinton am liebsten nach Warschau ausgewichen. Doch die Tschechen drohten, in diesem Fall überhaupt nicht anzureisen. Umgekehrt lassen Polen und Ungarn bis zum letzten Moment offen, ob sie nach Prag kommen.

Die tschechische Hauptstadt eignet sich für eine Visite des US-Präsidenten auch deshalb, weil der amerikanische Einfluss auf Wirtschaftsreformen im ehemaligen Osteuropa nirgendwo so fühlbar ist wie in Prag. Im Vorjahr investierten amerikanische Firmen annähernd 60 Millionen US-Dollar, mehr als die Hälfte aller ausländischen Investitionen in Tschechien. Rund 450 amerikanische Unternehmen unterhalten hier bereits eine Vertretung. Zudem ist Prag in den Jahren nach der Revolution zu einer Pilgerstätte für junge Amerikaner geworden. Ausgelöst hat diesen Zuzug vor allem ein großer Report im US-Nachrichtenmagazin „Time". Dieses Cover hat ARD-Hörfunkkorrespondent Jan Metzger in einem Rahmen an eine Wand gehängt. Auf etwa 20.000 wird die Zahl der Amerikaner an der Moldau geschätzt. Dies hat zumindest die „Prague Post" verbreitet, eine Wochenzeitung in englischer Sprache, die nach der politischen Wende in Prag gegründet wurde und von der 24jährigen Soziologie-Absolventin Lisa Frankenberg in einer Auflage von 10.000 Exemplaren herausgegeben wird. Für Metzger allerdings nur ein „Artefakt, eine Wunschziffer interessierter Kreise", womit er den Chefredakteur der „Post", Alan Levy, meint. Tatsächlich verkündete die amerikanische Botschaft in Prag vor dem Besuch Clintons, dass lediglich 1.000 US-Bürger offiziell und mit Arbeitserlaubnis in Tschechien gemeldet seien.

In den frühen 1990er Jahren zog es vor allem College-Absolventen in die Goldene Stadt. Er habe die „sexuelle Revolution zu Hause verpasst, die wolle er jetzt in der tschechischen Hauptstadt nachholen", wurde ein amerikanischer Jüngling von einem Magazin zitiert. Andere Interessen verfolgte ein US-Boy, über den eine Zeitung berichtete, dass er nach einer Nacht bei Jazz und netten Gesprächen über Kafka Opfer eines Überfalls wurde und Prag deshalb schleunigst wieder verlassen habe. Zuweilen frischten auch Künstler, Intellektuelle und Geschäftsleute die US-Community auf. Wir wollen es genau wissen, brauchen dafür aber „eigene" Amerikaner als Fallbeispiele. Nach Büroschluss schwärmen Mitarbeiter des ARD-Studios aus und nehmen deren Spur auf. US-Bürger sind in Prag nicht ohne weiteres zu finden, denn sie bleiben meist unter sich. Kaum einer lernt Tschechisch und sucht die Nähe der Prager. Sie leben in einer Parallelwelt mit eigenen Lokalen und Läden und haben Stammplätze, zu denen sie regelmäßig pilgern. Einer ist das kleine Restaurant des Jugendstil-Hotels „Palace", das man über einen Nebeneingang an der Ecke Jindřišská/Panská betritt. Das

Hotel selbst nennt sein Salat-Büfett schwärmerisch das beste in Prag. Amerikaner schätzen es, weil sie zu einem einheitlichen Preis so viel auf einen Teller laden dürfen, wie sie unfallfrei an ihren Tisch tragen können. Nicht wenige haben dafür mit Hilfe ihrer Daumen eine ausgefeilte Technik entwickelt und häufen auf ihren Tellern wahre Türme an. Allerdings verkehren im Palace nur blasse US-Boys, die keine erzählenswerten Geschichten hergeben. Doch eine Stunde vor Mitternacht stoße ich im Restaurant „Buffalo Bill's" in der Vodičková, einer anderen Nebenstraße des Wenzelsplatzes, auf einen US-Bürger wie aus dem Bilderbuch. Groß, blond, komischerweise selbst im Prager Winter braungebrannt. Der Sonnyboy kommt aus Kalifornien, ist Computerexperte und hat sich einer Firma in Prag angedient, um hier für eine Weile Stadt, Land und Mädchen zu genießen, wie er mir erläutert.

Noch besser als er eignen sich am Ende zwei DJs von „Radio Metropolis". Der Privatsender produziert ein Programm für Prag ausschließlich in englischer Sprache, wird jedoch durch tschechisches Kapital finanziert. Seine Studios und Arbeitsräume geben tolle Fernsehbilder her, denn „Radio Metropolis" sendet aus einem Luftschutzkeller, weil billige Gewerberäume in Prag knapp sind. „Metropolis" zählt knapp zwei Dutzend Mitarbeiter, allesamt Amerikaner, die meist direkt vom College nach Prag kamen. So auch Deborah Michaels aus Worchester im Staate New York. Sie zog es im Anschluss an das Soziologie-Examen vor drei Jahren nach Übersee. „Es hieß bei uns immer, dass die Stadt ein Architektur-Juwel der Habsburger sei, und das wollte ich unbedingt selbst sehen", sagt die kunstbeflissene Moderatorin, „außerdem bietet Prag eine Menge von Arbeitsmöglichkeiten, die es in den USA nicht gibt."

Berufliche Interessen führten ebenfalls Buzz Leboe an die Moldau. Der Kanadier traf schon 1990 aus Vancouver in Prag ein, um die samtene Haut von tschechischen Karpfen tonnenweise aufzukaufen. „Wir haben eine spezielle Technik, um sie zu exotischem Leder zu gerben", erklärt er, „dies machen wir mit vielen Fischsorten, aber Pierre Cardin wollte unbedingt Karpfenhaut für seine Kreationen." Auch der internationale Modeschöpfer hatte offensichtlich von der vorbildlichen Zucht des tschechischen Traditionsfisches in südböhmischen Teichen erfahren. Fische gehörten schon immer zur böhmischen und mährischen Küche, deshalb entstand hier ein weltweit außergewöhnliches See-System, in dem Fische oft in naturbelassener Umgebung aufwachsen und leben. Schon nach kurzer Zeit stellte Leboe jedoch Kultur und Lebensweise in Prag über wirtschaftliche Interessen. Der Rock-Veteran heuerte für einen Niedriglohn bei „Radio Metropolis" an und ist dort nun regelmäßig auf Sendung. „Er ist der beste von allen DJs", stellt ARD-Hörfunkmann Metzger fest, und wer könnte dies besser beurteilen als er.

Nach dem Dreh im Bunker gehen wir mit Buzz Leboe in „Jo's Bar", seinem Lieblingslokal unter den Arkaden am Malostranské náměstí (Kleinseitner Platz). Jo, der stämmige Besitzer, steht selbst hinter der ausladenden Holztheke. Mit einem Veilchen unter dem linken Auge sieht er an diesem Abend aus wie ein angeknockter Preisboxer vom Rummelplatz. „70 Prozent meiner Gäste sind wie Buzz", sagt Jo, „also in Prag lebende Amerikaner oder Touristen." Wegen der großen Konkurrenz unter den Lokalen und der oft überbordenden tschechischen Bürokratie gaben viele US-Gastronomen in Prag wieder auf. Nicht so Jo, der seine Gäste stets auf englisch begrüßt und gerne Rockmusik aus den 1960er und 70er Jahren auflegt, weshalb sich Buzz und die anderen Amerikaner in seiner urigen kleinen Kneipe sofort wie zu Hause fühlen. Obwohl die Preise hier doppelt so hoch sind wie in tschechischen Biertempeln. Anschließend nimmt uns der Lebenskünstler mit in seine Wohnung. Sie liegt in einer Trabantensiedlung am Rande der Stadt, kostet umgerechnet 300 Mark Miete und ist sehr spärlich möbliert. Sein Schlafzimmer besteht im Grunde nur aus einer großen Matratze. Dort frönt der Kanadier mit den langen blonden Haaren unter einer schwarzen Schiebermütze einem vergnügten Leben, gemeinsam mit seiner 19jährigen tschechischen Freundin, einem Labrador-Hund und einer Gitarre.

Leute wie Buzz Leboe trugen dazu bei, dass der Zustrom junger Nordamerikaner zu einem großen historischen Vergleich herausforderte. Prag erinnere ihn in diesen Tagen an das „Rive gauche"-Gefühl im Paris der 1920er Jahre, verkündete der amerikanischer Journalist Levy. An jene Zeit also, als eine Bohemien-Generation um Gertrude Stein, F. Scott Fitzgerald und Ernest Hemingway Literaturgeschichte schrieb. Levy wünschte sich inständig, dass eines Tages ein ähnlich begnadeter Romancier diesen Prager Jahren nach der Revolution ein literarisches Denkmal setzen werde.

Seine Hoffnung scheint sich einige Jahre später zu erfüllen, als ein Roman mit dem knappen Titel „Prag" die literarische Bühne betritt. Geschrieben hat ihn ein Amerikaner namens Arthur Phillips, in dessen Buch fünf College-Absolventen ihr Glück weit weg von zu Hause suchen. Sie haben Sehnsucht nach der großen Liebe, hoffen auf geschäftlichen Erfolg, suchen nach der eigenen Identität, sind alle erst Anfang 20 und bewegen sich orientierungslos durch Stadt und Story. Mit Ironie als Ventil für Frustration ziele Phillips auf den Lifestyle der Bohème in den 20er Jahren ab, schreiben Kritiker, und damit auf jene „verlorene Generation" in Paris. Doch am Ende brechen die Freundschaften auseinander, die US-Expats kehren enttäuscht in ihre Heimat zurück. Weg aus Budapest, jener Stadt, in der Phillips Roman tatsächlich spielt. Warum dann der irreführende Titel? „Eine meiner Figuren glaubt, dass Prag der Ort ist, an dem das ‚wahre Leben' stattfindet", sagt der Autor, der selbst zwei Jahre lang lediglich in der ungarischen Hauptstadt lebte, zur Begründung „nach Prag wollten daher alle, auch die in Budapest..." Das amerikanische Feuilleton feiert das Debüt von Arthur Phillips trotzdem als „Meisterstück", deutschen Kritikern wird darin zu viel fantasiert und diskutiert. Somit fehlt ein Schlüsselroman über das Leben der Amerikaner in Prag weiterhin. Möglicherweise auch deshalb, weil es in der Nach-Wendezeit nicht so spannend war, wie die Amerikaner gerne selbst behaupten. Wer heute noch hier ist, hat oft Ärger mit der Fremdenpolizei, weil Visa nun viel schärfer kontrolliert werden als in den 1990er Jahren.

Wahrscheinlich würde sogar Bill Clinton den besten Stoff für solch ein Buch hergeben. Denn im Januar 1970 war er schon einmal in Prag. Seine Visite schloss sich an einen Aufenthalt in Moskau kurz vor Weihnachten 1969 mit seinem tschechischen Studienfreund Jan Kopold an. Beide studierten in Oxford, der Tscheche animierte den Amerikaner dazu, aus der Sowjetunion in seine Heimatstadt Prag weiter zu reisen. Korrespondent Kreutzmann hat einen zweiten Producer engagiert, er kümmert sich um die Eltern von Jan Kopold, die Clinton damals beherbergten. Während er auf uns wartet, hat sich der Mitarbeiter in der Wohnung der Kopolds in einem großen Mietshaus am náměstí Svobody (Freiheitsplatz) häuslich eingerichtet. Seine Schuhe stehen vor der Tür, wie beim Besuch fremder Wohnungen in Prag üblich. Dafür ist er in Pantoffeln geschlüpft und trägt eine cremefarbene Strickjacke wie der Gastgeber. Nicht zuletzt, weil er sich ihm akkurat anpasste, ist es dem Producer gelungen, den Mann zu einem Interview zu überreden. „Hier hat er geschlafen", sagt Bedřich Kopold plötzlich und schlägt mit der flachen Hand auf das Sitzpolster eines Kanapees. Eine schöne Szene für die Kamera. Dann holt der Hausherr Briefe aus einem Karton. Darunter befindet sich ein Beileidschreiben vom 14. Oktober 1970. Clinton hatte es der Familie zum Tod von Jan geschickt, der noch im gleichen Jahr beim Bergsteigen in der Türkei verunglückt war.

Im Wahlkampf zur US-Präsidentschaft versuchten Clintons politische Gegner, aus dieser Reise in den verhassten kommunistischen Ostblock Kapital zu schlagen. Angeblich vom neuen tschechischen Geheimdienst informiert, holten die Republikaner um den amtierenden Präsidenten George Bush den längst vergessenen Trip aus der Versenkung. Der arme Student Clinton habe nie darüber Auskunft gegeben, wer ihm einst seine Flüge bezahlte, warfen ihm konservative Kreise vor. Sie erhofften sich vor allem von den Familienverhältnissen der Kopolds Munition für Schüsse auf Clinton. Jan Kopolds Großmutter Maria Svermová hatte einst die kommunistische Partei in der Tschechoslowakei mitbegründet. Zwar war die Familie mit der kommunistischen Elite des Landes verbunden, Bedřich Kopold zugleich aber auch als Reformkommunist während des „Prager Frühlings" bekannt. Obwohl die Republikaner Zweifel an Gesinnung und Patriotismus des demokratischen Bewerbers schürten, verlor ihr Kandidat Bush die Wahl. Eine Weile hielten die Kopolds noch Kontakt zu Clintons mittlerweile verstorbener Mutter. „Nachdem er so viel Interesse für uns und die Stadt zeigte, schlug ich ihm vor, eines Tages als Gesandter oder Kulturattaché nach Prag zurück zu kehren", erinnert sich Bedřich Kopold, „jetzt kommt er als Präsident. Ich habe ihn ziemlich unterschätzt..."

Nachdem Bill Clinton in Prag eingetroffen ist, kommt er zunächst mit tschechischen Spitzenpolitikern auf der Burg zusammen und empfängt erst am nächsten Tag die vier Staatschefs der „Visegrád-Gruppe" in der US-Botschaft. Jeden einzeln und zu bilateralen Verhandlungen. Dabei lässt Clinton kräftig die Muskeln spielen. „Wir begründen hier eine Sicherheitspartnerschaft, die zur Vollmitgliedschaft in der NATO führen kann", verkündet er vor der Presse, um ein wesentliches Argument nachzuschieben: „Man muss immer auch die wirtschaftliche Dimension der Sicherheit im Auge behalten." Der US-Präsident eröffnet den Staaten drei Wege für eine Stabilisierung Mittelosteuropas. Zu Beginn sollen Tschechen, Slowaken, Polen und Ungarn dieser „Partnerschaft für den Frieden" beitreten. Mit einer militärischen Zusammenarbeit auf dieser Vorstufe will Clinton ein russisches Veto gegen ihre NATO-Mitgliedschaft unterlaufen. Dafür werden die USA die politischen und wirtschaftlichen Reformen in der Region unterstützen. Für ihre Geduld verspricht der US-Präsident den Staaten Hilfe in harten Dollars für den Aufbau von Marktwirtschaft und Infrastruktur, ohne allerdings konkrete Zahlen zu nennen. Schließlich könne eine intensivere regionale Zusammenarbeit einen Beitrag zur Stabilisierung der Region leisten. „Die USA befürworten immer, wenn Staaten als ein Bündnis auftreten", gibt Clinton den Staats- und Regierungschefs nach einem gemeinsamen Abendessen einen deutlichen Wink, dass ihm die zeitraubenden Einzelgespräche und die mangelnden Absprachen innerhalb der „Visegrád-Gruppe" auf die Nerven gingen.

Die Fernseh-Berichterstattung über den Aufenthalt Clintons in Prag ist genau reglementiert. Nur das tschechische Fernsehen und US-Kanäle dürfen in der Regel vor Ort drehen. Sie geben ihre Aufnahmen in einen Pool, aus dem sich die Sender weltweit bedienen. Deshalb sitzt Korrespondent Thomas Kreutzmann im Sendezentrum des tschechischen Fernsehens und verarbeitet die einlaufenden Bilder zu aktuellen Berichten. Das Kamerateam des Studios versucht dennoch, bei einzelnen Programmpunkten Clintons eigene Aufnahmen zu bekommen. Im Redaktionsdienst verfolge ich die zahlreichen Meldungen der Nachrichtenagenturen. Plötzlich taucht in der Papierflut ein Zitat des polnischen Präsidenten Lech Wałęsa auf, der bisher immer eine NATO-Vollmitgliedschaft samt Maximalschutz gefordert hatte. Überraschend ist nun auch der Pole mit der Partnerschaft einverstanden, obwohl er das Konzept Washingtons stets „kurzsichtig und gefährlich" nannte. Ich informiere Thomas Kreutzmann über Wałęsas Meinungswandel, den er in seine Texte einbaut.

Bill Clinton bringt in Prag alle vier Staaten auf Linie, zumal sie ohne Alternative sind. Auch Gastgeber Václav Havel, für den das Konzept der NATO zuvor zu spät kam, bekennt nun vor seiner Burg, dass Russland nicht isoliert werden dürfe. Dass die USA den „westlichsten Ländern des ehemaligen Ostblocks" mit dieser Prager Vereinbarung einen Königsweg gewiesen haben, wird in den nächsten Jahren deutlich. Das heikle Thema der NATO-Erweiterung nach Osten wird für eine Weile hinausgezögert. In dieser Zeit besänftigt Clinton den russischen Präsidenten Boris Jelzin, der sich vehement gegen die Aufnahme einzelner Staaten in die Militärallianz stemmte. Die NATO bietet bei einem Gipfeltreffen Anfang Juli 1997 Tschechien, Polen und Ungarn erstmals Verhandlungen über einen Beitritt an und nimmt diese drei Staaten im März 1999 in ihr Bündnis auf. Die Slowakei folgt nach innenpolitischen Querelen fünf Jahre später. Mit den friedlichen Revolutionen auf dem Gebiet des früheren Warschauer Pakts fiel auch die Bedrohung der NATO-Staaten durch den kommunistischen Ostblock weg, danach sollte das Bündnis vor allem ein Instrument des Krisenmanagements sein.

Neben all diesen politischen Fragen beschäftigt Beobachter auch eine gesellschaftliche: Wird Bill Clinton, der begeisterte Saxophon-Spieler, in Prag zu seinem Instrument greifen? Schließlich gilt die Moldau-Metropole als Hochburg des Jazz. Bis heute gibt es allein im Zentrum etwa 20 Clubs mit Live-Auftritten an jedem Abend, wobei traditionelle wie moderne Formen dieser Musikrichtung gepflegt werden. Wir wollen das Studio nach arbeitsreichen Stunden gerade verlassen, als gegen 21 Uhr das Telefon klingt. Josef, der heimische Kamerahelfer, ist am Apparat. Er hat den ganzen Tag über das Kamerateam begleitet und ist nun furchtbar aufgeregt. Josef hat in Erfahrung gebracht, dass Clinton tatsächlich gleich im „Reduta" auf der Bühne stehen wird. Und, noch besser, dass es unserem Kameramann gelungen sei, im Schlepptau amerikanischer Fernsehteams in den Club zu kommen. Was er jetzt aber ganz dringend benötige, sei sein Stativ, teilt uns Josef hektisch mit.

Wir machen wir uns sofort auf den Weg. Die Chance auf exklusive Aufnahmen von Clintons Auftritt im ältesten Jazz-Club der Stadt lässt alle Müdigkeit vergessen. Schon an der ersten Absperrung müssen wir unser Auto zurücklassen. Den restlichen Kilometer bewältigen wir zu Fuß, über Kopfsteinpflaster und mit dem schweren Gerät unterm Arm. In der Národní třída (Nationalstraße) warten Hunderte von Schaulustigen, die einen Blick auf den hohen Gast werfen wollen. Trotz unserer Akkreditierungen lassen uns die vielen Sicherheitskräfte nicht die Straße überqueren. So müssen wir an einem Sperrgitter gegenüber vom „Reduta" darauf hoffen, dass unser Kameramann kurz vor die Tür tritt und seine Arbeitshilfe bei uns abholt.

Stunden vergehen. Korrespondent Kreutzmann hat sich eine böse Erkältung eingefangen und kann sich nach den anstrengenden Arbeitstagen kaum noch auf den Beinen halten. Ich stütze ihn mit einer Hand und behalte gleichzeitig den Eingang des „Reduta" im Auge, falls der Kollege doch noch herauskommt. Wir hätten viel dafür gegeben, wenn an diesem bitterkalten Winterabend im Januar 1994 schon Handys verfügbar gewesen wären... Kurz vor Mitternacht taucht Blitzlichtgewitter die breite Straße in grelles Licht. Clinton tritt aus der schmalen Tür des „Reduta". Er lächelt freundlich, winkt den Wartenden kurz zu und verschwindet schnell in seiner Limousine. Auf dem Heimweg freuen wir uns schon auf die Aufnahmen unseres Kameramannes, auch wenn sie etwas verwackelt sein werden, weil er ohne Stativ drehen musste.

Am nächsten Tag erfahren wir: Bill Clinton bekam von Václav Havel ein neues Saxophon als Gastgeschenk. Im „Reduta" spielte er eine Interpretation von Richard Rodgers' „My Funny Valentine". Bilder davon hat ausschließlich ein amerikanischer TV-Sender, denn nur er war zum Event in dem Club zugelassen. Unser Kameramann lag zu dieser Zeit längst im Bett.

Die Königinnen von Tschechien

Sie hat nur höchste Qualität im Angebot. Die Schönsten. Und Besten. Superstars wie die kluge Pavlína Němcová. „Ich hätte sie gerne zu unserem Termin eingeladen, aber sie ist derzeit in Frankreich sehr beschäftigt", teilt mir Milada Karasová mit. Oder die seit Jahren international erfolgreiche Daniela Peštová. „Der Eindruck, dass viele Top-Models arrogant seien, täuscht völlig", fällt der Agentur-Chefin zu ihr ein, „Daniela ist ein ganz normales Mädchen mit ganz normalen Problemen. Sie hat drei Kinder, und wenn wir auf einen Kaffee gehen, sprechen wir darüber." Ein besonders inniges Verhältnis pflegt Karasová zu Eva Herzigová. „Als ich sie kürzlich in London besuchte, hat sie mir zu Hause ein Abendessen gemacht, und wir haben uns über alle möglichen Dinge unterhalten", erinnert sie sich.

Kein Zweifel, Milada Karasová herrscht über ein kleines Weltreich. Ihre Agentur „Czechoslovak Models" vertritt Mädchen, die auf allen Kontinenten einen Ruf wie Donnerhall genießen. Auch Simona Krainová gehört zu ihren Klientinnen. Und Alena Šeredová, die Frau des italienischen Fußball-Weltmeisters Gianluigi Buffon. Ebenso Andrea Verešová. Sowie Taťána Kuchařová, die erste Tschechin, die 2006 zur „Miss World" gewählt wurde.

Das Herrenmagazin „GQ" versuchte, eine Erklärung dafür zu finden, warum gerade Tschechinnen die schönsten Frauen der Welt sind. Das Ergebnis seiner Studie fiel ebenso simpel wie pathetisch aus: Gott könnte eine Tschechin sein, müsse aber in jedem Fall tschechisch verstehen. Und vor Glück lächeln, wenn Tschechinnen auf den Magazinen dieser Welt erscheinen. Milada Karasová weiß es besser. „Der slawische Typ, das andere Gesicht, die schöne Haut - nach unserem gesellschaftlichen Wandel 1989 war das etwas ganz Neues für das Business", erklärt sie konkret, „deshalb wollte sie jeder im Westen haben. In Paris sagte man mir immer: ‚Ihre Mädchen sind ein bisschen schüchtern, aber sehr, sehr sexy. Und sie sehen aus wie Kinder.'"

Milada Karasová ist die Grande Dame des tschechischen Model-Business. Die hochgewachsene blonde Frau arbeitete in den 1970er Jahren selbst als Model, suchte in den 1980ern als Scout für die Pariser Agentur „Madison" nach geeigneten Talenten und gründete im Jahre 1990 schließlich ihre eigene Firma. „Czechoslovak Models" war damals die erste tschechische Agentur. Sie ist bis heute die größte und wichtigste im Land. Karasová schickt ihre Models nach Mailand und Tokio, nach London und New York. Sie vermittelt sie an Kunden wie Versace oder Dior. Ihre Porträts schmücken die Titel wichtiger Magazine wie „Elle", „Cosmopolitan" oder „Harper's Bazaar". Außerdem kooperiert ihre Agentur mit führenden Modewochen weltweit und produziert selbst eigene Shows.

Als die kommunistische Diktatur in der Tschechoslowakei in den letzten Zügen lag, glückte Milada Karasová ein großer Fang. Ihr geschultes Auge entdeckte ein Gesicht mit dem besonderen Etwas und einer Figur nach Maß, ein Bewegungswunder mit Ausdruckskraft und Formbarkeit: Eva Herzigová.

„Herzigová wuchs in der Tschechoslowakei auf. Mit 16 Jahren gewann sie 1989 einen Modelwettbewerb in Prag und konnte dank des Zerfalls des Warschauer Paktes nach Paris gehen. Sie besuchte nie eine Modelschule und musste sich erst an den Medienrummel gewöhnen", schreiben Lexika heute lapidar. „Meine Strategie war, nach der Wende möglichst viele Mädchen in den Westen zu schicken, denn sie kosteten weniger. Dafür habe ich einen Vertrag mit einer großen Pariser Agentur gemacht", erklärt mir Milada Karasová ihre frühen Vermarktungsziele. „Für sie habe ich fast jeden Monat ein Casting veranstaltet, und einmal im Jahr einen großen Schönheits-Wettbewerb. Diese Agentur hatte stets den ersten Zugriff." Mit Eva Herzigová aus dem kleinen Litvínov in der nordböhmischen Provinz begann das „tschechische Model-Wunder". Für ihre Rolle bei der Entdeckung tschechischer Mädchen für das Business habe die Herzigová eine Public-Relations-Medaille verdient, behaupten Kreativdirektoren führender Agenturen heute. Und wenn schon sie eine Auszeichnung bekommen müsste, gilt dies erst recht für ihre Entdeckerin Milada Karasová.

Eva Herzigová wurde im Mai 1994 durch eine Werbekampagne am New Yorker Times Square als „Miss Wonderbra" weltberühmt. In den frühen 1990er Jahren verhalf Milada Karasová auch Stars wie Tereza Maxová zum internationalen Durchbruch. Um diese Zeit suchte ich ihre Agentur erstmals auf. Damals lagen die Räume von „Czechoslovak Models" noch in der Flaniermeile Na Příkopě. Hinter einer schmucklosen Fassade im Haus Nummer 27 empfing mich Milada Karasová mit ungezwungener Höflichkeit. Ebenso wie andere Gäste und Kunden, mit denen sie fließend englisch und französisch parlierte oder bei Bedarf auch deutsch. Man traf sie in jenen Tagen dort nicht immer an. Und dann oft nur für wenige Minuten. Denn Zeit bedeutete für Milada Karasová schon damals bares Geld. Sie vermittelte junge Mädchen und reife Frauen zwischen 15 und 50. Ihr „Produkt" versprach in den Anfangsjahren der jungen Demokratie bereits kräftige Renditen, während große Teile der tschechischen Wirtschaft wegen der Versäumnisse im Kommunismus noch dahinsiechten.

Machte es der Erfolg ihres Hauses notwendig, so vermochte die Agentur-Chefin in Sekundenschnelle von einer herzlichen Gesprächsatmosphäre in den kühl rechnenden Habitus der erfolgreichen Geschäftsfrau zu wechseln. Damals hofften 60 wunderschöne Bewerberinnen mit ihrer Hilfe auf den großen Karrieresprung. Während Eva Herzigová im Ausland bereits Tagesgagen von 15.000 Mark kassierte, eiferte der Nachwuchs dem großen Vorbild für schlappe 400 Mark pro Arbeitstag nach. Jede fünfte Mark steckte Milada Karasová ein. Doch sie bedrückten auch Sorgen. Zwar passte das Angebot, statt der erwarteten 300 Kandidatinnen kamen über 1.000 Mädchen zu ihrem letzten Casting. Allerdings fürchtete sie, dass die Nachfrage nach ihren Mädchen aus dem Osten Europas schon wieder nachlassen könnte. Zudem kämpften bereits weitere Agenturen gegen sie um Auftraggeber aus Deutschland, Frankreich oder Australien. Vor allem erzürnten sie jedoch unseriöse Anfragen speziell von Italienern, die angeblich Fotomodelle suchten, ihre Mädchen aber lediglich als Bedienungen in Restaurants beschäftigen wollten. Bei diesem Thema konnte die Respektsperson Karasová zur Furie werden.

Knapp zwei Jahrzehnte später ist sie jedoch immer noch gut im Geschäft. „Höchste Zeit, dass wir uns wieder mal sehen", begrüßt mich Milada Karasová schon auf dem Flur im Palác Adria in der Prager Innenstadt. Sie ist mittlerweile 59 Jahre alt und hat noch immer eine sehr gute Figur. Im Vorraum ihres Chefzimmers sind Set-Karten ihrer Schützlinge säuberlich in Regalen angeordnet, von einigen Mädchen hängen große Poster an der Wand. Ihr eigenes Büro wirkt dagegen eher schlicht, ganz auf sachliche und schnörkellose Gespräche mit Kunden ausgerichtet. Sie betreut mittlerweile rund 100 Frauen und Männer. Ihre Bewerber müssen nun aber andere Voraussetzungen erfüllen als bei unserer ersten Begegnung. „Heute muss ein Mädchen perfekt auf den Job vorbereitet sein, bevor ich sie einer

Agentur im Westen vorstellen kann. Sehr wichtig ist, dass sie wirklich gute Maße hat. Und sie braucht schöne Bilder, sehr gute Englisch-Kenntnisse, muss Lust auf diese Arbeit haben und die Kunden gut ansprechen", führt Milada Karasová aus. „Das war früher ganz anders. Da bin ich mit einem jungen Mädchen nach Hamburg gefahren. Und obwohl sie kein Wort englisch oder deutsch konnte, bekam sie dort sofort Arbeit, nur weil sie einfach wunderschön war."

Entsprechend hoch sind ihre Anforderungen, entsprechend umfangreich mittlerweile auch ihre Ausbildung. „Wenn ein Mädchen Potenzial hat, bereite ich es gezielt vor, mit Hilfe eines Friseurs oder einer Trainerin für den richtigen Laufstil. Das kann ein Jahr dauern, wenn sie zum Beispiel eine problematische Haut hat, manchmal aber auch nur eine Woche, wenn sie lediglich introvertiert ist und lernen muss, sich richtig zu präsentieren." Allerdings ist die Motivation ihre Kandidatinnen jetzt eine andere ist als in den 1990er Jahren. „Vor 20 Jahren wollten die Mädchen vor allem berühmt werden. Erst ihre letzte Frage war, was sie dafür bekommen", erinnert sie sich. „Heute ist ihre erste Frage, wie viel Geld sie verdienen können. Denn nun haben sie ganz andere Möglichkeiten und können auch ohne diesen Job in der Welt herumreisen. Und sie wollen auch nicht mehr ein halbes Jahr auf ihre Gage warten, sondern alles ganz schnell haben."

Sind Casting-Shows, wie in Deutschland mit Heidi Klum, bei der Suche nach neuen Talenten hilfreich, frage ich. „Solche Shows sind für Zuschauer ganz lustig, für die Teilnehmerinnen jedoch sehr stressig und daher nur für besonders starke Mädchen geeignet", urteilt sie, „möglich, dass sich eine Agentur auch um eine geeignete Kandidatin kümmert. Doch wenn Designer wie Karl Lagerfeld oder Stella McCartney ein Mädchen nicht wollen, dann kann es noch so toll sein und wird trotzdem kein Star." Eine Show nach deutschem Vorbild gab es in der

Slowakei, nicht jedoch in Tschechien. Ein tschechischer TV-Mann erkundigte sich mal bei Milada Karasová, ob sie Interesse hätte und ein Mädchen schicken würde. Der Plan sei wohl am Geld gescheitert, vermutet sie.

Und wie viel können die Besten verdienen? Das hänge vom Job ab, erklärt Milada Karasová. „Für eine Modenschau erhalten normale Models in Tschechien zwischen 2.000 und 4.000 Kronen pro Tag. Die Top-Namen kassieren 100.000 bis 200.000 Kronen, also bis zu 8.000 Euro. Im Ausland steigert sich das immer noch auf bis zu 70.000 Euro am Tag. Und für Werbeaufträge gibt es erheblich mehr." Ihre Superstars von früher gehen allmählich auf die 40 zu. Trotzdem befindet sich in der Kartei von „Czechoslovak Models" noch immer die Crème de la Crème der tschechischen Models. Die Edelsten. Und Teuersten.

Auch die Teuersten? Das meiste Geld verbuchte zuletzt Karolína Kurková. Ihre Einnahmen summierten sich in manchen Jahren auf geschätzte neun Millionen Euro. Also etwa das Volumen, das Milada Karasová angab. Vor allem war Karolína Kurková jedoch das Supermodel mit den größten Zukunftschancen. Dies fanden Unternehmensberater heraus. Für die Schönheit aus dem kleinen Děčín an der Elbe ermittelten sie einen Marktwert von sage und schreibe 42,6 Millionen Euro. „Dieser Wert ist auf die künftig zu erwartenden Einkommen ausgerichtet", erklärte die international renommierte Beratungsfirma. Bis dahin basierten Model-Rankings meist auf Einschätzungen von Experten und/oder Imagewerten. Nun habe man für die Luxus- und Modebranche eine Methode entwickelt, mit der Unternehmen endlich eine seriöse Entscheidungshilfe bei ihrer Suche nach geeigneten Mädchen gegeben werden könne, so die Berater. Dafür fassten sie alle Einkünfte der Models aus Modenschauen, Foto-Shootings, Werbeverträgen und Lizenzvergaben zusammen. Auch Bekanntheit, Image, Sympathie und Loyalität flossen ein, außerdem die Urteile von internationalen Markenexperten aus den USA, Europa und Asien ein, den wichtigsten Werberegionen. Trotzdem war diese Auflistung nicht ohne Risiko, wie sich später zeigte.

Karolina Kurková modelte bereits im Alter von 14 Jahren, selbst für Branchenverhältnisse erstaunlich früh. Mit ihren weizenblonden Haaren, den vollen Lippen und ellenlangen Beinen zählte sie schon als Teenager zu den begehrtesten und hoffnungsvollsten Talenten. Schnell bekam sie Aufträge aus Mailand, Exklusiv-Verträge mit Prada, Miu Miu und Chanel steigerten weiter ihren Ruf. So reihte sich die Tochter des Basketball-Stars Josef Kurka früh in die ausgesuchte Liste der 20 Supermodels der MTV Fashion Awards ein. Um ihre Entdeckung ranken sich, wie in diesem Business üblich, viele Mythen. Angeblich schickte ein Freund der Familie Fotos von ihr zu einer Modelagentur in Prag, die ihr sofort Jobs angeboten habe. Um mehr Erfahrungen zu sammeln, sei Karolina Kurková anschließend nach Mailand gefahren, dort dem Modedesigner Miuccia Prada aufgefallen und unter Vertrag genommen worden. 1999 sei sie dann zu einem Foto-Shooting nach New York geflogen. Kaum angekommen, gefiel ihr die Stadt so gut, dass die Tschechin sie alsbald als dauerhaften Wohnsitz wählte. Sicher ist, dass Karolina Kurková im Sommer 2000 erstmals für größere Aufmerksamkeit sorgte, als sie in einer Riege von First Class-Models die Show des Dessousherstellers Victoria's Secret in Cannes lief. Dafür wurde sie mit gerade 16 Jahren gebucht. Ein Jahr später genoss sie schon das Privileg, ein Victoria's Secret-Angel zu sein, der große Traum vieler Models. Furore machte sie dort durch ihren Auftritt, bei dem sie einen mit Diamanten besetzten, rund 15 Millionen US-Dollar teuren BH trug.

Im Februar 2001 erschien sie auf dem Cover der amerikanischen „Vogue", das höchste Ziel im Model-Business überhaupt. Mit knapp 17 war sie gar eines der jüngsten Covergirls in der Geschichte des weltberühmten Modemagazins. 2002 erhielt

Kurkova den VH1/Vogue Fashion Award als „Model of the Year". Die Tschechin wurde von Dior, Louis Vuitton und Salvatore Ferragamo für Kampagnen und Modenschauen ausgewählt, ebenso von Tommy Hilfiger und Versace. Bei Modewochen in den großen Metropolen ging sie für alle renommierten Designer über den Catwalk.

Die Unternehmensberater setzten Karolina Kurková an die Spitze aller Top-Models weltweit. Karolina Kurková ist jedoch nicht im Programm von „Czechoslovak Models". Milada Karasová ficht das scheinbar nicht an. „Meiner Meinung nach gibt es überhaupt keine Top-Models mehr", stellt sie lapidar fest. „Eva Herzigová oder Claudia Schiffer hatten ihre große Zeit in den Jahren von 1990 bis 95. Jetzt hat die Welt überhaupt nicht mehr das Geld, solche Super-Models zu bezahlen." Zudem bevorzugen Werbeagenturen nach ihren Erfahrungen mittlerweile eher Sängerinnen oder Schauspielerinnen für Kampagnen. „Eva Herzigová erzählte mir gerade in London, dass sie fast noch jeden Tag arbeitet. Doch die Preise sind deutlich niedriger. Selbst sie muss jetzt genau darauf achten, welchen Typ die Designer wollen und sich laufend neu anpassen."

Trotzdem gebe es für den Erfolg in dieser Branche ein Rezept. „Ich sage immer: Ein Mädchen muss zur richtigen Zeit am richtigen Platz sein", formuliert Milada Karasová.

„Ich habe einfach Glück gehabt und bin zur richtigen Zeit am richtigen Ort gewesen", nennt auch Karolina Kurková als wesentlichen Grund für ihre weltweite Anerkennung. Ganz bescheiden, wortgleich und unabhängig von Milada Karasová, denn sie wird ja nicht von ihr vertreten.

Ein weiteres Erfolgsgeheimnis? „Viel Energie und ein guter Manager", sagt Karolina Kurková. Ihr Manager war der Agent Alessandro Bazzoni, der später auch ihr Freund wurde und mit dem sie nach New York zog. Dass die schönsten Mädchen der Welt ausgerechnet aus Tschechien kommen und selbst seriöse

Zeitungen jede Neuigkeit über die heimischen Supermodels verbreiten, wird oft darauf zurückgeführt, dass kaum ein anderes
Land jahrzehntelang so abgeschottet war wie die kommunistische Tschechoslowakei. „Die Leute dachten scheinbar, dass wir
bis zum politischen Wandel 1989 noch auf Bäumen lebten",
lacht Milada Karasová. Jetzt sind die Models quasi nationale
Ikonen, auf die Tschechien stolz ist. Nachrichten über sie bringen Zeitungen und Magazinen hohe Verkaufszahlen und dem
Fernsehen überdurchschnittliche Einschaltquoten ein. Dieses
große Interesse erklären heimische Kommentatoren damit, dass
es nicht viele Bereiche gebe, in denen das Land zur Weltspitze
gehört. Weder verfüge Tschechien über einen weltweit operie-
renden Wirtschaftskonzern noch über Künstler von Weltruf.
Einzig die Eishockeyspieler polieren das Image des Landes von
Zeit zu Zeit auf.

Für den Modeljob bringen Tschechinnen nach Meinung von
Experten jedoch ideale Voraussetzungen mit. Sie zeichne eine
natürliche Schönheit, Sinnlichkeit und Eleganz aus, alle wirkten
lebendig, nichts sei künstlich. Ihr Lachen, ihre Haare und Bewegungen seien unübertrefflich. Am meisten bewundert die
Modeindustrie jedoch ihre Haut: glatt, sanft, seidig, glänzend
und sehr weiß. Deshalb hätten die meisten Tschechinnen ihre
Karriere auch als Wäschemodels begonnen, sagen Fachleute.
Weiterer Pluspunkt: ihre Persönlichkeit. Neben dem Spaß an
der Arbeit halten ihnen Designer eine besondere Ausstrahlung
zugute, die Erfahrung mit Realitätssinn vereine. Deshalb müssten junge Mädchen ernsthaft daran interessiert sein, den Job zu
machen, sagt Milada Karasová. „Das muss von innen kommen.
Und man muss ehrlich zu den jungen Mädchen sein. Wenn sie
kein Potenzial als Model haben, rate ich ihnen zu Sport oder anderen Dingen. Manche Mädchen sind jedoch schon bei unserem
ersten Treffen äußerst arrogant und fühlen sich bereits wie ein
Star. Die muss ich leider gleich rauswerfen."

Tschechinnen gelten in der Branche als risikofreudiger, ehrgeiziger, wandlungsfähiger, witziger und ohne Furcht vor Veränderungen. Damit erzielen sie einen entscheidenden Vorsprung vor Models aus anderen Ländern. Denn das Business ändert sich fortwährend. „Vor ein paar Jahren wollten Mailänder Agenturen nur noch Mädchen von der Straße, sehr schlank", gibt Milada Karasová ein Beispiel. „Jetzt guckt man wieder mehr auf kommerzielle Mädchen mit schönem Gesicht und guter Figur, die zudem überall eingesetzt werden können, in der Werbung ebenso wie bei Modenschauen." Diese Vielseitigkeit ist ein wichtiger Trumpf der Tschechinnen. Sie eignen sich für Titelbilder von großen Magazinen in gleichem Maße wie für Kataloge oder Werbekampagnen. Und genau dies mache sie zu echten Supermodels, befand schon vor längerer Zeit Ivan Bart, Vizepräsident der führenden New Yorker Agentur IGM Models.

Vier Jahre nach der Expertise der Unternehmensberater veröffentlicht das US-Wirtschaftsmagazin „Forbes" wieder seine Liste über die bestverdienenden Supermodels weltweit. An der Spitze steht die Brasilianerin Gisèle Bündchen mit 35 Millionen Dollar, umgerechnet 22,5 Millionen Euro. Unter den Top-Ten von „Forbes" rangiert keine Tschechin mehr.

„Nicht einmal die Kurková?" erkundigt sich Milada Karasová bei mir.

Nicht einmal die Kurková!

Der Verlust eines Hauptvertrages habe riesigen Einfluss auf das Einkommen, begründet „Forbes" seine Entscheidung. „Im Fall von Karolina Kurková bedeutet das: Sie ist aus der Liste gefallen, weil ihr Vertrag mit Victoria's Secret ausgelaufen ist", schreibt das Magazin. Die vollmundige Vorhersage der Wirtschaftsberater über jene 42,6 Millionen Euro als künftiges Einkommen von Karolina Kurková ist damit Makulatur. Warum, zeigt sich zwei Monate später. Ein Sprecher von Karolina Kurková verkündet, dass die Tschechin und ihr Verlobter, der Produzent Archie Drury, ihr erstes Kind erwarten. Das Paar ist seit knapp einem Jahr zusammen. Die jährliche „Victoria´s Secret"-Show im November, bei der die 25jährige lange zu den Top-Stars gehörte, hatte sich damit für sie erledigt. Im folgenden Frühjahr trägt Karolina Kurková ihr Söhnchen Tobin Jack Drury durch Cannes. Sie ist ungeschminkt, ihre Haare ungestylt, und sie verbreitet mit einem dicken Schal um den Hals keinerlei Glamour mehr. Karolina Kurková als glückliche Mutter und ganz normale junge Frau. Milada Karasová darf sich einmal mehr bestätigt fühlen. „Das Image von den unnahbaren Top-Models wird doch vor allem durch Berichte in Hochglanz-Magazinen geprägt", korrigierte sie schon während unseres ersten Gespräches ein herkömmliches Bild, „das ist doch alles nur Show. Aber viele Leser wünschen es so."

Karolina Kurková will auch nach der Geburt ihres Sohnes weiter auf Laufstegen arbeiten oder in Filmen mitwirken. Geht die Zeit des tschechischen Model-Wunders nicht trotzdem allmählich zu Ende, frage ich die Agentur-Chefin. „Heute kommen Mädchen ganz schnell nach oben und stürzen ebenso schnell wieder ab", antwortet sie, „alles eine Frage der Designer, sie machen die Stars. Dann wollen alle Magazine ganz schnell Covers von ihnen haben, und nach zwei, drei Jahren ist alles wieder vorbei. Das wird auch mit Gisèle Bündchen so kommen."

Milada Karasová setzt dennoch weiter auf frische junge Gesichter. „Ich habe derzeit etwa 15 Mädchen, die im Ausland erfolgreich sind. Kann sein, dass jemand eine von ihnen eines Tages zu einem Star macht. Meine Tipps heißen Kateřina Benešová und Denisa Svobodová. Beide sind erst 16 und 18 Jahre alt. Und beide arbeiten schon in Paris."

Millionär ohne Millionen

Von ihm gebe es nur zwei Fotos, sagt Leon P. „Eines in meinem Pass und eines im Führerschein." Er stehe nämlich nicht gerne in der Öffentlichkeit. „Damit habe ich gar keine guten Erfahrungen gemacht." Der Holländer ist erst 47 Jahre alt. Doch sein Leben hat ihn vorsichtig werden lassen. Seit fünf Jahren wohnt Leon P. in Prag. Endgültig an der Moldau, nach verschiedenen Aufenthalten zuvor. Hier führt er für Bekannte das Café „Office", ein Ein-Raum-Lokal im Erdgeschoss eines sanierten Appartementhauses im fünften Prager Stadtbezirk. Sie haben Computer in Glaskästen ausgestellt, im Mini-Format und vielen anderen Größen. Dazu Fachzeitschriften in Regalen an den Wänden. So erscheint das mit nur drei Tischen ausgestattete Café noch kleiner.

Bevor er nach Prag kam, lebte Leon P. 15 Jahre lang in den USA. Dort sah er bessere Chancen für seine Zukunft als in Maastricht, seiner Heimatstadt. Schon die Schulzeit hatte er ohne großen Ehrgeiz absolviert. „Mich interessierten mit 13 Jahren irgendwelche Geschäfte erheblich mehr als trockener Lehrstoff." Leon P. arbeitete zunächst in Miami als Kellner. Dann glückte ihm eine „Tellerwäscher-Karriere", wie man sie sonst nur aus Hollywood-Filmen kennt. In sein Restaurant kamen die richtigen Leute. Und sie wurden auf ihn aufmerksam, den smarten Europäer mit dem einnehmenden Wesen und den höflichen Umgangsformen.

Nach einigen Gesprächen boten ihm die Businessmen eine Stelle in ihrer Computerfirma an. Ihr Angebot verbanden sie mit einer Verpflichtung, die ihn besonders reizte. Er erhalte 10.000 Dollar als Bonus, versprachen sie, wenn er nebenbei auch noch ein Studium zum Master of Business Administration (MBA) an einer renommierten Universität erfolgreich absolviere. „Das war verdammt viel Geld für mich, also schlief ich viele Nächte nur drei Stunden, um es zu bekommen", blickt Leon P. nicht ohne Stolz zurück. Für das amerikanische Unternehmen reiste er um die Welt, baute ein Verkaufsnetz auf, machte gute Geschäfte, hatte Erfolg. So viel Erfolg, dass ihm die Eigentümer eines Tages Anteile an ihrer Firma abtraten. Zur Jahrtausendwende war Leon P. ein gemachter Mann. Auf seinen Konten lagen Millionen. Auch privat verlief sein Leben so, wie es sich die meisten nur erträumen können. Leon P. hatte ein wunderschönes Model aus der Ukraine zur Frau. Ihre Urlaube verbrachten sie auf karibischen Inseln. Oder in ihrem Haus in Dubai. Da war er noch nicht einmal 40 Jahre alt. Leon P. wurde vom Leben verwöhnt. Er genoss es in vollen Zügen.

Von unserem schneeweißen Tisch schlurft der Holländer zurück an die Kaffeemaschine, um noch zwei Espressi zu machen. „Selbstverständlich mit sieben Gramm Pulver, nicht nur mit vier, wie in so vielen Prager Kaffeehäusern", ruft er mir mit einem Augenzwinkern zu. Das Café heißt auch deshalb „Office", weil es von den Besitzern für Besprechungen mit Geschäftsfreunden oder Partnern genutzt wird. Von der Straße verirrt sich höchstselten Laufkundschaft in den kleinen Raum. Dauermieter und Touristen, die in dem Haus wohnen, kommen nur, wenn abends ein Fußballspiel im Fernsehen übertragen wird. So muss er nur wenige Gäste bedienen. Deshalb sieht Leon P. selbst aus wie ein Kunde, in seinen ausgewaschenen Designer-Jeans und dem Polo-Hemd. Auch an diesem Abend sind wir allein in dem Café.

„Dann kam der Keulenschlag", fährt er fort, nachdem er wieder auf seinem Stuhl Platz genommen hat, der ebenso weiß ist wie der Tisch, die Tischdecke, der ganze Raum. Ihn erreichte eine niederschmetternde Diagnose: Hautkrebs. Die Ärzte gaben ihm eine Überlebenschance von höchstens fünf Prozent. Ein Jahr verbrachte er in einer Spezialklinik. Doch der schlanke Mann mit den kurzen grauen Haaren besiegte die Krankheit. Auch, als sie nochmals zurückkam.

Fortan änderte er seine Gewohnheiten. Das Ehepaar P. hielt sich vermehrt in seinem Haus in Dubai auf. Oft auch in Prag. Vor allem aber in der Ukraine. Seine Frau wurde in Lviv geboren, dem früheren Lemberg. Durch seine Kontakte in die USA und in die Ukraine half er mit, dass Geld floss, damit die „Orange Revolution" zwischen September 2004 und Januar 2005 gelang. Zehntausende demonstrierten damals friedlich gegen Wahlfälschungen, ihre Proteste führten einen Machtwechsel herbei. Modefirmen und Fotografen buchten beinahe jede Woche seine Frau. „Juliya gehörte zu den Top Five in der Ukraine", erklärt er. Daher reichte ihr Verdienst problemlos für beide aus. So fasste er einen ungewöhnlichen Entschluss. Nachdem er mit Juliya Heime in ihrem Land besichtigt und das Elend mit eigenen Augen gesehen hatte, trennte er sich von seinem Vermögen. Er richtete in der Ukraine zwei Stiftungen für bedürftige Kinder ein. „Mit all meinem Geld, ich habe nichts für mich behalten", bekräftigt Leon P., „und das war verdammt viel Geld." Was ihm noch wichtiger ist: Die Stiftungen werden von Leuten seines Vertrauens geleitet, sie verwalten und verteilen die Gelder. „Ich habe keine Möglichkeit mehr, an diese Summen zu kommen, selbst wenn ich es wollte", versichert er mir mit festem Blick.

Dann ereignete sich die nächste Katastrophe. Seine Lebenspartnerin verunglückte mit einem seiner Fahrzeuge tödlich.

„Hätte ich Juliya nur nie gezeigt, wie man einen Ferrari fährt", macht er sich bittere Vorwürfe.

Leon P. eilt in seine Wohnung im zweiten Stock des Hauses, in dem auch das Café untergebracht ist. Von dort bringt er ein Foto mit. Es zeigt eine strahlend schöne blonde Frau von Mitte 20. Sie sitzt in einem hellen Kleid auf einem Hang vor ihrem Haus in Dubai und lächelt in die Kamera. Umrahmt wird sie von seinen beiden Töchtern aus anderen Beziehungen, beide nicht weniger hübsch. Und nur unwesentlich jünger als seine Frau.

Auch sie leben nicht mehr.

Lian starb kurz nach dem Tod seiner Frau bei einem Autounfall in New York. Nathalka verunglückte etwas später in der Slowakei. Von ihrer Existenz hatte er erst viele Jahre nach ihrer Geburt erfahren. War sie ihm deshalb böse? „Im Gegenteil, Nathalka hat es ihrer Mutter nie verziehen." Und Leon P. verlor noch weitere Menschen, die ihm sehr nahe standen. Durch Krankheiten, natürlichen Tod oder Unfälle. Insgesamt neun. Innerhalb von nur fünf Jahren. Für einen Menschen eigentlich nicht zu verkraften. In den nächsten Monaten trank er. Viel. Viel zu viel. „Dreimal wollte ich mir das Leben nehmen", gesteht er ein. Er fand Menschen, die ihm halfen und ihn stützten. Meist Frauen.

Die Uhrzeiger stehen auf kurz vor elf. Leon P. geht wieder hinter die Theke. Diesmal fischt er eine Flasche Wodka aus dem Regal. „Beluga", liest er vom Etikett, „angeblich die Sorte, die auch der schwerreiche Russe Abramowitsch am liebsten trinkt." Er schenkt zwei Gläser randvoll ein. Wir trinken sie in einem Zug aus.

„Plötzlich relativiert sich alles." Der Weltmann streicht sich nachdenklich über seinen dünnen grauen Unterlippenbart. „Was sind Geld, Erfolg, Karibik dann noch wert...?" Wir schweigen. Leon P. schleicht durch die Hintertür ins Treppenhaus, um eine Zigarette zu rauchen.

Nach seinem Rückzug aus dem eigenen US-Unternehmen arbeitete er als Supervisor, Teamleiter oder Verkaufsmanager. Seine Auftraggeber waren Weltfirmen wie der größte Bierbrauer InBev oder der Modekonzern H&M. Für sie führte er internationale Teams mit Mitgliedern aus zwölf verschiedenen Nationen. Junge Mannschaften, Höchstalter 27 Jahre. „Sie mit ihrem Ehrgeiz und ich mit meiner Erfahrung - wir haben sehr voneinander profitiert." Bei ihnen spielte der Kommunikator seine größte Stärke aus: „Ich kann ein Team motivieren, auf ein hohes Niveau bringen." Leon P. bestand immer auf Zeitverträgen. „Nach einem Jahr wird ein Projekt für mich langweilig." Beruflich sah er sich stets als „Troubleshooter", als Manager für Risiken und schwere Fälle.

Gerade hat sich wieder ein großer Konzern bei ihm gemeldet. Diesmal einer aus der Computerbranche. Erneut von Weltruf. Er soll dessen Team in Prag auf Vordermann bringen. Es betreut IT-Systeme von Banken und Versicherungen in der Schweiz. Doch seine Arbeit verursachte bisher nur Kosten statt Erträge zu bringen. Zugleich möchte ihn die London Business School of Finance für ein Projekt gewinnen. Eine Mitarbeiterin der Schule wohnt im Haus. Sie kommt am nächsten Tag zu später Stunde durch die hintere Tür, um schnell ein kleines Bier zu trinken. Das Café ist offiziell längst geschlossen, aber nachdem hier sowieso alles anders ist als in anderen Lokalen, serviert Leon P. noch das Getränk. Wahrscheinlich auch, weil er sie sympathisch findet. Er setzt sich zu ihr an den Tisch, um über ihren Arbeitgeber zu plaudern. Und um sich ein Bild von Arbeitsklima und Vorgesetzten zu verschaffen. Er erörtert mit ihr auch sein Tageshonorar. Beide Aufträge könnte er nebeneinander erledigen. Sie würden ihm in wenigen Monaten mehrere Millionen Kronen einbringen.

Doch Leon P. hat keine rechte Lust dazu, wie er mir ein paar Tage später erklärt. Er hat das alles schon gemacht. Und nicht nur einmal. Es liegt in gewisser Weise hinter ihm. Zwar ist er nach wie vor Kapitalist bis ins Mark. Trotzdem zweifelt er mittlerweile an Sinn und Zweck dieser Aufgaben, besonders am Wirtschaftsstandort Prag. Für die Zukunft der tschechischen Wirtschaft sieht Leon P. schwarz. „90 Prozent der multinationalen Konzerne, die derzeit im Land sind, werden schon in wenigen Jahren nicht mehr hier sein", vermutet er. Prag werde zu teuer. Steigende Preise, Mieten und Steuern schmälerten die Gewinne der Unternehmen. „Doch nur dafür sind sie hergekommen." Er hat erfahren, dass sich einige schon nach anderen Standorten umsehen. Brünn statt Prag. Oder gleich China und die Ukraine. Daher fänden selbst hochqualifizierte Ausländer keine adäquaten Jobs mehr. Oder erst, nachdem sie monatelang danach suchten. Früher brauchten sie dafür nur wenige Tage. „Viele meiner Freunde sind schon nach Frankreich, Italien, Belgien oder Holland zurückgekehrt."

Die Global Players lobten immer weniger Anreize aus, um gutes Personal nach Tschechien zu holen oder hier zu halten. Leon zählt mit seinen Fingern Nachteil für Nachteil ab: erstens Einstellungsstopp, zweitens Personalabbau, drittens fallende Löhne, viertens Mietverträge oft nur noch für fünf statt für zehn Jahre, fünftens, nicht zu vergessen, keine Essensgutscheine mehr. „Die tschechische Wirtschaft steht vor einem gravierenden Umbruch", prophezeit er, „die Zeit der großen Firmen geht zu Ende."

Einmal richtig in Fahrt, bekommt auch Prag sein Fett weg. „Die Stadt war in früheren Jahrhunderten eine bedeutende Handelsstadt", bemüht er die Historie, „jetzt fehlt es an Führungskompetenz. Nach dem gescheiterten ‚Prager Frühling' 1968 verlor das Land nicht nur wichtige Kulturschaffende und Intellektuelle, sondern auch Handelsgeist und Wirtschaftsweise." Er schätzt, dass Tschechiens Wirtschaft höchstens über ein Dutzend Top-Manager von internationalem Format verfüge.

Zwar komme die Ausbildung an den Universitäten endlich wieder voran. Dafür seien nicht mehr genügend Jobs für gut ausgebildete Akademiker vorhanden. Dies werde sich auch auf den privaten Konsum und den Immobilienmarkt auswirken. Nur Angestellte mit entsprechendem Einkommen könnten in Prag die hohen Mieten bezahlen. Tatsächlich findet man funkelnagelneue Wohnblocks in Smíchov, eines sogar gleich hinter dem Café auf einer steil ansteigenden Straße, in denen kaum ein Mensch wohnen will. „Ich sage dir, die Zukunft wird bitter."

Sein Pessimismus resultiert nicht zuletzt aus eigenen Erfahrungen in heimischen Betrieben. „Die tschechische Arbeitsmentalität passt mir nicht", urteilt er knallhart, „viele Tschechen machen ihre Arbeit ohne Einsatz über das normale Maß hinaus, im Gegensatz zu den meisten Expats." Für ihn ein Relikt aus kommunistischer Zeit. „Es gibt immer das gleiche Gehalt, egal ob man hart arbeitet oder nicht." Generell herrsche noch „zu viel Kommunismus" in Erziehung und Wirtschaftsleben. Soll heißen: nur geringe Bereitschaft bei Arbeitnehmern zur Fortbildung, zu wenig Kampfgeist des Staates um Ansiedlungen im Wettbewerb mit Nachbarländern. Schuld an den Missständen tragen nach seiner Einschätzung aber auch die großen Unternehmen selbst. „Viele Multis kamen nach der Samtenen Revolution ins Land und bezahlen Tschechen seitdem schlechter als Expats, obwohl sie die gleiche Arbeit machen. Ich habe erlebt, dass heimische Mitarbeiter deshalb komplett demotiviert waren", stellt er den Betrieben ein unbefriedigendes Zeugnis aus. Nach Ende des Kommunismus nahm das Land einen rasanten Aufschwung mit Wachstumsraten von acht Prozent und mehr. Dies glückte vor allem durch ausländische Investitionen. In ihrem Schatten gediehen kleine tschechische Mittelständler. Doch es sind insgesamt zu wenige, um den Wegfall der Großen kompensieren zu können.

Dass tschechische Unternehmer die Wirtschaft nicht wirkungsvoll stützen werden, weiß Leon P. spätestens seit seiner Tätigkeit als Consultant für eine kleine Prager Telekomfirma. Für sie fing er einen Kunden in Indien ein, der auf Jahre hinaus hohe Erlöse versprach. „Der junge Chef lehnte ab, er wollte nur das schnelle Geld", ärgert sich Leon P. noch heute. Zudem irritierte ihn dessen Definition von Disziplin. „Er und seine Leute kamen auf die Arbeit, zogen die Schuhe aus, und um zehn Uhr gab's das erste Bier", schüttelt er den Kopf, „rief dann ein Kunde an, wurde das als Störung empfunden..." Deshalb floh der Holländer nach drei Monaten aus dem Betrieb.

Auf der anderen Straßenseite hat kürzlich ein Hotel eröffnet. Über Monate war es umgebaut und instand gesetzt worden. Jetzt ist aus dem alten grauen Kasten, den zuletzt die Polizei für Seminare und Schulungen nutzte, eine schmucke Vier-Sterne-Herberge in optimistischem Grün entstanden. Im Namen sowie auf der Hausfassade verweist sie stolz auf eine Tradition seit 1885. „Und wer logiert nun darin?" fragt er rhetorisch. Wir blicken durch eine der großen Fensterscheiben des Cafés gemeinsam hinüber. Aus einem Bus steigen zwei Dutzend Schüler aus Spanien. „Sie werden dem Tourismus keine großen Einnahmen bringen, und der ist in Prag nun mal einer der wichtigsten Wirtschaftszweige", sieht er seine düstere Prognose bestätigt.

Ihn selbst berührt dies alles wenig. Leon P. lebte zuletzt von kleineren Projekten, die er sich suchte und sofern er Gefallen daran fand. Und davon, dass er hinter der Theke des Cafés „Office" steht. Dafür zahlen ihm die Besitzer, ein Tscheche und ein Slowake, lediglich 20.000 Kronen. Selbst für Tschechien ein unterdurchschnittliches Einkommen, hier liegt der Monatslohn bei knapp 23.000 Kronen (etwa 950 Euro). Für ihn trotzdem genug, um in Prag bleiben zu können. „Prag war unsere Stadt", schwelgt er in Nostalgie, „Juliya liebte sie, genauso wie ich. Mir war klar, dass ich nach ihrem Tod hierher zurückkommen würde." Noch einmal holt er ein Foto aus seinem Appartement. Darauf ist seine Frau auf der Karlsbrücke zu sehen, im Hintergrund ein Gebäude der Karls- Universität. „Die wenigen Bilder sind das einzige, was mir von ihr geblieben ist."

In dem Café hängt er nun seinen Erinnerungen nach. Er verarbeitet sie, indem er oft vor der Theke an einem Computer steht und ein Buch über sein Leben schreibt. Titel: „The Wanderer". Ziel: eine Bedienungsanleitung, um Fehler zu vermeiden. Kernthese: niemals aufgeben! Eine spannende Lektüre. Durch die hohen Glasscheiben sieht man ihn dort oft noch um Mitternacht bei der Arbeit. Vieles ist ihm in der Vergangenheit geglückt. Mit dem Buchverkauf hofft er auf einen weiteren Erfolg. Nicht für sich. Vielmehr will er den Erlös in eine neue Stiftung einfließen lassen. Mit ihr möchte Leon P. jungen tschechischen Businesstalenten den Einstieg ins Wirtschaftsleben ermöglichen. Trotz seines düsteren Orakels für die Zukunft der tschechischen Ökonomie. Oder gerade deswegen. So wie ihm einst die US-Boys halfen. „Wenn sie nicht an mich geglaubt hätten, wäre mein Leben ganz anders verlaufen."

Die Schicksalsschläge haben Leon P. verändert. „Früher war ich ein knallharter Geschäftsmann", erzählt er, „ich habe Konkurrenten platt gemacht, sogar Familienväter rausgeschmissen, wenn sie keine guten Leistungen gebracht haben. Wer im Team nicht mitzog, der flog. Ende Übung!" Diesen Ausdruck gebraucht er gerne. Keine Emotionen, auch nicht im Privaten. „Ich bin nach Italien geflogen, habe meine Koffer geholt und meine erste Ehefrau einfach sitzen lassen." Jetzt findet er sich selbst zu weich: „Ich muss meine Balance finden."

Bedauert er nicht doch in mancher Stunde, all sein Geld gespendet zu haben und nun mit diesen geringen Beträgen auskommen zu müssen? Bei dieser Frage werden seine Gesichtszüge milder. Er fixiert mich mit einem Blick, der Mitleid ausdrückt. „Nie fühlte ich mich reicher als in dem Moment, in dem ich meine Millionen weggegeben habe", sagt Leon P. dann, „da wusste ich nämlich zum ersten Mal, dass Geld helfen und damit wirklich einen Sinn haben kann."

Einige Wochen später treffe ich ihn in bester Laune im Café an. Er geht gerne im Kinský-Garten spazieren. An diesem Tag begegnete er einer jungen Tschechin. Sie hatten ein gutes Gespräch. Leon P. kommt bei Frauen hervorragend an. Vielleicht spüren sie, dass er sie braucht und dafür auch geben kann. Er pflegt derzeit zwei (Fern-)Beziehungen, eine in Moskau, eine in Mexiko-City. Beide sind mit anderen Männern liiert. Manchmal hat er mit den Freundinnen ein Rendez-vous. Auf sie lässt er nichts kommen, sie verteidigt er mit Zähnen und Klauen. „Einmal hat ein Café-Besitzer über eine von ihnen gelästert, da habe ich ihn mit einem bösen Blick zum Schweigen gebracht. Er hat sofort verstanden, wie wichtig mir beide sind." Seine Freundin in Mexiko hilft ihm als Lektorin bei der Herausgabe des Buches. Nur drei Leute dürfen es vorab einsehen, die beiden Frauen und ich. Aus irgendeinem Grund hat er Vertrauen zu mir gefasst und mir in vielen Stunden und Nächten über sein Leben erzählt.

Leon P. schloss drei Ehen und hatte etliche Affären, auch in den letzten Jahren in Prag. Wobei er strikt zwei Regeln befolgt: „Die Frauen müssen jünger als 30 sein und ihr eigenes Geld verdienen." Das könnte man als Arroganz eines Womanizers deuten. Morgen wird er wieder in den Park gehen, der Smíchov und die Kleinseite verbindet und über den Petřín bis hinüber zur Burg führt. Dort will er die junge Tschechin nochmals sehen, bevor sie für ein Jahr nach Frankreich zieht. Aber seine gute Stimmung ist trügerisch. Leon war nicht nur im Kinský-Garten, er hat sich auch in einer Prager Klinik untersuchen lassen. „Meine Werte sind nicht gut", berichtet er über die Ergebnisse, „gar nicht gut."

Schon wieder der Krebs?

Leon P. würde gerne noch zwei Jahre in Prag bleiben, anschließend ein Haus in der Karibik beziehen. Das sind im Augenblick seine Ziele. Dafür wird er weiter kämpfen. Solange seine Kräfte reichen.

Haus gegen die Vergesslichkeit

Endlich ein Grund zum Feiern. Der Stiftungsfonds für das Literaturhaus wurde staatlich anerkannt und hat damit eine Rechtsform. Die Basis ist gelegt, jetzt kann die eigentliche Arbeit beginnen: die Erinnerung an deutschsprachige Schriftsteller und ihr Wirken in Prag.

„Wo können wir über die nächsten Schritte und die weitere Zukunft sprechen?", frage ich telefonisch bei František Černý nach.

„So etwas bespricht man am besten im Café Slavia", erwidert der Organisator des Projektes.

Tatsächlich ging das traditionsreiche Caféhaus selbst in die Literatur ein. In Rainer Maria Rilkes Erzählung „König Bohusch" kommt es vor, wenn auch als „Café National". Der einzige Literatur-Nobelpreisträger der Tschechoslowakei (1984), Jaroslav Seifert, verewigte es in seinem Buch „Der Halleysche Komet". Ein Roman von Ota Filip aus dem Jahr 1985 trägt seinen Namen sogar im Titel. Zudem wurden mehrere Gedichte zur Lobpreisung des „Slavia" verfasst.

Nachdem František Černý eingetroffen ist, blickt er weitaus weniger fröhlich drein, als ich vermutet hatte. Zwar ist sein „Baby" nun rechtlich verankert. Aber, sagt Černý, es gibt noch viele „Abers", die dem Ziel im Wege stehen. Die Initiatoren haben zum Beispiel bisher nicht genügend Geld eingesammelt. Auch ein geeignetes Domizil fehlt noch. Ebenso ein erfahrener

Manager, der das ehrgeizige Projekt in die richtigen Bahnen lenkt. „Wenn uns staatliche Stellen in Deutschland und Österreich nicht helfen, wird es schwer", findet Černý rasch wieder Bodenhaftung, allen Erfolgen bei tschechischen Behörden zum Trotz. Zwar sicherten ihm die Kulturattachés der deutschsprachigen Botschaften ihre Unterstützung zu, ein früherer Oberbürgermeister Prags bemerkte gar, solch ein Haus sei in der Stadt überfällig. Sprach Černý jedoch konkrete Finanzhilfen an, ebbte die Begeisterung rasch ab, sowohl bei den Kulturdiplomaten wie beim einstigen Stadtoberhaupt.

František Černý war von 1998 bis 2001 Botschafter der Tschechischen Republik in Deutschland. „In Berlin war ich der zweitgrößte Grundbesitzer nach den Russen", erinnert er sich mit einem Lächeln. Viel Verantwortung, aber kein Dank dafür. „Was denken Sie, wie hoch meine Rente ist?", lässt er mich raten. Er nennt einen beschämend niedrigen Betrag, erst recht für einen Diplomaten. Als solcher arbeitete Černý schon Anfang der 1990er Jahre in Deutschland. Václav Havel und der im Januar 2011 verstorbene Jiří Dienstbier, also der erste Präsident und der erste Außenminister der neuen demokratischen Republik, hatten ihn dafür nach der politischen Wende gewonnen. „Ich gehörte zum erweiterten Kreis um Havel", erklärt Černý bescheiden. Mit Dienstbier studierte er an der Hochschule. Und mit beiden Dissidenten teilte er ein ähnliches Schicksal während der kommunistischen Jahre. František Černý, 1931 in Prag geboren, stammt aus einer bürgerlichen Familie. Sein Großvater war ein hoher Beamter in der österreichisch-ungarischen Monarchie und sein Vater Angestellter in einer Sparkasse. Beim Militär wurde er als politisch unzuverlässig eingestuft und daher zur Waldarbeit eingeteilt. Anschließend durfte er in Prag Germanistik und Bohemistik studieren. Černý arbeitete ab 1956 als Rundfunkjournalist in Prag, erhielt nach dem Scheitern des „Prager Frühlings" aber Berufsverbot und jobbte 20 Jahre als Dolmetscher und Deutschlehrer an einer Abendschule in Prag.

Auch wenn noch viele Fragen zu „seinem" Literaturhaus offen und scheinbar kaum zu lösen sind: So schnell verwirft František Černý diese Idee nicht. Dafür ist ihm das Andenken an die vielen großen Prager Autoren zu wichtig. „Prag war eine multikulturelle Stadt", begeistert er sich, „es gab eine gegenseitige Befruchtung." In diesem Sinne sei sie bereits ein kleines Vorbild für die Europäische Union gewesen. „Und daran wollen wir erinnern." Nirgendwo in Prag gebe es einen Platz, an dem vermittelt werde, was hier früher an kulturellem, geistigem und literarischem Leben stattgefunden habe und dass drei Kulturen - die tschechische, deutsche und jüdische - miteinander und zuweilen auch gegeneinander wirkten. Etwa 150 Autoren mit böhmischen Wurzeln fallen ihm aus dem Stand ein. Für Černý sind sie allesamt „Vorreiter für den modischen Begriff von Multikulturalität."

An der Schwelle vom 19. zum 20. Jahrhundert stand Prag als Literaturzentrum noch im Schatten der bedeutenderen Kaiserstädte Wien und Berlin. Zu jener Zeit pflegte besonders der Kulturverein „Concordia" um die beiden jüdischen Schriftsteller Friedrich Adler und Hugo Salus die deutschsprachige Literatur. Er repräsentierte damit auch das deutsche Bürgertum in Böhmen. Gegen seine konservativ-bürgerliche Kulturarbeit lehnten sich junge Schriftsteller auf, zunächst vor allem Rainer Maria Rilke, der erfolglos eine Abtrennung der Prager Kunstszene von veralteten Traditionen forderte. Nach seinem Wegzug wurde der Verein „Jung Prag" gegründet, dem knapp ein Dutzend Autoren um Paul Leppin, Oskar Wiener und Leo Heller angehörten. Sie nahmen sich Rilke zum Vorbild, wurden von der Gesellschaft aber nur als Außenseiter wahrgenommen und stießen mit ihrer Polemik auf heftige Gegenreaktionen. Zwar verfolgten die jungen Dichter verschiedene literarische Ziele, dennoch wurden sie zu wichtigen Vermittlern zwischen deutscher und tschechischer Kultur.

Durch Landflucht entwickelte sich Prag Ende des 19. Jahrhunderts immer stärker zu einer tschechischen Stadt. Knapp 80 Prozent Tschechen und etwa 20 Prozent Deutsche bildeten die Bevölkerung. Drei Jahrzehnte später betrug der deutsche Anteil gar nur noch knapp sechs Prozent. Der Dichter Otto Pick, der Essayist Pavel Eisner und Rudolf Fuchs übersetzten Werke wichtiger tschechischer Schriftsteller wie Jan Neruda, Karel Hynek Mácha oder Božena Němcová und hielten damit historische Verbindungen wach. „Jung Prag" ebnete neuen Generationen den Weg, die in Kaffeehäusern, durch Veranstaltungen und Publikationen den Ruf Prags als Literaturstadt stärkten. Bei solch einer großen Zahl an Protagonisten konnten Spott und wohl auch etwas Neid nicht ausbleiben. „Es brodelt und werfelt und kafkaet und kischt", lästerte der Schriftsteller, Publizist und Satiriker Karl Kraus aus der fernen Hauptstadt Wien über das Literatenleben in der tschechischen Provinz. Obwohl Kraus selbst im böhmischen Jičín geboren wurde.

Nicht zuletzt sein Spruch führte dazu, dass praktisch alle Schriftsteller Prags bis heute oft in einen Topf geworfen und gemeinsam als „Prager Kreis" bezeichnet werden. An diesem fatalen Irrtum änderte auch Max Brod wenig, der schon Mitte der 1960er Jahre mit einem Buch dagegen anschrieb. Brod war viele Jahre lang der führende Kopf der deutschsprachigen Literaturszene in Prag. Er arbeitete selbst als Romancier, Lyriker, Dramaturg, Philosoph sowie als Literatur- und Musikkritiker beim legendären „Prager Tagblatt". Daneben wirkte er äußerst erfolgreich als Entdecker von Talenten. Brod stellte den noch unbekannten Franz Werfel der Öffentlichkeit vor und verhalf dem mährischen Komponisten Leoš Janáček sowie dem Verfasser des „Braven Soldaten Schwejk", Jaroslav Hašek, zu internationalen Karrieren. Vor allem bewahrte er Kafkas unveröffentlichte

Manuskripte für die Nachwelt auf, obwohl sein Freund ihn ausdrücklich darum gebeten hatte, sie nach seinem Tod zu verbrennen. Und Brod war selbst einer von nur vier Mitgliedern im vielzitierten „Prager Kreis". Er klärte auf, dass lediglich noch Franz Kafka, Felix Weltsch und Oskar Baum diesem Zirkel angehörten, der speziell die Probleme deutschsprachiger Autoren jüdischer Herkunft beleuchtete. Für den schon 1924 verstorbenen Kafka rückte Ludwig Winder nach, ehe sich der Freundeskreis wegen des drohenden Einmarsches der Nazis in Prag auflöste.

Ob in dem neuen Literaturhaus nur der „Prager Kreis" um Brod und Kafka in Ehren zu halten sei oder auch die vielen anderen und oft schon vergessenen Autoren deutscher Sprache, darüber sind sich die Initiatoren vorläufig uneins. František Černý treibt das Projekt gemeinsam mit Lenka Reinerová voran, der großen alten Dame der deutschsprachigen Literatur in Prag. Ihnen hat sich der Literaturprofessor und Vorsitzende der Prager Franz Kafka-Gesellschaft, Kurt Krolop, angeschlossen. Im Gegensatz zu Lenka Reinerová, die eine Konzentration auf Prag bevorzugen würde, möchte Černý die ganze Bandbreite des literarischen Wirkens in Böhmen und Mähren darstellen, also auch Schriftsteller wie den Böhmerwald-Dichter Adalbert Stifter oder Autoren aus Brünn. Und er würde Literaten einbeziehen, die im Sudetenland lebten. „Man sollte zumindest daran erinnern, dass es diese Literatur gab", führt er an.

Prag wieder als „Mittelpunkt Europas, wo die Weltachsen sich schneiden", wie der Schriftsteller Robert Musil urteilte, dessen Eltern aus Böhmen stammten und der in Mähren aufgewachsen ist? Ressentiments gegen solch ein Haus seien nicht auszuschließen, gesteht sich Černý ein. Wie werden die Prager darauf reagieren? „Es wird ein paar engstirnige nationalistische Gegner geben, wie andere umgekehrt noch immer Prag als deutsche Stadt ansehen", fürchtet er, „aber das muss man in Kauf nehmen." Überall seien Leben und Werk der 1830 in Mähren geborenen Marie von Ebner-Eschenbach von slawischen Einflüssen umspielt, notierte der Chronist Max Brod, „und es scheint, dass dies auf uns alle nachgewirkt hat." Ist es also möglich, in einem solchen Haus die tschechischen Dichter einfach auszublenden, wenn man das reiche literarische Schaffen in Prag nachzeichnen will? „Das wäre ein zweiter Schritt, auf die Wechselbeziehungen aufmerksam zu machen", stimmt Černý zu, „würde es aber anfangs noch schwieriger machen, das Haus zu realisieren." Außerdem gebe es für sie schon eine Gedenkstätte auf dem Strahov in Prag.

František Černý und seine Mitstreiter verfolgen eine faszinierende Idee. Gleichwohl wirkt sie auf mich nicht ausgereift. Würden es Autoren wie Hugo Steiner, Victor Hadwiger oder Camill Hoffmann, die nach München, Berlin oder Wien übersiedelten, weil ihnen Prag zu eng und miefig geworden war, überhaupt schätzen, ausgerechnet in dieser Stadt eine Erinnerungsstätte zu bekommen? Und was ist mit deutschsprachigen jüdischen Literaten wie dem Romancier Johannes Urzidil, dem Dramaturgen Paul Kornfeld, dem Publizisten Willy Haas oder dem Dichter H.G. Adler, die aus Prag vertrieben wurden oder gar zu Tode kamen? „Man kann sie heute schwer danach fragen", antwortet Černý knapp und setzt ihr Einverständnis einfach mal voraus. Nicht in dem Sinne, dass sie hier eine herrliche Zeit erlebt hätten, sondern dass ihr Wirken in Prag nicht vergessen werde. Und „dass Nationalismus eine Plage des 19. und 20. Jahrhunderts war und welche Folgen er auch für ihre Literatur und andere Autoren hatte." In diesem Sinne wolle das Haus einen Beitrag gegen Ausländerfeindlichkeit oder Gleichgültigkeit leisten. „Es hat die Hauptaufgabe zu zeigen, dass es eigentlich schade ist, wenn man sich trotz aller Konflikte national homogenisiert", konkretisiert Černý. In der Dreivölkerstadt Prag hätten Deutsche, Tschechen und Juden voneinander gewusst und profitiert, auch wenn sie in Lokalen oft an getrennten Tischen saßen. „Ich will hoffen, dass sich das auch darstellen lässt", verrät der Initiator etwas Skepsis über die eigene Courage. Wobei er sich die Museen der deutschen Geschichte in Bonn oder Leipzig zum Vorbild nehmen will, zunächst freilich einfacher und bescheidener.

Keine Frage ist für die Gründer, wo ihr Literaturhaus entstehen soll. Nämlich dort, wo sich das kulturelle Leben einst abspielte, also mitten in der Stadt und nicht irgendwo in einem verschwiegenen Randbezirk. Über geeignete Objekte gibt es bereits Gespräche, etwa mit der Jüdischen Gemeinde. Auch das Geburtshaus von Egon Erwin Kisch mitten in der Altstadt stand kurz zur Wahl. „Bis sich irgendwelche Erben aus Amerika meldeten, vertreten durch irgendwelche Advokaten, und dann hätte es mindestens fünf bis sieben Jahre gebraucht, um ein Recht daran zu bekommen", empört sich Ex-Diplomat Černý, „dabei hat Kisch das Haus nach seiner Rückkehr eindeutig der Stadt vermacht." In der Štěpánská, wo einst das Deutsche Gymnasium in Prag stand, hat er ein Auge auf ein Haus in einem Hinterhof geworfen, das noch „Alt Prag" darstelle. Dort lernten Berufsanfänger zuletzt, wie man Fahrstühle repariert, mit einem Lift als Übungshilfe. „Den würden wir übernehmen", klopft Černý vor Begeisterung dermaßen auf den Tisch, dass sein Glas Wasser umkippt, „das ist Prager Kolorit und hätte Kafka sicher gefallen." Allerdings würde dieses Gebäude beträchtliche Investitionen erfordern. Investoren werden in Prag jedoch vor allem von dem Gedanken geleitet, damit eines Tages gutes Geld zu verdienen. „Wir brauchen aber Geldgeber, die zugleich Sponsoren sind, denn sie werden ihr Kapital nicht mehr zurück bekommen", bleibt Černý Realist. Im Gegenteil, es werde ständig neuer Finanzbedarf für Unterhalt und Exponate bestehen.

An Ausstellungsstücken würde es dem Literaturhaus nicht mangeln. Spontan nennt Černý den Schreibtisch von Kafka, Erinnerungsstücke an Brod und die Bibliothek Kafkas, für die ein findiger Antiquar in Deutschland alle Bücher nach Kafkas Verzeichnis wieder zusammengekauft hat. Außerdem deutsche Übersetzungen von tschechischen Autoren, mit denen sie oft erst ihren Weg in die literarische Welt fanden. Aber die fehlenden Mittel begrenzen derzeit noch alles. Nicht ohne Neid schielt Černý auf den Betreiber des Mucha-Museums, das an den 1860 in Mähren geborenen und 1939 in Prag verstorbenen weltberühmten Jugendstil-Designer Alfons Mucha erinnert. „Er braucht nur in New York oder anderswo ein Plakat von Mucha zu verkaufen, schon hat er wieder eine Million für die Einrichtung zusammen."

Wir sitzen im hinteren Teil des „Slavia", nicht weit vom Jugendstilgemälde „Der Absinthtrinker" entfernt. Der tschechische Maler Viktor Oliva hat es im Jahr 1901 angefertigt, darauf stützt ein verzweifelt wirkender Mann seinen Kopf in beide Hände. Er scheint bereits zu halluzinieren, auf dem runden Tisch vor ihm sitzt eine nackte grüne Fee und spricht ihm scheinbar Mut zu. Ein wenig gleicht ihm František Černý in diesem Augenblick. Auch er wirft einen melancholischen Blick aus dem Fenster, bei der Vielzahl noch bestehender Hemmnisse nicht verwunderlich. Von unserem Platz aus eröffnet das Café einen unvergleichlichen Blick über die Moldau hinauf zur Burg. „Als Studenten haben wir drüben auf der Kleinseite in Lokalen billigen bulgarischen Rotwein getrunken", schwelgt Černý in Erinnerungen, „dann gingen wir etwas betorkelt über die Karlsbrücke nach Hause. Und dabei stießen wir nicht auf einen einzigen Touristen. Das kann man heute kaum glauben."

František Černý und seine Gefolgsleute sind nicht die Ersten, die sich ein Literaturhaus in Prag wünschen. Seit Jahrzehnten geistert diese Idee durch die Stadt. Schon nach einer berühmt gewordenen Kafka-Konferenz in den 1960er Jahren machten sich Lenka Reinerová und der Germanistik-Professor Eduard

Goldstücker Gedanken über ein Museum für deutschsprachige Autoren in Prag. Anschließend diskutierte sogar das Politbüro der tschechoslowakischen Kommunisten darüber. Solch ein Prestigeobjekt könne die Weltoffenheit der Republik demonstrieren, meinten Befürworter. Zudem verspreche es gute Einnahmen aus dem damals noch stagnierenden Fremdenverkehr. Am Ende verhinderten Betonköpfe im höchsten Staatsorgan, dass das Projekt Wirklichkeit wurde. „Das Paradoxe daran ist, dass dieses Vorhaben damals ideologisch ein zu heißes Eisen war, dagegen stellten Geld und Räume überhaupt kein Problem dar", vergleicht Černý, „und heute ist es genau umgekehrt."

Die kommunistischen Jahre hatten auch das „Slavia" quasi in ein Museum verwandelt. Damals besaß es einen morbiden Charme, wie noch heute viele alte Gebäude in Prag. Das Kaffeehaus bestand letztlich aus nur einem verbrauchten großen Saal und vermittelte trotzdem auf jedem Quadratmeter das Gefühl, dass hier über Jahrzehnte gelebt, gelacht, getrunken wurde. Es entstand im späten 19. Jahrhundert in der Národní třída (Nationalstraße) und entwickelte sich wegen seiner Lage direkt neben dem Tschechischen Nationaltheater rasch zu einem Künstlertreffpunkt. Mehr noch als in anderen Prager Cafés sollen Theaterdirektoren aus dem ganzen Land hier um Ostern Engagements mit Schauspielern für die neue Saison ausgehandelt haben. Bedřich Smetana, dessen sinfonischer Zyklus „Mein Vaterland" mit seinem berühmtesten Werk „Die Moldau" zu den meistgespielten Kompositionen aus Böhmen zählt, war Stammgast. Ebenso Künstler wie Adolf Hoffmeister, Karel Teige und der Dichter Vítězslav Nezval aus der avantgardistischen tschechischen Vereinigung „Devětsil", die sich in den 1920er Jahren der proletarischen Kunst und dem magischen Realismus, später auch dem Poetismus widmete. Wie sein Name verrät, war das „Slavia" von Beginn an ein Lokal für national gesinnte Tschechen. Zwischen den Kriegen wurde es nach dem Vorbild des französischen Art Deco-Stils erneuert und 1948 von den Kommunisten verstaatlicht. In den folgenden Jahren war es ein bevorzugter Treff für oppositionelle Gruppen und Dissidenten. Auch Václav Havel und andere Unterzeichner der Charta '77 kamen hier oft zusammen.

Als ich im November 1991 mit einem Freund hier saß, auf abgewetzten Sitzpolstern und an einem kleinen zerfurchten Tisch neben matten Fensterscheiben, war unschwer zu erkennen, dass das „Slavia" einer Renovierung dringend bedurfte. Nicht abzusehen war, dass das Café nur wenige Tage später schließen und erst fünf Jahre später wieder öffnen würde. Wohl auch sein legendärer Name machte es zu einem Objekt von Spekulanten. 1992 wurde es an eine russisch-amerikanische Unternehmerin für 50 Jahre verpachtet und von ihr anschließend nur halbherzig renoviert. Vor allem wurde während dieser Jahre gestritten, allgemein über Eigentumsverhältnisse und speziell zwischen Pächterin und Stadtverwaltung. Nicht zuletzt der nachhaltige Einsatz von Präsident Havel führte zur Wiedereröffnung im Jahre 1997. Jetzt ist es noch immer ein beliebtes, aber auch teures Café, das deshalb meist von Touristen und begüterten Pragern besucht wird, Das „Slavia" lebt von Laufkundschaft und weniger von Stammgästen, wie früher. In seinen Räumen überträgt es sogar regelmäßig Fußballspiele auf Bildschirmen, um neue Kunden anzulocken. Langjährigen Gästen wie František Černý ist es jedoch als kulturelles Zentrum im Gedächtnis geblieben.

Dies soll auch sein Literaturhaus werden. Nicht einfach ein Museum soll es sein, in dem Besucher nur von einem Objekt zum anderen gehen. Stattdessen wünscht er, dass es ein Café und einen Buchladen beherbergt, dort Lesungen durchgeführt und Einladungen ausgesprochen werden, mithin ein Ort für einen regen Gedankenaustausch entsteht. Auch eine Edition mit eigenen Schriften hält Černý für denkbar. Ein Ziel nennt er besonders: „Wir müssen von dieser Kommerzialisierung mit Kafka-Tassen oder -T-Shirts wegkommen. Darüber weiß bald keiner mehr um die wirkliche Bedeutung der Autoren und der Orte, an denen sie lebten und wirkten." Stattdessen wollen die Initiatoren Franz Kafka als Werbeträger für ihr Literaturhaus einspannen. „Prag läßt nicht los. Dieses Mütterchen hat Krallen. Da muß man sich fügen", bekannte der Welt-Schriftsteller einst. Auch das Literaturhaus soll deutsche Besucher gleichsam mit Krallen packen, und ebenso die wachsende Zahl von Touristen aus Fernost. „In Japan verbindet man Tschechien vor allem mit Kafka und Dvořák", weiß Černý.

„Wir haben in Prag alle möglichen Museen, eines für Marterinstrumente, eines für Erotik und auch eines für den Kommunismus", amüsiert er sich, „aber nirgends wird augenfällig, dass deutsche Literatur genau hier Höhepunkte erreicht hat. In einem anderen Land als Deutschland. Das ist eine einmalige Sache." Und wann wird das Literaturhaus nun öffnen? František Černý schaut mich nachdenklich an: „Wir werden noch ein wenig Geduld haben müssen." Die rechtliche Anerkennung des Stiftungsfonds sei immerhin ein erfolgversprechender erster Schritt. Zum Abschied macht er auf mich einen eher skeptischen als zuversichtlichen Eindruck.

Nach meinem Artikel in der „Prager Zeitung" treffen Briefe in der Redaktion ein. Leser drücken ihre große Zustimmung zu dem Projekt aus. Die Mehrzahl wünscht sich, dass in dem neuen Literaturhaus aller großen Namen von früher gedacht werden sollte. Kurz darauf ertönt eine Fanfare. „Auf Ihren Artikel hin kam eine große Bücherspende von etwa 750 Bänden für das Literaturhaus zustande", schreibt mir Chefredakteur Uwe Müller. Eine Bibliothekarin aus Franken hatte über Jahrzehnte hinweg Werke deutschsprachiger Autoren gesammelt, die mit Prag und Böhmen verbunden waren. Diesen Bücherschatz habe sie speziell „für Prag und in dem Bewusstsein zusammengetragen, dass sie dort fehlten", sagt sie. Mit dem geplanten Literaturhaus sieht sie endlich die Gelegenheit gekommen, ihnen eine angemessene neue Heimat zu geben. Die Initiatoren um František Černý sprechen von einem „kleinen Wunder", Zeitungen kommentieren dies als „ersten wirklich großen Schritt des Literaturhauses in die Öffentlichkeit." Die Bücher werden von Mitarbeitern des tschechischen Labyrinth-Verlages abgeholt und zunächst im Collegium Bohemicum in der nordböhmischen Stadt Ústí nad Labem zwischengelagert. Einige Monate später kommen sie in einen Raum in Na Poříčí, einer Straße nahe am Obecní dům (Prager Gemeindehaus). Im Haus Nummer 12 findet das Literaturhaus einen ersten Unterschlupf.

Ein interessantes Gebäude. Bekannt ist es unter dem Namen „YMCE-Palast", weil dort auch der Christliche Verein Junger Menschen residiert. Im Erdgeschoss befindet sich das betont in schwarzen Farben gehaltene Café „Dinitz", in dem täglich Live-Musik geboten wird. Hat man das Eingangstor passiert, stößt man in der Halle auf einen Paternoster, einen der letzten in Prag. Er bringt Besucher hinauf in den ersten Stock, in dem das Literaturhaus gemeinsam mit der privaten Brücke/Most-Stiftung haust. Sie hat es sich seit 1997 zur Aufgabe gemacht, die Beziehungen zwischen Deutschland und Tschechien nachhaltig zu fördern. Arbeitsräume und -bedingungen sind dort für das Literaturhaus freilich unzureichend, so dass diese Adresse nur ein Provisorium auf Zeit sein kann.

Viel mehr als eine Übergangslösung ist Lucie Černohousová. Mit ihr hat das Projekt bereits eine äußerst engagierte Leiterin gefunden. Die promovierte Germanistin und Musikwissenschaftlerin sprüht vor Energie und Ideen, wie sie die ihr anvertraute Einrichtung fortentwickeln will. Stundenlang kann sie darüber referieren, bis hin zu interaktiven Ausstellungen, wobei mancher Einfall den Verdach nährt, mehr Vision als Ziel zu sein. Im Juli 2001 hatte ich eine Seite in der Berliner Wochenzeitung

„freitag" über die Geschichte der Prager Kaffeehäuser veröffentlicht. Einige Zeit später leitete eine Mitarbeiterin des Blattes eine Mail von Lucie Černohousová mit einer Nachfrage dazu an mich weiter. Nun kommt unsere erste persönliche Begegnung in ihrem kleinen Büro in Na Poříčí 12 zustande. Bei aller Dynamik und allen Zukunftsplänen weiß die hübsche große Frau um die Schwere ihrer Aufgabe. „Ich muss versuchen, all die anderen deutschsprachigen Kulturinstitute in Prag zu übertrumpfen, die ebenfalls das Andenken an die vielen Autoren aus Prag pflegen wollen", hat sie erkannt. Damit befindet sie sich im Einklang mit Mitinitiatorin Lenka Reinerová, die vor allem auch deshalb auf tschechische Finanzhilfe hofft, weil ihr Projekt eine Prager Institution werden soll und kein alternatives Goethe-Institut.

In der Folgezeit erweist sich die junge Kulturmanagerin als Glücksgriff für das Literaturhaus. Jahr für Jahr stellt sie ein Programm zusammen, das jenen Kriterien immer mehr gerecht wird, die František Černý bei unserem Gespräch im „Slavia" am Herzen lagen. Besonders, nachdem das Literaturhaus ein neues Domizil bezogen hat. Es liegt im Tschechischen Zentrum in der Rytířská 31, gehört dem Außenministerium und ist ein Hochsicherheitstrakt. Am Eingang sitzen Wächter in einem kleinen Glaskasten, daneben versperrt ein Drehkreuz aus Metall den Weg. Einlass erhält nur, wer einen Meldezettel gewissenhaft ausfüllt. Lucie Černohousová muss ihre Besucher persönlich an der Pforte abholen und über scheinbar endlose graue Gänge führen, auf denen Gäste ohne ortskundige Begleitung verloren sind. Auch dort verfügt sie weiterhin nur über ein Literaturbüro, in dem sie auf gerade mal 13 Quadratmetern planen, ordnen, archivieren und die Bibliothek aufstellen muss.

Doch im Erdgeschoss gibt es einen Saal für größere Veranstaltungen. Dort wird ein ganztägiges Symposium zum 60. Todestag von Egon Erwin Kisch zu einem ersten Höhepunkt in der noch jungen Geschichte des Literaturhauses. Es beschäftigt sich vormittags mit seiner literarischen Tätigkeit, am Nachmittag wird seine Arbeit als investigativer Journalist reflektiert. Über Kischs journalistische Tradition und den heutigen Journalismus diskutieren tschechische und deutsche Zeitungsleute. Nach historischen Filmaufnahmen über den „rasenden Reporter" folgt zum Abschluss eine szenische Lesung seiner Tragikkomödie „Die Himmelfahrt der Tonka Šibenice" durch Germanistikstudenten. Für diesen Tag gewinnt Lucie Černohousová höchstkompetente Referenten. So Dr. Marcus Patka, der ein wissenschaftliches Standardwerk über Egon Erwin Kisch geschrieben hat, den renommierten Wiener Kommunikationswissenschaftler Professor Wolfgang Langenbucher und den angesehenen tschechischen Kommentator Luboš Palata. Außerdem Michael Frank, Auslandskorrespondent der „Süddeutschen Zeitung", in dessen Prager Heim in der Navrátilová eine der größten Bücherwände stand, die ich jemals in einer Privatwohnung gesehen habe, als ich ihn Anfang der 1990er Jahre besuchte. Es ist fraglos ihrem Charme zu verdanken, dass sich diese Redner lediglich mit einem Spesenersatz für ihre Teilnahme begnügen, wie sie mir hinterher erzählt.

Fortan organisiert sie regelmäßig Lesungen und Begegnungen mit Autoren oder Gespräche mit Zeitzeugen. Kein Geburtsoder Todestag von Prager Schriftstellern geht mehr vorüber, zu dem das Literaturhaus nicht eine eigene Veranstaltung durchgeführt hat. In deutscher und tschechischer Sprache und simultan übersetzt. Mit ihren Einladungen zu „Kaffee-Kuchen-Literatur" in Prager Hotels oder Cafés begründete Lucie Černohousová zudem eine neue Tradition. Eine von ihnen widmet sich dem 140. Geburtstag des Bankiers, Gründers okkulter Orden und angeblichen Betrügers Gustav Meyrink, der schließlich ein erfolgreicher Schriftsteller wurde und den „Golem" verfasste. Im Prager „Arcotel" liest Zdenka Procházková, eine ehemalige Schauspielerin am Wiener Burgtheater, Schriften Meyrinks aus dem Sammelband „Des deutschen Spießers Wunderhorn". Professor Ludger Udolph von der TU Dresden führt in sein Werk ein und stellt die Ausstellung „Tripolis Praga - das magische Prag" vor, die sich mit der Prager Moderne um 1900 beschäftigt und im Foyer des Hotels in Teilen gezeigt wird.

Den Durchbruch bringt ein weiterer Umzug. Etwas versteckt, aber in angenehm ruhiger Lage entsteht im Innenhof eines Wohnhauses in der Prager Neustadt endlich ein „Prager Literaturhaus deutschsprachiger Autoren", das den Wünschen seiner Initiatoren entspricht. Nach vielen Verhandlungsrunden mit Regierungs- und Gemeindemitgliedern vermietet die Verwaltung von Prag 2 das Gartenhaus an sie zu Sonderkonditionen. Es liegt nahe am Karlovo náměstí (Karlsplatz) in der Ječná 11. Nach Reparaturen und Verschönerungsarbeiten verfügt der Bau nun über genau jenes Platzangebot, nach dem so lange gesucht wurde. Auf rund 160 Quadratmetern gibt es eine Begegnungsstätte und ein Büro. Ein Atelier kann für längere Aufenthalte genutzt werden, nachdem das Literaturhaus jährlich Stipendien an Autoren vergibt. Die Eingangshalle wird als Lesesaal und Veranstaltungsort genutzt. Ebenso ist nun Raum für eine dauerhafte Ausstellung über deutsche Literatur in Prag vorhanden. Die Zimmer sind hell und laden zum Verweilen und Lesen ein, auch wenn das Gebäude zunächst nur mittwochs zwischen 9 und 12 Uhr sowie nach Absprache zu besichtigen ist.

Ideale Voraussetzungen, um das Kulturerbe der deutschsprachigen Literatur aus den böhmischen Ländern weiter zu fördern und einen Bogen zwischen Vergangenheit und Gegenwart zu schlagen. Dazu trägt die Veranstaltungsreihe „Wort&Wein" an jedem dritten Donnerstag im Monat bei, in der deutschsprachige Autoren aus Böhmen und Mähren vorgestellt werden. Denn auch die Nachkriegszeit brachte wichtige tschechische Autoren wie Libuše Moníková, Jiří Gruša, Jan Faktor oder Alena Wagnerová hervor, die in deutscher Sprache schreiben. Regelmäßig besuchen internationale Schriftsteller das Haus, fördern damit den geistigen Austausch über Grenzen hinweg und beleben die multikulturelle Tradition Prags wieder. Umgekehrt reist die umtriebige Leiterin immer wieder zu Messen und anderen Veranstaltungen nach Deutschland, um dort ihre Einrichtung vorzustellen. Lucie Černohousová ist es wichtig, eine möglichst breite Zielgruppe anzusprechen und von einer großen Öffentlichkeit wahrgenommen zu werden. Daher wendet sie sich mit ihren Angeboten sowohl an Studenten, Professoren und Germanisten aus dem In- und Ausland wie auch an Künstler, Verleger oder Übersetzer, die in Prag leben, und an Prag-Touristen mit einem Faible für Literatur.

Bei allem Ehrgeiz bleibt das Literaturhaus eine gemeinnützige Organisation, die auf Spenden angewiesen ist, auch wenn sie mittlerweile von Stiftungen, Unternehmen und Partnerinstitutionen unterstützt wird. Mit ihrer Hilfe hat sich die Einrichtung als fester Bestandteil in der deutsch-tschechischen Kulturlandschaft etabliert. Heimische und ausländische Medien berichten regelmäßig über ihre Arbeit. An die verstorbene Mitgründerin Lenka Reinerová erinnern ein Schreibtisch, ein Stuhl und die alte Schreibmaschine, mit der sie ihre Gedanken zu Papier brachte.

Und die gespendete Bibliothek, die jetzt ihren Namen trägt. Sie erhielt vom Kulturministerium der Tschechischen Republik den Status einer Grundbibliothek mit spezialisiertem Bücherfonds und umfasst mittlerweile rund 1.000 Bände deutschböhmischer und -mährischer Autoren. Damit ist die Bibliothek die derzeit vollständigste Sammlung deutschsprachiger Literatur aus den böhmischen Ländern in Tschechien.

Der Politfürst

Der Hoffnungsträger nuschelt oft kaum verständliche Sätze, sitzt dabei schräg zur Seite gebeugt auf dem Sofa und geht am Ende schweren Schritts die Treppe hinunter. Was nicht verwundert, denn Karl Johannes Nepomuk Josef Norbert Friedrich Antonius Wratislaw Mena Prinz zu Schwarzenberg ist immerhin schon 73 Jahre alt. Trotzdem stimmten bei der Parlamentswahl 2010 fast 30 Prozent der tschechischen Jungwähler für ihn, den ältesten unter allen Spitzenkandidaten. Kein heimischer Politiker genießt bei den Tschechen mehr Respekt als der Adelige aus einem der ältesten deutsch-böhmischen Geschlechter, obwohl er sich gerne als „Mitteleuropäer mit Schweizer Pass" bezeichnet.

Bei dieser Wahl strafte das Volk die alten Eliten ab, die das Land seit zwei Jahrzehnten unter sich aufteilten. Lediglich 22,1 Prozent der Bürger votierten noch für die Sozialdemokraten (ČSSD), ein Verlust von über zehn Prozent. Und sogar nur 20,2 Prozent für die Demokratische Bürgerpartei (ODS), ein Rückgang um mehr als 15 Prozent. Dagegen kam Schwarzenbergs konservative Partei TOP 09 auf Anhieb auf nahezu 17 Prozent, obwohl sie erst seit weniger als einem Jahr besteht. Damit kann in Tschechien nach politisch chaotischen Jahren endlich eine stabile Regierung gebildet werden. Der Fürst wird zum Schrittmacher eines neuen bürgerlichen Kabinetts. Viele - auch unter meinen Freunden - setzen große Hoffnungen auf einen

Politikwechsel. Und damit auf ihn. Schon seit Wochen verhandeln Politiker von ODS und TOP 09 mit der ebenfalls erst seit kurzem existierenden Partei für Öffentliche Angelegenheiten (VV) über eine Koalition. Doch sie finden keine Lösung. Über die Gründe hüllen sich Teilnehmer und Parteisprecher in Schweigen. Oder sie geben nichtssagende Erklärungen ab, in der Form, dass gut' Ding eben Weile brauche.

So ist die politische Situation völlig unklar, als Karl von Schwarzenberg an einem strahlenden Sommertag zur Mittagsstunde das Café „Savoy" nahe der Moldau betritt. Leger gekleidet, ohne Anzug oder Sakko, nicht einmal die obligatorische Fliege im Hemdkragen, verwickelt er das sichtbar erfreute Empfangspersonal zunächst in einen freundlichen Smalltalk und steigt dann auf die Empore. Dort erwartet ihn bereits ein kahlköpfiger Mann. Ihr Tisch liegt versteckt hinter der Treppe, daher lässt sich nur erahnen, ob sie einen politischen, geschäftlichen oder lediglich privaten Dialog führen. Dafür fällt auf, dass Schwarzenberg ohne Bodyguard oder sonstigen Begleiter gekommen ist. Zwar ist er kein Minister mehr, trotzdem aber immer noch Multimillionär. Andere halten deshalb persönlichen Schutz für dringend geboten.

Nach einer halben Stunde verabschiedet sich Schwarzenbergs Gesprächspartner. Meine journalistische Neugier auf den Stand der Koalitionsverhandlungen ist zu groß, als dass ich dieser Chance widerstehen könnte. Nachdem der Mann gegangen ist, verlasse ich umgehend meinen Platz neben der Tür und steige auf die Empore des „Savoy" hinauf zu Schwarzenberg. „Hallo, wie geht es Ihnen?", begrüßt mich der Fürst jovial und gerade so, als ob wir uns seit vielen Jahren kennen würden. Dabei begegnen wir uns in dieser Minute zum ersten Mal persönlich. Jetzt wird verständlich, warum Schwarzenberg mit seinem Wahlkampf bei den Tschechen so gut ankam. Er stand unter dem Leitmotiv „Auf ein Bier mit Karel", neun Monate lang tourte der Politiker vor der Parlamentswahl von Theke zu Theke. Was er für keine große Leistung hielt. „Frauen bringen in dieser Zeit erheblich mehr zustande", kommentierte er am Ende lächelnd. Immerhin gelang es ihm, damit auch politikverdrossene junge Wähler für sich einzunehmen, bei denen die alten Parteien und Politiker jeglichen Kredit verspielt haben.

„Woher kommen Sie?", erkundigt er sich unvermittelt nach meiner Geburtsstadt. „Aus Schweinfurt", antworte ich. „Ah, das alte Suinfurte", fährt er fort und lässt eine kleine Lehrstunde in mittelalterlicher Geschichte über die unterfränkische Stadt und ihre Umgebung folgen. In Franken kennt sich der Fürst bestens aus, auch wenn er 1937 in Prag geboren wurde. Die Schwarzenbergs sind ursprünglich ein deutsches Adelsgeschlecht, das 1127 erstmals als Herren von Seinsheim erwähnt wurde. Anfang des 15. Jahrhunderts nahm die Familie den Namen Schwarzenberg an, als sie die gleichnamige Herrschaft in Franken erwarb. Zum ersten Kontakt mit Böhmen kam es ebenfalls in jener Zeit, als ein Schwarzenberg mit Kaiser Sigismund am Kreuzzug gegen die Hussiten teilnahm und deshalb böhmische Güter erhielt.

Vor allem in den Türkenkriegen machten sich die Schwarzenbergs einen Namen. Nachdem einer von ihnen die ungarische Festung Raab erobert hatte, wurde er in den Adelsstand erhoben. Bis heute ziert ein am Kopf eines Türken pickender Rabe einen Teil des Familienwappens. Seit dem 13. Jahrhundert liegt der Stammsitz des Hauses Schwarzenberg hoch über der kleinen mittelfränkischen Gemeinde Scheinfeld im Steigerwald. Auch dort fühlte sich der Fürst durchaus heimisch und verbrachte bis zu seiner Ernennung zum Außenminister Tschechiens regelmäßig ein paar Urlaubstage.

Von Januar 2007 bis Mai 2009 übte Karl von Schwarzenberg dieses Amt aus. Dafür vorgeschlagen hatten ihn die Grünen, obwohl er kein Parteimitglied war. Ein prominenter tschechischer

Grüner erzählte mir kürzlich, dass er Schwarzenberg in London angerufen und ihm diesen Posten angetragen habe. Trotz des Einwands von Staatspräsident Václav Klaus, der Schwarzenberg „unter keinen Umständen" bestätigen wollte. Klaus fürchtete, dass Schwarzenbergs Besitztümer in Franken, Wien und der Steiermark sowie seine Verbundenheit mit Österreich zu einem Interessenkonflikt führen könnten. Schwarzenberg wurde es trotzdem. Präsident Klaus hielt ihn später für den besten Außenminister, den das nachrevolutionäre Tschechien bisher hatte. Der Fürst begegnete den Vorbehalten des Staatsoberhauptes, indem er Scheinfeld während seiner Amtszeit drei Jahre lang offiziell mied. Scheinfelder Bürger berichteten jedoch, dass er zuweilen inoffiziell das Schloss aufsuchte, um seinen Vorrat an fränkischem Rebensaft in Prag aus dem hauseigenen Weinkeller zu ergänzen.

Nach seinen Ausführungen gehe ich den Fürsten frontal an. „Viele Tschechen hoffen sehr auf eine neue bürgerlich-konservative Regierung. Dürfen sie sich darauf freuen, dass die Koalitionsverhandlungen bald zu einem erfolgreichen Abschluss kommen?", frage ich ohne Umschweife.

Der alte Politikfuchs ist es gewohnt, dass Journalisten ohne größere Formen von Höflichkeit direkt auf den Punkt kommen. Allerdings hätten die meisten deutschen und tschechischen Politiker an dieser Stelle und zu diesem Zeitpunkt jedes weitere Gespräch darüber abgebrochen und auf ihre Pressesprecher verwiesen. Oder sie wären in unverbindliche Floskeln geflüchtet. Wenn sie sich nicht eine Störung an ihrem freien Sonntag prinzipiell verbeten hätten.

Nicht so Schwarzenberg. Erstaunlich freimütig berichtet er über den Fortgang der Parteiengespräche. Die Möglichkeit, eine Regierung mit den beiden Partnern bilden zu können, erscheint ihm in diesem Augenblick nicht sehr realistisch. Schwarzenberg vermisst den ernsthaften Willen zu einer Einigung. Vor allem drängt sich ihm die Vermutung auf, nicht mit zwei Parteien zu verhandeln, sondern lediglich mit ODS. „VV unterscheidet sich nicht wirklich von ihr", urteilt er. Zu dieser Einsicht kam seine Partei schon während des Wahlkampfes. „Wir haben uns immer gewundert, dass sie augenscheinlich über mehr Geld verfügten als wir." Wie zahlreichen Beobachtern kommt es auch Schwarzenberg so vor, dass VV nur ein Auffangbecken für Wähler sein soll, die sich zu einer konservativen Partei bekennen, aber von ODS enttäuscht sind. Ihr Vorsitzender Radek John, in Tschechien als investigativer Journalist und Fernsehmoderator populär, ist für ihn „nur ein Gesicht für die Öffentlichkeit", das neue Wähler anziehen soll, nicht aber der Mann innerhalb der politischen Gruppierung, der die Fäden in der Hand hält.

Für die nächsten Tage erwartet Schwarzenberg einen Machtkampf innerhalb ODS, nachdem die Partei rund 15 Prozent ihrer Wähler verloren hat. Danach werde sich entscheiden, welchen Kurs sie ansteuert. „Es würde mich nicht wundern, wenn ODS - natürlich völlig zerknirscht - anschließend mitteilt: ‚Wir haben ja gewollt und wir haben alles versucht, aber es war einfach kein Ergebnis mit den anderen zu erzielen, und deshalb gibt es keine konservative Regierung'", blickt der Fürst pessimistisch voraus. Dann könnte sich ODS darauf berufen, dass eine Große Koalition mit den Sozialdemokraten der einzige Ausweg aus der politischen Krise sei. Die eigentlichen Wahlgewinner VV und TOP 09 würden damit an die Wand gedrückt.

„Eine Große Koalition würde den Wählerwillen zutiefst ignorieren", halte ich dagegen.

„Schauen Sie, ODS wird dies mitten im Hochsommer verkünden, wenn alle am Teich liegen und sich keiner mehr für die Wahl interessiert", erwidert er mit einem missmutigen Blick unter seinen buschigen Augenbrauen.

Die von ihm prophezeite Große Koalition wäre nach Schwarzenbergs Einschätzung für das Land „eine Katastrophe wie einst der Koalitionsvertrag von Zeman und Klaus." Zwischen 1998 und 2002 regierte der Sozialdemokrat Miloš Zeman in Tschechien mit einem Minderheitskabinett, das von der zweitstärksten Fraktion ODS und ihrem damaligen Parteichef Václav Klaus im Parlament geduldet wurde. Grundlage dafür war ein sogenannter „Oppositionsvertrag", mit dem sich beide Parteien jedoch dem Verdacht geheimer Absprachen aussetzten. Kritiker meinen, dass dieser Vertrag eine Modernisierung verhindert und Stillstand gefördert habe, worunter das Land bis heute leide.

Auf Schwarzenbergs Handy trifft plötzlich eine Nachricht ein. Keine zur Politik, dennoch verfinstert sich sein Gesichtsausdruck weiter. „Smoljak ist gestorben", sagt er, sichtlich betroffen vom Tod des bekannten tschechischen Regisseurs und Schauspielers.

Ich komme nochmals darauf zurück, dass viele Tschechen auf eine politische Wende mit neuen unbelasteten Politikern hoffen. Eine Große Koalition würde daher auf größte Kritik bei Bürgern und Medien stoßen. Zudem könne sie sich nicht den kleinsten Fehler erlauben, weil sie von Beginn an von Skepsis und Misstrauen begleiten würde. Der Fürst erinnert an Deutschland. „Als die Große Koalition 2006 die Mehrwertsteuer erhöhte, tat sie dies während der Fußball-Weltmeisterschaft. Der Protest der Leute blieb aus, weil es damals nur das Thema Fußball gab. Erst nach dem letzten Spiel erfolgte ein Aufschrei, aber da war es zu spät."

Um die weitere Entwicklung verfolgen zu können, bitte ich Schwarzenberg um seine Handy-Nummer. Zu meiner Überraschung schickt er sie mir ohne Zögern auf mein Mobiltelefon. Bei der Gelegenheit lässt der Fürst erkennen, dass ihn dieser ganze neumodische elektronische Kram reichlich nerve, aber es gehe nun mal nicht mehr ohne.

„Ist sie angekommen?", hakt er ein paar Minuten später nach.

„Noch nicht", antworte ich nach kurzem Blick, „aber es benötigt sicher einige Zeit, weil dieses Handy eine deutsche Nummer hat." Aus Versehen hatte ich ihm diese Verbindung genannt.

„Ach so, na das müssen Sie mir schon sagen", der Fürst ist leicht verärgert, „dann muss ich natürlich eine andere Vorwahl nehmen." Ich will ihm die Nummer nochmals diktieren. Oder, noch besser, gleich meine tschechische geben. „Nein, bitte, jetzt nicht stören, jetzt bitte nicht stören", wehrt Schwarzenberg energisch ab und kämpft mit angestrengtem Mienenspiel freundlicherweise noch einmal mit seinen Tasten.

Dass seine persönliche Telefonnummer ein kleiner Schatz ist, wird mir am nächsten Tag bewusst. Ein Kollege berichtet von mehrfachen Anfragen, die er an Schwarzenbergs Büro wegen eines Interviews richtete. Doch dessen Sprecherin blockt derzeit jeden Anruf kategorisch ab. Dies macht Schwarzenbergs Ausführungen noch interessanter. Ich nutze umgehend die Handy-Nummer, die er mir gegeben hat, und bitte ihn um ein autorisiertes Gespräch. Das will er nicht. Allerdings hatte er seine Erläuterungen vom Vortag nicht ausdrücklich als Hintergrundinformationen deklariert, die unter vier Augen und Ohren bleiben müssen. Ob ich stattdessen sie verwenden dürfe? „Wenn Sie mein politisches Geschwätz in einem eigenen Artikel veröffentlichen wollen, ist das natürlich etwas anderes", stimmt er zu.

Sie sind mehr als nur „Geschwätz", nämlich eine präzise Analyse der aktuellen politischen Stimmungslage in Tschechien. Je weniger Ergebnisse und Fakten vorliegen, desto wichtiger werden solche „Wasserstandsmeldungen", zumal von unmittelbar Beteiligten. Das weiß natürlich auch der Politprofi Schwarzenberg. Mit seiner Erlaubnis zum Abdruck unterstreicht er - wahrscheinlich sogar unbewusst - einmal mehr seine Unabhängigkeit und Sonderrolle innerhalb der politischen Szene

Tschechiens. Trotzdem will ich den wichtigen Informanten während der laufenden Koalitionsverhandlungen schützen und verzichte auf eine Nennung seines Namens. Kryptisch beziehe ich mich in meinen Schilderungen auf „sehr gut unterrichtete Kreise". Wer die tschechische Politik verfolgt, dürfte auch so erkennen, dass es sich dabei um Aussagen von Schwarzenberg handelt.

In den nächsten Wochen und Monaten bestätigt sich seine politische Weitsicht mehrfach, wenn auch auf verschiedenen Ebenen. Auf dem ODS-Parteitag wird Petr Nečas nach dem von Schwarzenberg erwarteten Duell zum neuen Vorsitzenden gewählt. Nur deshalb kann der Bürgerdemokrat daraufhin neuer Regierungschef einer Koalition aus ODS, TOP 09 und VV werden. Bei der anschließenden Kommunalwahl stürmt der Kandidat von Schwarzenbergs Partei TOP 09 die ODS-Hochburg Prag. Trotzdem wird er nicht neuer Oberbürgermeister, sondern es kommt hier zu der von Schwarzenberg erahnten Großen Koalition. Auf nationaler Ebene wagten es ODS und ČSSD nicht, den Wählerwillen derart zu missachten, wie der Fürst befürchtet hatte. Dafür hatten die großen Parteien in der Hauptstadt keine Hemmungen vor einer Zusammenarbeit. Trotz herber Wahlverluste zuvor und heftiger Bürgerproteste danach, denn große Teile der Bevölkerung halten die Prager Stadtverwaltung nach zwei Jahrzehnten unter ODS-Leitung für einen korrupten Sumpf.

Auch die Partei für Öffentliche Angelegenheiten (VV) hat Schwarzenberg in unserem Gespräch richtig eingeschätzt. VV erweist sich als äußerst obskurer Partner. Nach weniger als einem Jahr manövriert er die Koalition in eine bedrohliche Regierungskrise. Abhörskandale, Verleumdungen, Verschwörungen, geheime Unterlagen und Putschgerüchte beschädigen das Bild der Regierung dermaßen, dass sich zwei Drittel der Tschechen für ihre Regierung schämen und ein Ende des Drei-Parteien-Bündnisses wünschen. Auch Schmiergeldzahlungen unter den eigenen Mitgliedern belasten VV, obwohl gerade diese Partei die Korruption im Land nachhaltig bekämpfen wollte. Ihren Reichtum, der Schwarzenberg so überraschte, verdankt VV in erster Linie Vít Bárta und dessen privater Sicherheitsfirma ABL. Daher ist auch Bárta der starke Mann innerhalb des kleinsten Koalitionspartners und nicht der offizielle Vorsitzende Radek John, wie Schwarzenberg richtig vermutet hatte. Bárta habe über seine Firma Einfluss auf die VV und mit ihr auf den tschechischen Staatsapparat bekommen wollen, fürchtet nun Schwarzenbergs Partei TOP 09. Bárta muss als Verkehrsminister und John als Innenminister zurücktreten. Trotzdem bestehen Koalition und Regierung (vorerst) weiter.

Karl von Schwarzenberg ist im Kabinett von Nečas erneut Außenminister. Für ihn vermutlich ein Triumph, denn 1948 musste er mit seiner Familie aus dem Land fliehen. Im neuen kommunistischen Staat war der Adel nicht mehr erwünscht, für den damals Zehnjährigen gleichsam seine erste Erfahrung mit der Politik. Noch vor der gewaltsamen Machtübernahme der Kommunisten erließ die Prager Regierung eine „Lex Schwarzenberg", mit der sie elf Schlösser und mehrere Tausend Hektar Land der Familie konfiszierte. Dieses Sondergesetz enteignete die Fürstenfamilie gleich noch einmal, denn ihr Besitz ging vom Nazi-Protektorat Böhmen und Mähren nahtlos in die Hände der neuen Herrscher des „Landes Böhmen" über. Der junge Schwarzenberg besuchte ein Gymnasium in Wien und begann ein Studium der Forst- und Rechtswissenschaft. Anschließend verlegte er ein österreichisches Wirtschaftsmagazin. 1979 wurde er Oberhaupt des Hauses Schwarzenberg. Als Universalerbe hatte er sich für die Rückgabe des Familienbesitzes einzusetzen. Dies tat Schwarzenberg auch nach dem Zusammenbruch des Kommunismus 1989. Die Familie bekam Wälder und Felder und auch ein Schlösschen zurück.

Politisch arbeitete Karl von Schwarzenberg bis dahin oft im Verborgenen, sei es aus Notwendigkeit oder aus Überzeugung. Schon in den 1960er Jahren engagierte er sich in der Österreichischen Volkspartei (ÖVP) und war zeitweise angeblich als Staatssekretär oder gar österreichischer Außenminister im Gespräch. Darüber behielt Schwarzenberg auch sein Heimatland im Blick und unterstützte frühzeitig den Widerstand gegen die kommunistische Herrschaft. Nach dem Scheitern des „Prager Frühlings" half er Oppositionellen im Land und Tschechen im Exil. Bücher, die in der Tschechoslowakei verboten waren, ließ er auf die Größe von Zigarettenschachteln verkleinern, um sie leichter über die Grenze nach Prag schmuggeln zu können. Zudem richtete Schwarzenberg Mitte der 1980er Jahre in seinem Schloss in Scheinfeld ein „Dokumentationszentrum zur Förderung der unabhängigen tschechoslowakischen Literatur" ein, das nun wieder in Prag untergebracht ist.

Schwarzenberg war von 1984 bis 1991 Präsident der Internationalen Helsinki-Föderation für Menschenrechte und erhielt 1989 den Menschenrechtspreis des Europarates. Dies erleichterte ihm eine offenere Zusammenarbeit mit Dissidenten und Literaten, dadurch entstanden viele Freundschaften. Besonders mit Václav Havel, der ihn als Präsident im Juli 1990 zu seinem Kanzler und damit Büroleiter auf der Prager Burg berief. Ab 1992 war er u.a. Verleger des liberalen tschechischen Wochenmagazins „Respekt", im November 2004 wurde der Fürst im Prager Stadtteil 6 in den tschechischen Senat gewählt. Schwarzenberg blieb stets unabhängig, auch von Parteien. Er saß für die liberal-konservative Demokratische Bürgerallianz (ODA) im Senat, kam auf dem Ticket der Grünen 2007 erstmals ins Außenministerium und schloss sich 2009 der vom ehemaligen Finanzminister Miroslav Kalousek initiierten Partei TOP 09 an. Ihr Name steht für „Tradition, Verantwortung, Wohlstand", im Juni 2009 übernahm Schwarzenberg ihren

Vorsitz, seit Juli 2010 fungiert er für sie erneut als Außenminister.

Auf Menschen, die ihn seit Jahren kennen, wirkt Schwarzenberg widersprüchlich. Lange pendelte er zwischen der traditionsbewussten Rolle eines Adeligen und einem modernen Leben im Wiener Bohème-Milieu hin und her. Gleichwohl schätzen sie ihn als besonders ehrlich ein, wobei er auch unbequemen Fragen nicht ausweicht. Dies bewies er auch in unserem Gespräch. Seine Offenheit hat wesentlich dazu beigetragen, dass Schwarzenberg seit seiner ersten Amtszeit als Außenminister einer der populärsten Politiker in Tschechien ist. In Umfragen sprachen ihm 43 Prozent der Bürger ihr Vertrauen aus, obwohl sich seine Partei in der Regierung besonders für ein radikales und daher umstrittenes Sparpaket stark macht. Deshalb hatte TOP 09 schon vor der Wahl einen fingierten Zahlschein über umgerechnet 5.000 Euro an alle Haushalte verschickt, womit jeder Bürger theoretisch seinen persönlichen Anteil an den Staatsschulden begleichen konnte. Mit dieser ungewöhnlichen Maßnahme verschreckte TOP 09 nicht die Wähler, sondern gewann sie sogar in großer Zahl. Am beliebtesten ist Schwarzenberg noch immer bei den 15- bis 19jährigen. Ein wichtiger Grund dafür ist seine Bürgernähe. In Tschechien benutzt der Vater von drei Kindern lediglich den Namen Karel Schwarzenberg. Viele schätzen ihn für seinen hintergründigen tschechischen Humor. Wegen seines Adelstitels, seines veralteten Tschechisch und seiner konservativen Grundhaltung wirkt Schwarzenberg wie ein Mann von gestern. Doch gerade dies scheint den Tschechen zu imponieren, weil er für sie immer authentisch und berechenbar bleibt. Dazu gehören auch verschiedene Markenzeichen. Wie seine Pfeife im Mundwinkel. Oder sein Granteln, wenn ihm etwas nicht passt. Er verkörpert für Tschechen uralte Werte wie Würde und Anstand, die andere Politiker nie oder nicht mehr besitzen, die vielen Bürgern nun aber wieder wichtig sind. Sie bewundern ihn auch für seinen Lebenslauf und seine Vergangenheit, weil sich bei ihm scheinbar Altertümlichkeit mit großer Internationalität paart. Einen Weltbürger nannte ihn Freund Havel schon vor Jahren. Angeblich fällt es Schwarzenberg schwer, länger als drei Tage am gleichen Ort zu bleiben.

In seine erste Amtszeit als Außenminister fiel die tschechische EU-Ratspräsidentschaft. Deshalb war Schwarzenberg in der ersten Jahreshälfte 2009 zugleich Präsident des Rates der Europäischen Union. Der überzeugte (Mittel-)Europäer glaubt zwar nicht daran, dass kleine Länder wie Tschechien innerhalb der EU ebenbürtig mit den großen sein können. In seiner ironischen Art ist für ihn jedoch schon ein „ungeheurer Erfolg der EU, dass sie diese nicht veränderbare Tatsache in einen immerhin kultivierten und zivilisierten Rahmen gebracht hat..." Als Ratspräsident empfing er seine europäischen Ministerkollegen auf Schloss Hluboká nad Vltavou, früher Frauenberg und einst ein Hauptsitz seiner Familie. Das neugotische Bauwerk in der Nähe von Budweis gehörte ihr zwischen 1661 und 1947, doch Schwarzenberg verzichtete nach Ende des Kommunismus auf eine Rückgabe. Was durchaus verständlich war, denn Renovierung und Erhalt des Anwesens erforderten Investitionen in Millionenhöhe, die anschließend der Staat übernahm.

Karl von Schwarzenbergs größter Trumpf ist jedoch, dass ihn seine Landsleute für absolut unbestechlich halten. Im Alter von 28 Jahren trat er das millionenschwere Erbe seiner Familie in Deutschland und Österreich an, heute wird Schwarzenbergs Vermögen auf 200 bis 300 Million Schweizer Franken geschätzt. Damit scheint er den Tschechen vollkommen unempfänglich für Korruption, durchaus nicht üblich für die politische Klasse des Landes. Bei seiner Beliebtheit verwundert nicht, dass der machtbewusste Schwarzenberg ein Auge auf den Posten des tschechischen Staatsoberhauptes geworfen hat. Anfang 2013 endet die Amtszeit von Präsident Václav Klaus, gemäß der Verfassung darf er nach zwei Perioden nicht mehr kandidieren. „Man wird sehen, wie die Situation dann sein wird", deutete Schwarzenberg seine Bereitschaft zu einer Kandidatur bereits an. Allerdings müsse es dafür „schwerwiegende Gründe" geben. Und eine neue Voraussetzung: Nicht mehr die beiden Kammern des Parlaments sollen den Präsidenten wählen, sondern er muss direkt durch das Volk bestimmt werden. Dies würde die Chancen des von den Bürgern so geschätzten Kandidaten Schwarzenberg fraglos erheblich vergrößern.

Karl von Schwarzenberg spricht nicht gerne über sich. Auch Biographien schätzt er angeblich nicht besonders. Ob man „Durchlaucht" zu ihm sage oder nicht, sei ihm ziemlich egal, behauptete er einmal in einem Interview. In Tschechien lässt er sich einfach mit „Herr Schwarzenberg" anreden. Viele Bürger bezeichnen ihn jedoch lieber als „unser Fürst". Sollte Schwarzenberg die Präsidentenwahl 2013 gewinnen und in die Prager Burg einziehen, werden sie ihm womöglich einen neuen Namen geben: „unser König".

Letzte Zeugin in Theresienstadt

„Ich gehe ins Krankenhaus", schrieb sie mir, „wir könnten uns aber vorher noch treffen."

Muss man sich Sorgen machen?

„Ein Problem an den Zehen", beruhigt sie bei der Begrüßung und zeigt auf ihren Fuß, „eine kleine Operation ist nötig."

Anschließend will Michaela Vidláková einige Wochen zur Reha in einem Heim verbringen. Dies wird sie aber nicht daran hindern, später wieder nach Terezín zu fahren, wie Theresienstadt auf tschechisch heißt. Obwohl ihr Weg dorthin auch ohne kranken Fuß strapaziös genug ist. „Ich muss morgens um halb neun aus dem Haus, erst mit der Straßenbahn fahren, dann mit der U-Bahn und in Holešovice in den Bus umsteigen", zählt sie auf. „In Theresienstadt halte ich dann im Museum meinen Vortrag, begleite Gruppen übers Gelände, und erst nach 17 Uhr bin ich wieder zu Hause." Keine geringe Anstrengung für eine 74jährige. Trotzdem will sie dort ihre Lebensgeschichte erzählen, solange es möglich ist.

Denn keiner weiß besser als Michaela Vidláková, wie es war. Sie hat das Leben im Ghetto überstehen müssen und ist nun die letzte Zeitzeugin, die darüber noch berichtet - in Theresienstadt und in deutscher Sprache.

Dabei raubte ihr das, was sie während jener Jahre erlebt hatte, für lange Zeit die Worte. Zwei Jahrzehnte weigerte sich Michaela Vidláková, auch nur eine Silbe deutsch zu sprechen.

„Obwohl ich Gedichte von Christian Morgenstern und Heinrich Heine als Elfjährige über alles liebte", wie sie heute mit einem Lächeln erwähnt. Jetzt teilt sie ihre Erlebnisse wieder mit. Auch auf deutsch. Vor allem jungen Leuten. Vor ein paar Jahren sogar dem damaligen Bundespräsidenten Horst Köhler.

„Es darf nichts vergessen werden", sagt sie dann.

Aber auch: „Wir müssen den Weg der Versöhnung und Freundschaft gehen."

Als kleines Mädchen bekam Michaela Vidláková in Prag die repressiven Maßnahmen gegen Juden hautnah zu spüren, die von den Nazis im Protektorat Böhmen und Mähren verhängt worden waren. „Ich durfte nicht mehr in den Park gehen, keine nichtjüdischen Kameraden mehr haben", fällt ihr ein. Ihre Mutter arbeitete bis Juli 1942 als Lehrerin in der jüdischen Schule, dann wurde jeder Schulunterricht für jüdische Kinder verboten. Ihr Vater war ursprünglich technischer Direktor in einer Pelzfabrik, wurde als Jude dort entlassen und als unqualifizierter Arbeiter in einer Holzwerkstatt beschäftigt. Im Jahr 1941 musste die Familie ihre Wohnung verlassen und kam in einem alten Haus unter, in dem sie mit drei anderen jüdischen Familien unter einem Dach lebte. „Lange Zeit waren wir 14 Personen in der Wohnung. Ich erinnere mich, dass wir dort sehr wenig Kohle hatten. Wir konnten nur wenig heizen, nur einmal wöchentlich warm baden, mussten beim Kochen sparen." Die wenigen Geschäfte, die Juden offen standen, lagen oft weit voneinander entfernt. „Wir durften zwar mit der Straßenbahn fahren, aber nur stehend und auf der letzten Plattform." Und Juden durften nur nachmittags zwischen drei und fünf Uhr einkaufen. „Da waren die Straßenbahnen so voll, dass es für uns kaum möglich war, mitzufahren. Ich bin deshalb mit meiner Großmutter weite Wege gegangen. Doch wir haben sowieso kaum etwas bekommen. Denn vieles durfte nicht an uns verkauft werden."

Zehn Tage vor ihrem sechsten Geburtstag, am 20. Dezember 1942, wurde Michaela Vidláková mit ihrer Familie nach Theresienstadt deportiert. „An die letzte Nacht entsinne ich mich gut, denn zum ersten und letzten Mal im Leben erlaubten mir meine Eltern, an die Wände zu zeichnen. Vater hat mir sogar einen Bleistift aus der Holzwerkstatt geborgt. Das war für mich ein großes Erlebnis und ein Abschied von zu Hause. Ich durfte auch ein Spielzeug mitnehmen, meinen geliebten Pluto, den mir mein Vater zum fünften Geburtstag aus Holz gemacht hatte."

Terezín, knapp 60 Kilometer nordwestlich von Prag gelegen, zählt heute mit rund 400.000 Touristen zu den meistbesuchten Stätten in Tschechien. Der Ort wurde Ende des 18. Jahrhunderts von Kaiser Joseph II. als Garnisonsstadt mit dem befestigten Brückenkopf „Kleine Festung" erbaut. Die Gemeinde und der Kreis Ústí haben erst kürzlich damit begonnen, historische Gebäude der Festungsanlagen zu erneuern, wobei sie von der Europäischen Union mit rund 20 Millionen Euro unterstützt werden. Sie hoffen darauf, dass der Festungskomplex als Weltkulturerbe in die Unesco-Liste aufgenommen wird. Neben neuen Museen sollen dort Büros entstehen, auch für eine Organisation, die sich mit der Geschichte des Holocaust beschäftigt. Denn Theresienstadt war ein wichtiges Glied in der Kette des Nazi-Terrors und der Vernichtung von Juden. Nach der Besetzung Böhmens und Mährens richtete die Gestapo in der „Kleinen Festung" ein Gefängnis ein, ab November 1941 entstand in der Garnisonsstadt ein Sammel- und Durchgangslager für die jüdische Bevölkerung aus Böhmen und Mähren. Ab 1942 wurden auch Juden aus Deutschland und den besetzten europäischen Ländern nach Theresienstadt deportiert, das die Nazi-Herrscher zynisch als „Altersghetto" ausgaben und ausländischen Besuchern gerne als „jüdische Mustersiedlung" vorführten.

„Für mich war die Reise dorthin zuerst so etwas wie ein Abenteuer", denkt Michaela Vidláková zurück, „im Messepalast konnte ich endlich wieder mit Kindern spielen. Schlimm war nur, dass es dort sehr kalt war und furchtbar lange Schlangen vor den Latrinen warteten." Als ihre Familie in Theresienstadt ankam, standen viele Menschen in der sogenannten Schleuse der Kaserne. Da die Stadt überfüllt war, wurden nur noch solche Häftlinge aufgenommen, die für Theresienstadt nützlich sein konnten. „Der größte Teil des Transports sollte binnen weniger Tage abgeschoben werden. Als Vater gefragt wurde, was er von Beruf sei, sagte er, dass er die letzten Jahre in einer Holzwerkstatt gearbeitet hatte. Weil im Ghetto gerade solch eine Werkstatt eingerichtet werden sollte, wurden Fachmänner gesucht. Und als Vater meinen Holzhund als Beweis vorgezeigt hat, sind wir in Theresienstadt aufgenommen worden. Das hat uns vor dem Transport nach Auschwitz gerettet."

Auch wenn Michaela Vidláková und ihre Angehörigen noch einmal mit dem Leben davongekommen waren, wurde der weitere Aufenthalt in Theresienstadt zu einer schweren Last. Mit dem Essen verbindet sie ihre traurigsten Erlebnisse. „Man stand immer in einer langen Schlange. Dort kamen alte Menschen, Juden aus Deutschland, vorbei und fragten jeden einzelnen ganz leise, ob vielleicht etwas von der Suppe übrig sei. Diese alten Juden hatte man mit dem Versprechen getäuscht, dass sie ins Bad Theresienstadt kommen dürfen, wenn sie dafür bezahlen. Sie hatten viel bezahlt, um dann im Ghetto zu landen." Sie waren als arbeitsuntauglich eingestuft worden und wurden deshalb mit kleineren Portionen versorgt. „Es tat mir sehr Leid um sie. Ich habe immer an meine Großeltern denken müssen, die, wie ich glaubte, irgendwo im Osten sind, vielleicht genauso hungrig und traurig."

Mit verwirrenden Begriffen für Theresienstadt wollten die Nazis ihre Opfer bewusst hintergehen. Vielfach nahmen Juden

den Namen „Ghetto" oder „Judensiedlung" dafür auf. Auch Michaela Vidláková nennt Theresienstadt in unserem Gespräch stets Ghetto und nicht Konzentrationslager. „Es war ein Ghetto in dem Sinn, dass darin fast nur Juden lebten, während KZs auch für viele politische Häftlinge und andere Gruppen gebaut worden waren", definiert sie. Ein weiterer Unterschied: „Wir mussten keine Lageruniform tragen, sondern durften unsere eigene Bekleidung behalten. Zwar gab es Arbeitspflicht, aber wir konnten uns zumindest auf der Straße in Theresienstadt frei bewegen. Und Familien blieben zusammen, auch wenn sie nicht im gleichen Haus wohnten." Zudem war die Verpflegung besser. Doch es gab auch Hinrichtungen, zunächst in der Garnisonsstadt und ab dem Sommer 1942 in der „Kleinen Festung". „An zwei kann ich mich erinnern. Es sollten abschreckende Maßnahmen sein, weshalb die jüdische Leitung von Theresienstadt daran teilnehmen und allen anderen darüber Bericht erstatten musste."

Bis Ende des Zweiten Weltkrieges wurden etwa 140.000 Männer, Frauen und Kinder nach Theresienstadt gebracht. Während der letzten Kriegstage trafen noch einmal 13.000 Gefangene aus liquidierten Konzentrationslagern in Deutschland und Polen ein. Dadurch entstanden viele Probleme mit der Wasserzufuhr und -abfuhr. „Neben dem Wasser aus den Leitungen hat man auch Pumpen benutzt, die auf Höfen standen. Nebenan waren aber die Latrinen, wo Leute immer in langen Schlangen warten mussten, bis sie an die Reihe kamen", schaudert Michaela Vidláková noch heute. Wegen fehlender Hygiene erkrankte sie schwer, zunächst an Typhus, Scharlach und Masern. Später kamen noch Gelbsucht und eine Herzbeutelentzündung dazu. „Leider hatten die Ärzte keine Medikamente. So bekam ich gegen Fieber nur kalte Umschläge, und als Diät Gersten- oder Haferflockenschleim."

Als sie entlassen wurde, gestalteten die Nazis Theresienstadt zu einem Vorzeigelager um. Damit wollten sie eine Internationale Kommission des Roten Kreuzes bei einem Besuch täuschen. „Monatelang gab es eine sogenannte Verschönerungsaktion. Dabei hat man viele alte, schlecht aussehende und kranke Menschen in die Transporte eingereiht und weggeschickt. Darunter waren auch Kinder meines Krankenhauses. Ich war gerade gesund geworden und hatte deshalb wieder Glück." Bis dahin verbrachte Michaela Vidláková ein komplettes Jahr im Spital. In dieser Zeit lernte sie Deutsch von einem Jungen aus Berlin, der so alt wie sie war und in ihrem Zimmer lag. „Binnen weniger Wochen waren wir ohne Unterricht zweisprachig geworden."

Währenddessen gab es Transporte nach Auschwitz, Treblinka, Majdanek und in andere Vernichtungslager. Die größte Deportationswelle begann im September/Oktober 1944, wie sie noch weiß. „Man schickte vor allem die Männer nach Auschwitz. Man sagte ihnen, dass neue Lager entstehen. Auch meine Mutter wollte sich freiwillig melden, um bei meinem Vater bleiben zu können, als er für einen Transport bestimmt wurde." Doch er untersagte dies. Es komme nichts Besseres, habe ihr Vater kategorisch erklärt, die Häuser in Theresienstadt hätten wenigstens ein Dach, und man bekomme immerhin einmal täglich ein warmes Essen. Als er mit anderen in der Schleuse auf den Zug wartete, spielte ihm der Zufall in die Hände. „In der Nacht war eine Baracke durch einen Sturm beschädigt worden. Die SS-Kommandantur befahl, sie sofort zu reparieren. Aber die letzten Zimmermänner vom Bauhof hatten Theresienstadt schon verlassen." So musste ein Vorarbeiter drei Männer des Transportes für die Instandsetzung auswählen. Ihr Vater meldete sich freiwillig. „Als er in die Kaserne zurückkam, war der Zug bereits abgefahren. Es war der letzte Transport, der aus Theresienstadt nach Auschwitz ging. Dieser 28. Oktober 1944 war für uns nicht nur der Jahrestag der Republik, sondern auch der zweite Geburtstag meines Vaters. Denn wenn er mit Tuberkulose, abgemagert, dicker Brille und Glatze vor Mengele getreten wäre, hätte der ihn direkt in die Gaskammern geschickt."

Ein Viertel der Gefangenen (etwa 33.000) starb in Theresienstadt aufgrund der furchtbaren Lebensumstände. Etwa 88.000 Häftlinge wurden weiter transportiert. Unter ihnen befanden sich ca. 15.000 Kinder wie Michaela Vidláková. Zwar versuchte die Häftlingsselbstverwaltung, zumindest sie zu schützen, indem die Kinder in Heimen untergebracht wurden. Dennoch überlebten nur etwa 150 das Kriegsende. Michaela Vidláková kam mit ihren Eltern Anfang Juni 1945 nach Prag zurück. Theresienstadt und der Holocaust blieben aber weiterhin ein Thema in der Familie. „Es gab die toten Großeltern, die toten Kameraden und die toten Bekannten." Auch der kleine Junge aus dem gemeinsamen Krankenzimmer lebte nicht mehr. Nach ihrer Befreiung erfuhr Michaela Vidláková, dass ihr „Deutschlehrer" in den Gaskammern ermordet worden war.

„Fortan betrachtete ich jeden Deutschen als Todfeind", sagt sie. Selbst Jahre später, als sie verheiratet und selbst Mutter war, lebten Schmerz und Hass in ihr weiter. „Mit voller Kraft", wie sie einräumt. Ihre Eltern wählten einen anderen Weg. Schon in den 1960er Jahren begannen Irma und Georg Lauscher ihre Tätigkeit für die „Aktion Sühnezeichen" - als erste Juden aus der Tschechoslowakei. Diese deutsche Organisation verfolgt seit 1958 das Leitmotiv, „dass die Folgen des Nationalsozialismus noch immer spürbar sind und nur durch einen intensiven Dialog überwunden werden können". Deshalb tritt sie „für eine Verständigung zwischen Generationen, Kulturen, Religionen und Völkern ein." Dafür schickt sie zum Beispiel jedes Jahr rund 180 Freiwillige zu Diensten in Länder, die besonders unter der NS-Herrschaft zu leiden hatten. Und sie veranstaltet Sommerlager, bei denen Teilnehmer in internationalen Gruppen und verschiedenen europäischen Projekten mitarbeiten. „Leider weiß ich nicht, wie meine Eltern dazu gekommen sind", bedauert Michaela Vidláková heute, „denn ich habe es ihnen damals sehr übel genommen, dass sie sich mit den grausamsten Feinden der Juden einließen."

Sie selbst wollte nichts darüber hören. „Nichts davon, wie sie kreuz und quer durch Deutschland zogen, um Jugendliche in Sommerlagern zu besuchen. Nicht, wie sie ihnen über Holocaust und Judentum erzählten. Und nicht, wie freundlich und aufmerksam sie überall empfangen wurden. Nichts!" Ihre Mutter, eine leidenschaftliche Lehrerin, versuchte der Tochter oft zu erklären, dass ihre Zuhörer eine andere, neue Generation seien. Und dass sie keine Schuld daran hätten, was vor ihrer Geburt geschah, aber trotzdem bereit dazu seien, sich mit der Verantwortung dafür auseinander zu setzen. „Rational habe ich es zwar verstehen können", gibt Michaela Vidláková an, „aber die Gefühle hielten mich zurück." Als sie 1967 eine Gruppe von „Aktion Sühnezeichen" aus West-Berlin durch Prag begleitete, lief Michaela Vidláková nur stumm mit. Trotzdem erzählte ihr eine junge Frau während des gemeinsamen Weges von ihrer Tätigkeit. Nach einer Stunde brach der Damm. „Ich war zum ersten Mal wieder bereit zu glauben, dass es auch andere Deutsche gibt als Dr. Mengele."

Sieben Jahre später kam sie erstmals nach Deutschland. Als Betreuerin einer Kindergruppe der Prager Jüdischen Gemeinde, die von der Ost-Berliner Partnergemeinde zu einem Besuch eingeladen worden war. Noch immer prägte sie starkes Misstrauen. „Wenn ich in diesen Tagen jemanden über 50 auf der Straße gesehen habe, tauchte immer die gleiche Frage auf: Was hat er damals gemacht?" Dass sie Schmerz und Leid allmählich überwand und sich den Deutschen wieder öffnete, war ein Verdienst von Dr. Lothar Kreyssig, dem Gründer von „Aktion Sühnezeichen". „Seine Persönlichkeit und sein Charisma haben mich überzeugt, dass, wenn man an der Vergangenheit leider nichts ändern kann, der Weg der Versöhnung die beste Wahl für die Zukunft ist", befand Michaela Vidláková und entschloss sich schließlich dazu, einen neuen Weg auszuprobieren. Die Wohnung ihrer Eltern in Prag blieb über Jahre ein Treffpunkt von Ost und West. Dort lernte sie viele Gästen kennen und reiste noch mehrmals in die DDR. In den 1980er Jahren verbrachte Michaela Vidláková einen Sommerurlaub in Rügen, wollte den Aufenthalt aber abbrechen, weil sie keine Unterkunft fand. Der Leiter eines Sommerlagers, ein junger evangelischer Pfarrer, nahm sie in seinem Haus auf. Bis in die späten Abendstunden diskutierte sie mit Jugendlichen über den Holocaust, Judentum, Schuld und Sühne. Statt der geplanten Nacht blieb sie drei Tage. „Das war meine erste Erfahrung in den Spuren meiner Eltern."

Für die Familie verlief das Leben auch in der kommunistischen Tschechoslowakei nur mit vielen Kompromissen. Nach Gründung des Staates Israel arbeitete ihr Vater in der israelischen Botschaft. Als Kind einer zionistischen Familie hatte Michaela Vidláková Probleme, ins Gymnasium zu kommen. Dann wurden Mitglieder der Kommunistischen Partei vor Gericht gestellt. Der Hauptangeklagte Rudolf Slánský war ab 1945 ihr Generalsekretär und leitete maßgeblich die Machtübernahme der Kommunisten in der Tschechoslowakei im Jahr 1948 ein. Ab November 1951 beschuldigte ihn seine eigene Partei trotzdem des Hochverrats. In einem Schauprozess wurde er als angeblicher Verschwörer zum Tode verurteilt und im Dezember 1952 mit zehn weiteren Mitangeklagten hingerichtet. „Damit wuchs Anfang der 50er Jahre schon wieder der Antisemitismus", ärgert sich Michaela Vidláková, „denn viele von ihnen waren Juden. Es wurde zwar Antizionismus gesagt, aber im Grunde war es dasselbe." Ihre Familie versuchte, das Land illegal zu verlassen, wurde aber an der Grenze verhaftet und wieder in ein Gefängnis gesteckt.

„Wir hatten Glück im Unglück", gewinnt Michaela Vidláková ihren widrigen Lebensbedingungen auch diesmal eine positive Seite ab. „Der kommunistische Präsident Gottwald starb, und der neue Präsident erließ eine große Amnestie. Deswegen wurden wir nach einem Jahr entlassen. Ich durfte aber nicht mehr aufs Gymnasium zurück." Sie suchte sich eine Arbeit und machte auf einer Abendschule das Abitur nach. Als sie sich auf einer Hochschule einschreiben wollte, bekam sie erneut Probleme. „Abgelehnt, abgelehnt, abgelehnt", so las sie immer auf den Antwortschreiben. Schließlich durfte Michaela Vidláková doch von 1955 bis 1960 an der Karls-Universität in Prag Naturwissenschaften studieren. Sie promovierte in Biologie und bekam eine Stelle in einem medizinischen Forschungslabor, wo sie als Biochemikerin bis zu ihrer Pensionierung arbeitete. „Dies hat mich mit viel Freude erfüllt, allerdings durfte ich nie zu Kongressen in den Westen fahren."

Als ich Michaela Vidláková ein paar Tage vorher anrief, um nachzufragen, ob ihr kein anderer Termin dazwischen gekommen sei, zeigte sie sich überrascht. „Aber unser Treffen ist doch fest ausgemacht!", bekräftigte sie nachdrücklich. Die alte Dame kommt auf die Minute pünktlich und erwartet dies sehr wahrscheinlich auch von anderen. Fotos, die ich von ihr anfertige, kontrolliert sie mit kritischen Augen. Sie habe sich selbst jahrelang mit Fotografie beschäftigt, erklärt sie zur Begründung und wählt schließlich jenes Bild aus, das sie für gelungen hält. Auch meinen Text hätte sie gerne noch einmal überlesen, aber leider, das Krankenhaus. Ein prüfender Blick fällt auf mich, ob ich der Aufgabe gewachsen sein werde...

„Trinken Sie nichts?" fragt sie plötzlich, „ich trinke regelmäßig, das ist wichtig." Schon springt sie auf, um mit schnellen Schritten ein neues Glas Wasser aus der Küche zu holen. Ihr entschlossenes Handeln und ihre präzisen Worte lassen erkennen: Wer so viel erlitten hat, so lange um sein Leben und seine Existenz kämpfen musste wie sie, der hat gelernt, sich durchzusetzen und zu behaupten. Auch das kunterbunte Sommerkleid, das sie zu unserem Treffen trägt, spiegelt die ganze Zuversicht wider, mit der Michaela Vidláková nun ihren Weg geht und ihre Ziele unbeirrbar verfolgt. Ein wesentliches lautet: Arbeiten für die Versöhnung und für eine bessere Zukunft. Dafür stellte sie sich in den Dienst verschiedener, meist jüdischer Gremien. „Da meine Familie auf der ‚schwarzen Liste' stand, habe ich erst 1968 wieder Kontakt zur Jüdischen Gemeinde aufgenommen. Als Zionisten hätten wir sie vorher gefährdet." Zur Wendezeit im Herbst 1989 leitete sie die Jüdische Gemeinde in Prag mit. Dann kam das Angebot, Freiwillige aus dem Ausland für längere Zeit im Sozialbereich einzusetzen. „In der Gemeinde war dies ganz schwierig durchzusetzen", so Michaela Vidláková, „weil die Frage vorherrschte, ob und wie ein Deutscher von Holocaust-Überlebenden in Prag aufgenommen würde." Schon der erste Freiwillige zerstreute jedoch alle Bedenken. „Er weckte bei allen die Hoffnung auf ein ‚Nie wieder!'" Außerdem arbeitet sie im Vorstand der Organisation „Servitus" mit, einem ökumenischen Verein in Prag, der 2003 von Vertretern der evangelischen Kirchen, der Jüdischen Gemeinde und der Caritas gegründet wurde. Wie „Aktion Sühnzeichen" will er Freiwilligendienste ermöglichen, in seinem Fall für junge Tschechinnen und Tschechen im Ausland. Aber auch für Ausländer in Tschechien.

Ein wichtiger Partner für sie war lange Artur Radvansky. Er überlebte sechs Jahre in sechs Konzentrationslagern: Buchenwald, Ravensbrück, Sachsenhausen, Auschwitz, Mauthausen und Ebensee. Radvansky hatte in der Jüdischen Gemeinde eine Jugendgruppe gegründet und Michaela Vidláková in diese Tätigkeit einbezogen. Gemeinsam fuhren sie an Wochenenden Ski mit den Kindern, gingen Schwimmen und im Sommer zu Zeltlagern. Und sie feierten die jüdischen Feste, um ihnen jüdische Geschichte, Sitten und Denken näher zu bringen, zumal es im kommunistischen Staat keinen Religionsunterricht gab. Nach mehreren Jahren verboten die Machthaber ihre Jugendarbeit. Daraufhin schlüpften beide unter das Dach der Gewerkschaften, um weitermachen zu können. Zudem besuchten sie Schulen, Lehrerseminare oder Gedenkstätten, um Vorträge zu halten. „Artur berichtete darüber, wie er die KZs überstand, und ich schloss meine Erfahrungen aus Theresienstadt an." So waren sie jedes Jahr sechs bis sieben Wochen lang in Deutschland unterwegs, einige Male auch in Österreich, bis Radvansky im November 2009 verstarb.

Nun setzt sie diese Vortragsreisen allein fort. Immer wieder wird Michaela Vidláková dazu an deutsche und österreichische Schulen eingeladen. „Ich erzähle meine kleine Geschichte innerhalb der großen Geschichte, und diese persönlichen Erinnerungen sind für die Schüler viel spannender als Pflicht-Unterricht mit Büchern", schildert sie ihre Erfahrungen. Ihre individuellen Erlebnisse ziehen vor allem jüngere Zuhörer in ihren Bann. „Besonders gerne spreche ich vor sechsten Klassen", so Vidláková, „mit ihren elf, zwölf Jahren sind die Schüler äußerst aufgeschlossen und ohne Hemmungen bei Fragen."

„Ihr seid nicht verantwortlich für das Vergangene", gibt sie ihnen mit auf den Weg, „aber ihr seid verantwortlich für das, was in Zukunft passieren wird." Durch Begegnungen mit diesen Schülern und Lehrern sind tiefe Freundschaften in Deutschland entstanden. „Das hätte ich früher für völlig undenkbar gehalten", wundert sich Michaela Vidláková manchmal darüber. Anlässlich des 50. Jahrestages von „Aktion Sühnezeichen" eröffnete sie eine Ansprache vor Bundespräsident Horst Köhler und weiteren Zuhörern im Mai 2008 mit der Anrede: „Liebe Freunde". Diese beiden Worte gleich zu Beginn hält sie noch heute für die wichtigsten in ihren gesamten Ausführungen.

Hilflose Helfer

Spender aus Bayern haben geholfen. Rund 200.000 Euro gaben Gläubige für die „Aktion Fastenopfer". Mit ihr waren bayerische Christen schon nach der politischen Wende 1989 die ersten in Deutschland, die gezielt für osteuropäische Glaubensbrüder sammelten. Diesmal will die bayerische Landeskirche die Sozial- und Jugendarbeit der Böhmischen Brüder in Tschechien (EKBB) unterstützen, der größten Evangelischen Kirche im Nachbarland. Wir wollen überprüfen, wozu dieses Geld konkret verwendet wird.

Für einen Beitrag in der „Abendschau" des Bayerischen Fernsehens haben wir ein Projekt in der Gemeinde von Pfarrer Tomáš Bísek ausgewählt. Es liegt in Chodov, einem Stadtteil im Bezirk Prag 11. Hier soll ein großer Teil der Spenden als Zuschuss für ein neues Kirchen- und Gemeindezentrum dienen. Dieser Bau steckt vom ersten Tag an voller Probleme. Nicht allein die Finanzierung bereitet den Planern Kopfzerbrechen. Auch Politik und Verwaltung errichten immer neue Hürden. Eine Woche vor den Drehaufnahmen sitze ich im Arbeitszimmer von Pfarrer Bísek, um den Ablauf zu besprechen. Er wertet meinen Besuch erfreulicherweise nicht als Kontrolle. „Es ist sehr gut, dass die Leute sehen, was mit ihren Spenden passiert", heißt mich der Geistliche herzlich willkommen. Auf einem Stuhl links neben ihm nimmt Milena Svobodová Platz. Sie ist Direktorin eines Asylhauses, das unmittelbar an das neue Gemeindezentrum angrenzt. Dies ist das Besondere an diesem Projekt: Ein kirchliches Heim wird mit einem sozialen Haus in unmittelbarer Nachbarschaft direkt zusammenarbeiten.

Pfarrer Bísek, ein schlanker Mann mit nicht mehr allzu vielen grauen Haaren und einem gestutzten grauen Vollbart, ist 66 Jahre alt und noch immer voller Energie und Tatendrang. Das liegt nicht nur daran, dass er für seine Gemeinde endlich ein neues großes Heim bekommen wird. Vielmehr entspricht es wohl seinem Naturell, sich zu engagieren und aktiv einzutreten. Auch wenn er sich damit nicht immer Freunde macht. Bísek studierte Ingenieurwissenschaften und Evangelische Theologie, durfte zunächst jedoch nicht als Pfarrer arbeiten, weil die Behörden ihn nach einem Auslandsjahr in New York der Spionage verdächtigten. Auch später wurde der Geistliche ständig von der Polizei und dem örtlichen staatlichen Kirchensekretär beobachtet, zumal er an einer Jugendzeitschrift mitgearbeitet hatte, die anschließend verboten wurde. Besonders unbeliebt machte sich Pfarrer Bísek, als er dagegen protestierte, dass Eltern ihre Kinder nicht mehr in den Religionsunterricht schicken sollten. Daraufhin wurde sein staatliches Gehalt um ein Viertel gekürzt. Nachdem er die Kommunalwahlen kritisiert hatte, wurde ihm auch noch untersagt, außerhalb seines Dorfes zu predigen.

Zum endgültigen Bruch mit den kommunistischen Machthabern kam es, als er gemeinsam mit seiner Frau Daniela die „Charta 77" unterzeichnete. In dieser Petition vom Januar 1977 prangerten Dissidenten die Diskrepanz zwischen Gesetzen und Realität in der sozialistischen Tschechoslowakei an und forderten Grundrechte wie Meinungs- und Bekenntnisfreiheit für die Bürger ein. Als er einen Kollegen in Handschellen vor Gericht sah und Mitglieder der Musikgruppe „Plastic People of the Universe" ohne Begründung verurteilt wurden, habe er nicht länger schweigen können, sagte Tomáš Bísek in einem Interview. Der Sprecher der „Charta 77" und spätere Präsident Tschechiens, Václav Havel, wurde weltberühmt. Tomáš Bísek gehörte zu jenen weniger prominenten Unterstützern, die der Reformbewegung erst eine breite Basis gaben. Die Folgen waren für ihn nicht weniger gravierend als für seine populären Mitstreiter. Der Geistliche musste fortan zahllose Repressalien ertragen. Immer wieder gab es Verhöre, Drohungen, Beschränkungen. Die Polizei versuchte, alle „Chartisten" zu isolieren und einzuschüchtern. Zwar durfte seine sechsköpfige Familie weiter im Pfarrhaus wohnen, doch um eine neue Stelle bemühte sich Bísek vergebens, da der Geheimdienst alle Bemühungen abblockte. Die Schlapphüte installierten in Bíseks Wohnung zudem eine Abhöranlage. Ab 1982 erhielt der Pfarrer Berufsverbot und musste als Holzfäller in den umliegenden Wäldern arbeiten. Schließlich gehörten er und seine Familie zu einer Gruppe von tschechischen Bürgern, die 1985 das Land verlassen mussten, unter ihnen zahlreiche Geistliche. Elf Jahre lang wirkte Bísek danach als Pfarrer im schottischen Glasgow, bevor er zurückkehrte und die Gemeinde im Prager Süden übernahm. Wie in Glasgow wieder in einem Arbeiterviertel.

Der Geistliche ist ein wenig aufgeregt, als mein Kamerateam und ich an einem grauen Morgen im November mit den Dreharbeiten beginnen. Dafür sind wir nicht zwingend der Grund. Eher liegt es an den beiden Glocken, die zur gleichen Zeit angeliefert werden. Eine wiegt gut 170 Kilo und wurde auf den Namen „Marta" getauft. Ein Pfarrer aus Deutschland hat sie gespendet, für die Gemeinde eine willkommene Ergänzung zu den Geldern aus Bayern. Zwei Helfer haben alle Hände voll damit zu tun, sie und eine etwas leichtere Glocke mit Namen „Maria" aus dem Lieferwagen bis vor die Tür der halbfertigen Kirche zu schleppen. Pfarrer Bísek geht ihnen voran und weist den Weg durch den morastigen Vorgarten. „Mit unserem neuen Zentrum werden wir Farbe in diese farblose Gegend bringen, und mit diesen beiden Glocken auch neue Töne", freut er sich über das Geschenk.

Sie geben ihm ein Stückchen mehr Zuversicht, das Kirchenzentrum bald einweihen zu können. Denn der Weg dorthin gleicht einer Odyssee. Schon seit einem Vierteljahrhundert verfolgen die Kirchenleute das Ziel, in der Prager Südstadt ein neues Gemeindezentrum zu errichten. Derzeit steht ihnen nur ein einfaches und sanierungsbedürftiges Gebäude im Stadtteil Spořilov zur Verfügung, am Rande der großen Siedlung Chodov. Erbaut hat es die Pfarrgemeinde vor mehr als 50 Jahren, nachdem sie gegründet worden war und ihre Arbeit unter politisch und wirtschaftlich schwierigen Bedingungen aufgenommen hatte. Seitdem vergrößerte sich ihr Einzugsbereich durch den Bau der Südstadt erheblich. Deshalb will sie nun aus dem ruhigen, beinahe idyllischen Spořilov mitten in die Siedlung ziehen. „Wir müssen auf den Wandel in der tschechischen Gesellschaft nach der Wende reagieren", fordert Pfarrer Bísek, „und das bedeutet mit Blick auf die Südstadt ganz konkret: Man darf nicht am Rande des Wohnbezirks bleiben und es sich mit seinem Glauben in einer Ecke gemütlich machen, sondern muss dorthin gehen, wo die Menschen leben und die Begegnung mit ihnen suchen."

Nach dem politischen Umsturz 1989 fand die Gemeinde zwar einen Bauplatz für ein neues Heim. Allerdings waren seine Eigentumsrechte nicht geklärt, wie oft in osteuropäischen Staaten nach den Revolutionen. Erst das Angebot und der dringenden Appell des Asylhauses in Chodov, das kirchliche Haus auf seinem Grundstück zu bauen, gaben den nötigen Schub. Vor drei Jahren begannen endlich die Arbeiten. Noch ist vieles im Rohbau, aber das Projekt erhält langsam ein Gesicht. Den Plan hat Architekt Jiří Veselý angefertigt, der in einer Art Wohnbüro selbst im Asylhaus lebt. Er hat das Gemeindezentrum als zweigeschossiges Gebäude konstruiert, teilweise unterkellert, auch das Dach soll genutzt werden.

Es wird aus mehreren Funktionseinheiten bestehen, die miteinander verbunden sind. Kern des Objektes ist ein Versammlungs- und Gottesdienstraum. An diesen Saal werden sich zwei Flügel anschließen, mit der Wohnung für den Pfarrer und weiteren Räumen für das tägliche Leben der Gemeinde. Im Erdgeschoss liegen die zentralen Gemeinderäume: eine Eingangshalle mit einem Empfangspult, der Hauptsaal, ein Klubraum, der durch eine bewegliche Wand vom Saal abgetrennt werden kann, eine Garderobe, Sanitärräume, eine Küche. Den Hauptsaal hat Veselý in Form eines Kreisausschnittes geplant. In der Mitte steht der Altar. Um ihn herum sind Sitzreihen angeordnet. Für die Taufe ist ein Raum im Radius des Kreises vorgesehen. In unmittelbarer Nähe steht die Orgel. Der Raum hat 170 Sitzplätze, mit Tischen 50 weniger. Im Souterrain befinden sich neben Garagen und Lagerräumen auch Zimmer für Sportgeräte und die Freizeitausrüstung. Und ein separates Areal für die Jugend. Vor allem junge Gemeindemitglieder freuen sich auf das neue Zentrum, denn die Jugendgruppe trifft sich derzeit noch in der kleinen Wohnung von Pfarrer Bísek.

Das Objekt schließt der Kirchturm ab, der nicht nur das Zentrum krönen, sondern zum neuen Wahrzeichen des gesamten Wohnbezirks werden soll. Durch einen Aufzug kommen auch Rollstuhlfahrer in alle öffentlichen Räume des Hauses. Diese Ergänzung dürfte dem Architekten besonders am Herzen gelegen haben. Der kleine Mann ist schweigsam und von einer schweren Krankheit gezeichnet. Er muss sich auf Krücken oder im Rollstuhl fortbewegen.

Trotzdem kommt auch er in einen Raum des Asylhauses, in den Pfarrer Bísek für unsere Aufnahmen zu einer kleinen Andacht geladen hat. Hier wird vorläufig noch jeden Sonntag ein Gottesdienst gefeiert. Dafür werden Stühle gerückt, die Predigtkanzel aus Einzelteilen zusammengesetzt und Büromöbel mit Tischdecken und Kerzen ausgestattet. Mit dem Architekten nehmen knapp zwei Dutzend Gemeindemitglieder an der Feier teil. Sie gehören zu jenen 115.000 Gläubigen, die sich zur Evangelischen Kirche der Böhmischen Brüder bekennen. Nicht viele, bei rund zehn Millionen Einwohnern in Tschechien. Die EKBB steht in der Tradition der kirchlichen Reformation, die in Tschechien mit Jan Hus und damit schon ein Jahrhundert vor Luther begann. Der Prager Prediger Hus kämpfte gegen den Ablass und für eine Erneuerung der Kirche. Dafür wurde er 1415 auf dem Scheiterhaufen in Konstanz verbrannt. Hussitisches wie lutherisches Erbe und brüderliche Bewegungen flossen in die Confessio Bohemica ein, die Ende des 16. Jahrhunderts im Auftrag der nichtkatholischen Stände entstand. Erst 1609 wurde das evangelische Bekenntnis in Böhmen gestattet, im 30jährigen Krieg und durch die Gegenreformation aber wieder zurückgedrängt.

Die Evangelische Kirche der Böhmischen Brüder fußt auf dieser protestantischen Tradition und wurde 1918 in ihrer heutigen Form gegründet. Zunächst erhielt sie großen Zulauf, doch die kommunistische Herrschaft behinderte ihre Arbeit erneut massiv. Seit der politischen Wende von 1989 und der Rückgabe kirchlichen Eigentums durch den Staat kann die EKBB wieder diakonische und pädagogische Aufgaben erfüllen, derzeit in 260 tschechischen Gemeinden. Sie bemüht sich auch um eine Aussöhnung zwischen Tschechen und Deutschen. Im Jahr 1995 riefen EKBB und EKD in ihrer gemeinsamen Erklärung „Der trennende Zaun ist abgebrochen" dazu auf, die Hand zur Versöhnung zu reichen. In ihrer Stellungnahme bezeichnete die Kirchenleitung der EKBB die Aussiedlung der Sudetendeutschen als „moralisch verfehlten Schritt".

Mit dem Projekt in der Südstadt will sich die Kirche im doppelten Sinn neue Räume erschließen. Einmal baulich, durch mehr Platz für ihre Gemeindearbeit. Zum anderen aber auch gesellschaftlich, um mehr Menschen anzusprechen und der Anonymität des Neubaugebietes entgegen zu wirken. Die Spenden aus Bayern sollen die Kosten einer weiteren Bauphase abdecken. Nach dem Gottesdienst suchen wir den künftigen Altarraum auf. Dorthin kommt am späten Vormittag Joel Ruml von der Zentralen Kirchenkanzlei in der Prager Jungmannová. Er ist Synodalsenior und damit höchster Amtsträger innerhalb der EKBB. Zimmerleute arbeiten gerade dort, wo später der Altar stehen wird. Wir bitten sie, ihre Hammerschläge für unser Interview kurz zu unterbrechen. Ruml erklärt uns, dass ausländische Spenden wie die aus Bayern auch deshalb für ihn außerordentlich wichtig seien, weil sie seine Verhandlungen mit staatlichen Behörden erleichterten. Denn der Gemeinde in der Südstadt ist es trotz aller Bemühungen nicht gelungen, Finanzen aus öffentlichen Haushalten oder von Quellen außerhalb der Kirche in Tschechien für ihr Projekt zu bekommen. „Schon in der kommunistischen Zeit war Hilfe aus dem Ausland unverzichtbar, wir waren abhängig davon und dankbar dafür", erinnert sich Ruml.

Dies habe aber einen automatischen Prozess in Gang gesetzt. „Wir haben uns daran gewöhnt und rechnen noch immer mit solcher Hilfe." Dabei nehme die Unterstützung von Jahr zu Jahr ab. Ausländische Spender hätten bereits angedeutet, dass ihre Gabe für dieses neue Gemeindezentrum die letzte sein werde. „Wir müssen uns mehr um uns selbst kümmern", fordert er daher. Doch Selbsthilfe sei auch eine Frage des Selbstbewusstseins. „Was in Tschechien und auch in unserer Kirche fehlt, ist der Mut daran zu glauben, dass wir dazu fähig sind, unsere Sache allein zu finanzieren", übt der Synodale Selbstkritik.

Anschließend steigt mein Kameramann auf den eingerüsteten Kirchturm. Von dort hat er einen guten Überblick für seine Aufnahmen von der Prager Südstadt, einer tristen Plattenbausiedlung, in der etwa 100 000 Menschen meist in kleinen Wohnungen leben. Mit diesem neuen Bezirk wollten die kommunistischen Machthaber die akute Wohnnot in den 1970er und 80er Jahren lösen. Damit schufen sie einen ausgedehnten Stadtteil, der für viele Bewohner jedoch nicht zu einer Heimat geworden ist. Sie sehen in ihm nur eine Schlafstätte von Montag bis Freitag, bevor sie am Wochenende endlich wieder auf ihre geliebte *chata* fahren können, wie die Landhäuschen im Grünen heißen. Die Bevölkerung ist sehr heterogen, mit unterschiedlichem Bildungsniveau und in allen Alterskategorien. Die Wohnsilos fördern die Anonymität, viele Bewohner verschanzen sich regelrecht in ihren vier Wänden und interessieren sich kaum für das, was in ihrer Umgebung passiert. Kindern und Jugendlichen fehlen ausreichende und attraktive Möglichkeiten für ihre Freizeit. Häufig schließen sie sich daher zu Banden zusammen, die in vielen Fällen kriminell werden. Betagte Menschen, besonders jene, die in vorgerücktem Alter aus ihren früheren Wohnungen hierher umgesiedelt wurden, fühlen sich in den Plattenbauten verloren und vermissen die Gespräche mit Nachbarn. Oft sind sie die einzigen, die sich tagsüber in den vielgeschossigen Häusern aufhalten, während die anderen Bewohner in der Stadt arbeiten. Dadurch fühlen sich viele in der Gegend nicht mehr sicher.

In diesem Umfeld haben Mitarbeiter der EKBB „Agitatoren unterschiedlicher Art, und auch verschiedene Sekten" ausgemacht. Der Stadtteil ist ohne Frage ein sozialer Brennpunkt in der tschechischen Hauptstadt. „Die Menschen hier sind auf der Suche nach etwas, das ihnen Sinn gibt und Hoffnung macht", spürt Pfarrer Bísek, „diese Sehnsucht liegt irgendwie in der Luft, sie ist fühlbar, zum Greifen nahe. Und sie wird immer größer. Deshalb müssen sich die Christen auf diese Menschen hinbewegen." Er hofft, dass sein Zentrum zum neuen Mittelpunkt in der Prager Südstadt wird. Und seine Kirche zu einer wichtigen Anlaufstelle für möglichst viele Bewohner. Zumal kaum eine Trabantenstadt in Tschechien größer ist als diese. Viele Prager steigen an der Metrostation in Chodov in Busse um, die sie zu ihren Wohnanlagen bringen. Wer zu Fuß geht, muss zunächst eine mehrspurige Autobahn überqueren und verschwindet anschließend in einem Dschungel aus Häusern. Die langen Siedlungsreihen versprühen noch immer den sozialistischen Mief von einst, daran können auch ein paar neugebaute Filialen von Weltfirmen mit ihrer Neonbeleuchtung nichts ändern.

Doch Tomáš Bísek will die zunehmende Vereinsamung der Menschen in der tschechischen Gesellschaft nicht hinnehmen. Ihr setzt er vor allem eine funktionierende Kinder- und Jugendarbeit sowie Freizeitangebote für ältere Bürger in seinen Gemeinderäumen entgegen. Allerdings rechnet der Geistliche auch mit Widerspruch. „Es wird Proteste von Anwohnern geben. Zum Beispiel von Arbeitern mit Nachtschicht, die morgens schlafen wollen, wenn die neuen Glocken läuten. Sie werden schimpfen und argumentieren, dass man hier bisher auch ohne Kirche gut leben konnte."

Ausdrücklich gewünscht wird das Zentrum hingegen von den Verantwortlichen eines Asylhauses direkt daneben. Dringend bat dessen Leiterin Milena Svobodová die Kirche, ihr Gemeindeheim auf dem Grundstück des Asylhauses in der Donovalská-Straße zu bauen. Damit will sie ihrem Haus gleichsam ein geistliches Fundament geben. „Die Kirche wird für uns wie ein gesellschaftlicher Schutzschild sein", bekräftigt die Direktorin vor unserer Kamera, „sie wird unseren Bewohnern Vorbild und Ermutigung sein und damit unmittelbar auf uns einwirken." Acht Jahre vorher begann Milena Svobodová damit, in einem verwahrlosten Schulgebäude der Siedlung ein Quartier für obdachlose Menschen einzurichten. Sie musste Finanzmittel besorgen, um das Gebäude in Schuss zu bringen und eine kontinuierliche Arbeit zu gewährleisten, stieß mit ihrem Projekt aber nicht überall auf Gegenliebe. Oft bekam sie zu hören, dass sie nicht über Anfänge hinauskommen werde. Ihr Haus gibt zum Zeitpunkt unserer Aufnahmen 58 Obdachlosen eine Unterkunft, etwa die Hälfte davon Kinder. Unter ihnen sind viele Frauen aus der Roma-Minderheit, oft allein erziehende Mütter. In einer kleinen Wohnung besuchen wir eine von ihnen. Sie hält ein Mädchen auf dem Arm, gerade acht Wochen alt. An ihren Fuß klammert sich ihr dreijähriger Sohn.

Anfangs kamen vor allem wohnungslose Männer in die Räume. Jetzt sind es auch komplette Familien, weil Väter ihre Arbeitsplätze verloren haben und damit die Möglichkeit, die Mieten zu bezahlen. Ebenso Flüchtlinge aus vielen Ländern. Zuweilen führten Probleme mit Vermietern zum Umzug in dieses Haus. Sogar ein Unternehmer lebt hier, nachdem seine Firma Pleite ging. Das Asylhaus wurde von einer Bürgervereinigung mit Namen „Společnou cestou" (Gemeinsamer Weg) gegründet. Bis zu einem Jahr können Asylsuchende hier unterkommen, in Ausnahmefällen auch länger. Es beherbergt jedoch nicht nur Obdachlose auf Zeit. Milena Svobodová wollte den Bewohnern von Beginn an auch praktische Hilfe anbieten. Sie erhalten Rat bei ihrer Lebensorganisation, Behördengängen und finanziellen oder juristischen Problemen. Besonders widmen sich die Mitarbeiter den Kindern und Jugendlichen. Wir filmen zwei Teenager in einem Internet-Raum, die zu Hause keinen Zugang zu einem Computer haben.

Nach Svobodovás Vorstellungen sollen sich Menschen in ihrem Asylhaus neu orientieren, Beziehungen aufbauen und Kraft für einen neuen Anfang schöpfen. Dies kann die Einrichtung und ihre Mitarbeiter jedoch nicht allein leisten. Deshalb suchte sie schon Mitte 1998 die Nähe der Kirchengemeinde in Spořilov. Die Direktorin war beeindruckt davon, wie unaufdringlich die Gemeindemitglieder den Hilfesuchenden zur Seite standen. Die Kirche wiederum verstand diese Offenheit und das

Vertrauen als eine Verpflichtung, die sie nicht ignorieren wollte. Deshalb bietet sie Bibelstunden mit Kindern aus dem Asylhaus und der umliegenden Siedlung ebenso an wie regelmäßige Gesprächsrunden mit Erwachsenen über Kirche und Welt. „Was die Gemeinde leisten kann, sind persönliche Beziehungen und damit eine andere Art des Helfens, die professionellen Einsatz aber nicht überflüssig macht, sondern ihn vielmehr ergänzt", lobt die Direktorin.

Wir haben viele glückliche Gesichter auf Band, als wir am späten Nachmittag die Baustelle wieder verlassen. Ihre Freude über das gemeinsame Zentrum wirkte auf uns ehrlich und überzeugend. Auf unserem Rückweg zur Metro in Chodov überholt uns Pfarrer Bísek, auf einem Fahrrad und wie immer voller Elan. Auch er macht einen zufriedenen Eindruck, wegen des Verlaufs unserer Dreharbeiten und vor allem natürlich wegen des Baufortschritts.

Doch wieder gibt es Schwierigkeiten. Nur zwei Monate nach unserem Besuch stirbt überraschend der Architekt, weshalb sich das Bauende weiter verzögert. Dann ist es endlich soweit: Das Zentrum wird eröffnet. Die Gemeinde verlegt ihren Sitz mitten ins Herz der riesigen Plattenbausiedlung im Süden Prags. Dort will sie künftig auch ihre Kulturarbeit forcieren. Die alte Festung von Chodov, nur wenige Meter entfernt, verfügt über entsprechende Räume. Der Pfarrgemeinde schwebt eine enge Zusammenarbeit mit Kulturträgern des Viertels vor, für gemeinsame Konzerte oder Ausstellungen. Ihr Zentrum benennt sie nach Militsch von Kremsier, einem böhmischen Prediger, der vor rund 600 Jahre energisch zu einem Engagement für Arme und Bedürftige aufrief. Pfarrer Tomáš Bísek wartet noch diese Weihe ab, wie er uns zuvor schon erklärte. Kurz darauf verabschiedet er sich in den Ruhestand. Er sieht seine Aufgabe und Mission als erfüllt an. Auch für ihn ist ein Traum Wirklichkeit geworden.

Spurensuche im nachrevolutionären Prag

1991: Von der Plan- zur Marktwirtschaft

2005: Hauswand als bewährter Werbeträger

135

Ein „Hoffnungsträger" besucht Prag

*eine Krone -
ein Land -
drei Namen*

Der Letzte seines Standes

Letzter Schrei: Thai-Fußmassagen

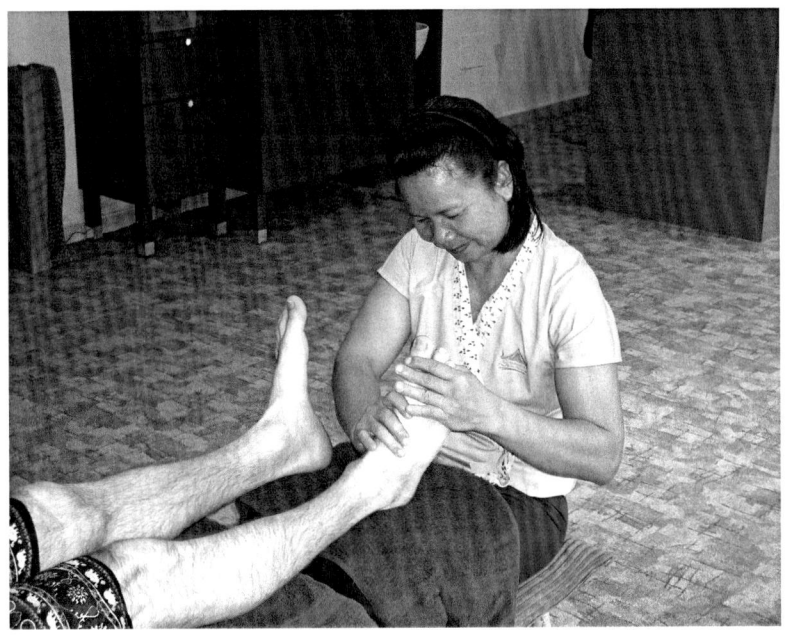

*Prager
Laden-Vielfalt*

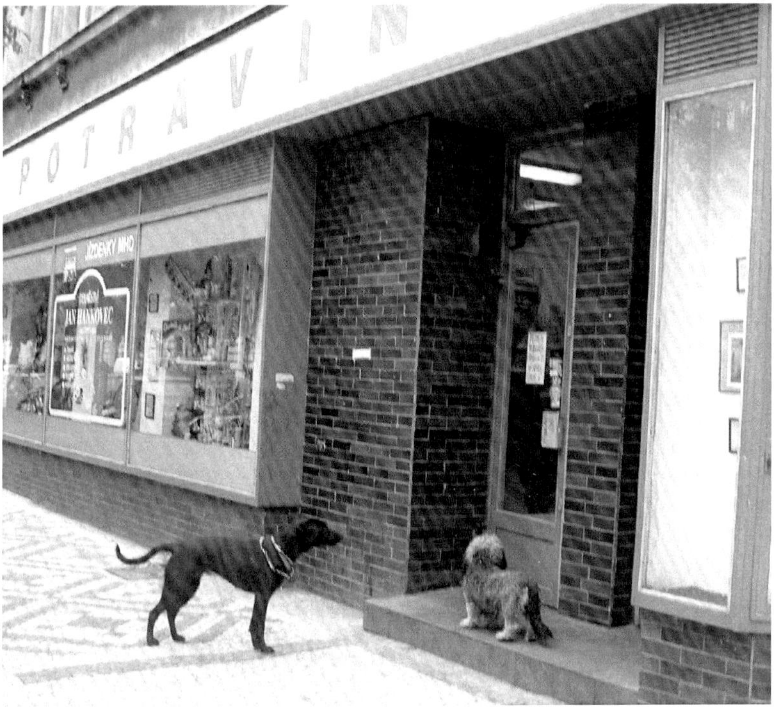
POTRAVIN
JÍZDENKY MHD
JAN HANKOVEC

ÁK / TISK
RELAY
Services
TABÁK /
Noviny Časopisy
Tabák
Bagety Nápoje
MEN
DNES
Šťastnou cestu s Relay
Šťastnou cestu s Relay
Šťastnou cestu s Relay
Coca-Cola

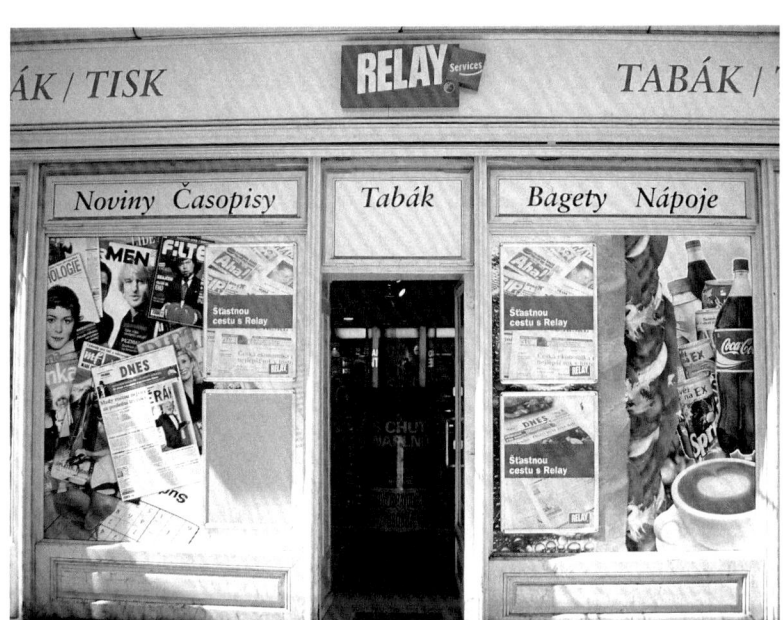

*Moderne
Dachlandschaften*

Dreharbeiten in der Prager Südstadt

Hausnummern-Redundanz

Mehr Platz für Raucher

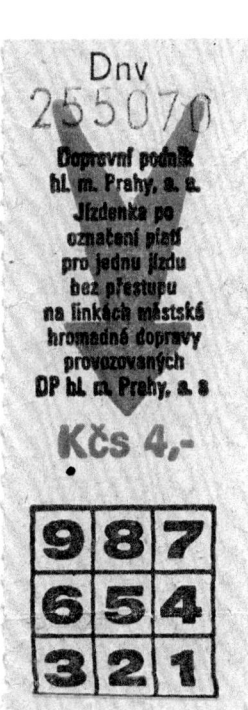

Dnv
255070

Dopravní podnik
hl. m. Prahy, a. s.
Jízdenka po
označení platí
pro jednu jízdu
bez přestupu
na linkách městské
hromadné dopravy
provozovaných
DP hl. m. Prahy, a. s

Kčs 4,-

9 8 7
6 5 4
3 2 1

Ticket 1992

A C 0243668 11

Pražská integrovaná
doprava

32 Kč
CENA VČETNĚ SNÍŽENÉ SAZBY DPH

Dopravní podnik hl. m. Prahy,
akciová společnost

PŘESTUPNÍ JÍZDENKA
TRANSFER TICKET

Cestující je povinen označit si neprodleně jízdenku při prvém nástupu
do dopravního prostředku či vstupu do přepravního prostoru.
Použití se řídí Tarifem PID.
NEOZNAČENÁ JÍZDENKA JE NEPLATNÁ.
Upřesnění na rubu jízdenky.
Any ticket which has not been
validated is invalid.
For details see the reverse
side of the ticket.

| Praha | | pásma | |
| 90 min | | 4 zones | 90 min |

MÍSTO PRO OZNAČENÍ

PRAHA NEBO 4 PÁSMA
PRAGUE OR 4 ZONES

VALIDATION STAMP

Ticket 2011

Lanová dráha
Funicular ⋅ Standseilbahn

← Petřín

Eines
von
vielen
Prager
Verkehrsmitteln

143

*Interview mit Bundestrainer Joachim Löw
vor dem EM-Qualifikationsspiel Tschechien-Deutschland in Prag*

**KVALIFIKAČNÍ
UTKÁNÍ ME 2008**

#185

○ **24. března 2007**
< 20:45
Stadion Toyota Aréna, Praha

··**Česká Republika**

STES

··**Německo**

PRESS

T··Mobile···
Generální sponzor
reprezentace

ČESKÁ SPOŘITELNA

HYUNDAI

Gambrinus

PUMA
pumafootball.com

144

Die Euphorie währt indes nur zwei Jahre. Dann beschließt der Stadtrat von Prag 11 völlig unerwartet, das Asylhaus aufzulösen. Er begründet seine Entscheidung damit, dass mehr Kindergartenplätze im Stadtteil nötig seien. Daraufhin rast ein Sturm der Empörung durch die Südstadt. Viele Prager unterzeichnen eine Petition gegen die Schließung. Protestschreiben aus dem In- und Ausland erreichen die Verwaltung. Die EKBB bittet um Briefe nicht nur an die Behörden in Prag 11, sondern auch an den Oberbürgermeister der Stadt. Ich schließe mich mit einem ausdrücklichen Hinweis auf den Beitrag im Bayerischen Fernsehen an. In der „Abendschau" hatten wir den Zuschauern in Bild und Text vermittelt, dass die Spenden aus Bayern sinnvoll angelegt werden. Gerade auch, weil das Kirchenzentrum mit einem Asylhaus verbunden sein wird und kirchliche mit sozialer Arbeit somit vorbildlich Hand in Hand geht.

Die Pfarrgemeinde will den Entschluss nicht akzeptieren. „Wir wissen, dass in Prag 11 andere und besser geeignete Möglichkeiten für einen Kindergarten existieren", beschwert sich Pfarrer Michal Šourek, der Nachfolger von Pfarrer Bísek, „es ist also überhaupt nicht nötig, das Asylhaus zu liquidieren." Milena Svobodová ist gar außer sich vor Wut. „Es wäre mir nicht im Traum eingefallen, dass die Stadträte nach so einer guten Zusammenarbeit solch eine Entscheidung fällen", fühlt sich die Leiterin des Asylhauses wie von einer Axt getroffen.

Spontan bildet sich eine Bürgerinitiative, um zu retten, was kaum noch zu retten ist. Zu viel Zeit und Geld sei in das Asylhaus investiert worden, um es einfach auflösen zu können, argumentiert Karel Berka von der Vereinigung „Občané". Pfarrer Šourek legt mit deutlicher Kritik nach: „Wir werten diese Absicht des Stadtrates als Ausdruck einer Sozialpolitik, die feindlich ist zu den schwächsten Menschen in Not, nämlich zu Müttern und Kindern ebenso wie zu Familien und zu den Roma." Er verweist darauf, dass die Bürgervereinigung

„Společnou cestou" mit ihren komplexen Diensten im Asylhaus sowohl Einzelnen wie kompletten Familien in schwieriger Lage hilft. Damit habe sie auch verhindert, dass Kinder aus Familien gerissen und in Anstalten erzogen werden. Tatsächlich wachsen in Tschechien weitaus mehr Kinder in Erziehungsheimen auf als in den meisten anderen Ländern Europas.

Der Erfolg des Asylhauses ist in Zahlen ablesbar: Im Verlauf von nur einem Jahr wohnten dort 203 Menschen (darunter 130 Kinder), fast 1.800 Bürger nutzten die Beratungen. Außerdem wurden Menschen in zahlreichen Schulungen wieder auf den Arbeitsmarkt vorbereitet. Viele Bewohner eigneten sich neue Lebensgewohnheiten an und verließen das Haus öfter nach einigen Monaten mit neuer Arbeitsstelle und Wohnung. Nicht nur Kirchenmitarbeiter bezeichnen den Verein „Společnou cestou" als einen „Bahnbrecher des sozialen Dienstes", wobei er seine Sozialarbeit nach den Grundsätzen der Europäischen Union ausrichtet. Pfarrer Šourek blickt ebenfalls zufrieden auf die Kooperation zwischen Bürgerverein und EKBB zurück. „Die freiwillige Tätigkeit von vielen Mitgliedern der örtlichen Kirchengemeinde sowie die offenen Angebote der Kirche haben wesentlich dazu beigetragen, die Isolation der Heimbewohner zu überwinden."

Die Kosten für das Gemeinzentrum beliefen sich am Ende auf etwa 40 Millionen Kronen (rund 1,6 Million Euro). Die Arbeit von „Společnou cestou" hänge eng mit dem Gebäudekomplex in der Donovalská-Straße zusammen, erinnert der Geistliche. Mit der Schließung setze die Politik auch ein politisches Signal. „Die Absicht des Stadtrates ist feindlich gegenüber bürgerlichen Initiativen und unabhängigen Vereinen, die unverzichtbarer Teil einer demokratischen Gesellschaft sind", schreibt Šourek in seinem Offenen Brief. Der Pfarrer führt den Entscheidungsträgern vor Augen, dass die Stadt Prag Mittel für den Um- und Ausbau des Asylhauses gewährte und das für Tschechien so ungewöhnliche Projekt damit besonders unterstützte. Die Stadtverordneten von Prag 11 hätten ihre Wertschätzung dadurch zum Ausdruck gebracht, dass sie der Kirche ein Grundstück langfristig vermieteten. „Wir haben dies als Förderung des Projektes auf Dauer definiert", zeigt sich Šourek enttäuscht darüber, dass der Stadtrat seine Zusagen gegenüber Asylhaus, Kirche und Partnern des Projektes (auch aus dem Ausland) nicht einhält. Mehr noch: Die Verwaltung von Prag 11 hatte erst ein Jahr zuvor ein anderes Asylhaus mit dem Argument geschlossen, dass das Heim in der Donovalská groß genug für alle Anforderungen der Zukunft sei.

Doch alle Bemühungen und Proteste aus dem In- und Ausland verhallen erfolglos. Das Asylhaus wird geschlossen. 14 Familien haben zunächst kein Dach mehr über dem Kopf, auch wenn die Stadtväter von Prag 11 versprechen, sie in Sozialwohnungen unterzubringen. Direktorin Svobodová wird offiziell arbeitslos. Zum Zeitpunkt ihrer Auflösung ist die Einrichtung mit 65 Plätzen eines der größten Asylhäuser in der Tschechischen Republik. Zur Hälfte bewohnt von Roma, der am meisten gefährdeten sozialen Gruppe innerhalb der tschechischen Bevölkerung. Sie kamen nach dem Zweiten Weltkrieg meist aus der Slowakei und nicht immer freiwillig nach Böhmen und Mähren, um jene Grenzgebiete zu besiedeln, die nach der Vertreibung der Deutschen verlassen waren. Dort steckte man sie in Plattenbauten und Fabriken. Nach dem Ende des kommunistischen Regimes verschlechterte sich ihre Situation zunehmend. Nun sind neun von zehn Roma ohne Arbeit, ihre Wohn- und Lebensbedingungen oft alarmierend. Die große Mehrheit der rund 300.000 Roma lebt in Tschechien mittlerweile in Hunderten von Ghettos unter sich. Ihre Familien haben oft viele Kinder und sind auf staatliche Unterstützung angewiesen, auch deshalb werden sie von vielen Tschechen gehasst. Jedes dritte Roma-Kind landet auf einer Sonderschule. Nur wenigen Roma gelingt es, die Widerstände zu durchbrechen und sich Anerkennung zu verschaffen. Viele haben deshalb bereits resigniert. Mehrfach wurde Tschechien in den letzten Jahren von internationalen Menschenrechtsbewegungen wegen seiner Politik gegenüber den Roma heftig kritisiert. Ebenso vom Europäischen Parlament. Die Verantwortlichen in Prag 11 ignorieren diese Anklagen geflissentlich.

Ein weiteres Jahr darauf ist das Asylhaus bereits Geschichte. Dafür muss nun die Kirchengemeinde mit einer Reihe von Nachteilen leben. So besteht die Zufahrt zu ihrem Zentrum nicht mehr, sie musste einer Grünanlage weichen. Auch der Parkplatz, den die Gemeinde auf eigene Kosten gebaut hatte, wurde beseitigt. Dies erschwert vor allem Behinderten den Besuch der kirchlichen Einrichtungen. „Dies alles geschah ohne Raumordnungs- und Baugenehmigungsverfahren", klagt Zuzana Soběslavská aus der Ökumene-Abteilung der EKBB rückblickend. In einem Bulletin macht sie darauf aufmerksam, dass Vertreter der Kirche nicht einmal zu Verhandlungen über Bauveränderungen eingeladen wurden.

Im Gemeindehaus muss improvisiert werden, damit das Engagement des Asylhauses nicht völlig zum Erliegen kommt. Mitarbeiter des Bürgervereins und der Pfarrgemeinde halten gemeinsam die Beratungsstelle und Kinderfreizeiten aufrecht. Die Kirche hat vorübergehend einen kleinen Raum an den Verein für ein Büro abgetreten. Der Verein wiederum mietet jetzt Wohnungen für seine Klienten vom Magistrat der Stadt an. Sie liegen verstreut über ganz Prag, deshalb benötigen Sozialarbeiter wesentlich mehr Zeit, um die Bewohner zu betreuen. Er erhielt von der Stadt einen Geldbetrag, um sich ein neues Büro zu kaufen, will aber zumindest einen Teil seiner Aufgaben auch in Zukunft zusammen mit der Kirchengemeinde erfüllen.

Schon Pfarrer Šourek hatte in seinem Brandbrief harsche Worte gewählt. Der Stadtrat missachte mit seiner Entscheidung

Menschen in schwierigen Situationen, die keinen Auffangpunkt mehr hätten. „Sie erinnert uns an die kirchenfeindliche Politik des kommunistischen Regimes", urteilte der Geistliche. Die Synode der EKBB treibt diese Kritik auf die Spitze, nachdem sie über die Zustände in der Südstadt beraten hat. Sie zeigt sich „über dieses feindliche Verhalten empört, das an totalitäre Praktiken aus der Zeit der Normalisierung unter Präsident Husák erinnert." Damit spielt die Synode auf die Jahre nach dem Scheitern des „Prager Frühlings" 1968 an, in denen das Regime mit staatlicher Repression wieder für politische Ruhe im Land sorgte. Dafür wählte es zynisch den Begriff von einer „Normalisierung" der Verhältnisse.

Mehr als 60.000 Euro flossen aus Bayern in das Gemeindezentrum. Die EKBB verband mit ihm die einmalige Möglichkeit, wieder besser und unmittelbar in die tschechische Gesellschaft hineinwirken zu können. Denn viele Tschechen haben nach vier Jahrzehnten kommunistischer Herrschaft noch immer große Vorbehalte gegenüber Glaubensgemeinschaften, wie prinzipiell gegenüber jeglicher Ideologie. Behördliche Willkür hat damit nicht nur das Vorzeigeprojekt in der Prager Südstadt zerstört, sondern auch die große Chance verspielt, dass neues Vertrauen in seriöse kirchliche Institutionen aufgebaut werden kann. Das haben die bayerischen Spender sicher nicht gewollt.

Der Aufarbeiter

Der Filmemacher David Vondráček hat sich bestechen lassen. Er wurde von den Vertriebenen in Deutschland gekauft. Wahrscheinlich noch von anderen Deutschen. Das teilt man ihm ganz ungeniert in Briefen, E-Mails oder Telefonanrufen mit.

Vondráček ist also ein Vaterlandsverräter, Nestbeschmutzer, Geschichtsfälscher. Und so wie er aussieht, dieser dunkle Typ, könnte er gut ein Jude sein. Das tuschelt man jedoch nur hinter vorgehaltener Hand. Allein Staatspräsident Václav Klaus warnt in seiner Ansprache zum 17. November, dem Feiertag zum Gedenken an die Revolution von 1989, offen davor, die Tschechen mit den Nazis gleichzusetzen. Was Vondráček als Anspielung auf sich und seine Arbeit wertet.

Nichts davon ist wahr. Wahr ist, dass der Filmemacher David Vondráček ein helles Licht auf die dunklen Kapitel der tschechischen Geschichte und Geschichtsschreibung wirft. Sie beginnt in der Regel mit dem Tag der Befreiung vom Faschismus am 8. Mai 1945 und setzt erst mit dem Staatsstreich der Kommunisten im Februar 1948 wieder ein. „In unserer jungen Demokratie gibt es zwar keine politische oder ideologische Zensur mehr. Dafür ist noch immer Tabu, was hier zwischen 1945 und 1948 passierte", wundert sich Vondráček bei unserer ersten Begegnung. Damit will er sich keinesfalls abfinden. Deshalb begeht David Vondráček fortwährend Tabu-Brüche: Seit ein paar

Jahren dreht er Dokumentarfilme, die sich mit den Ereignissen in genau jener Zeitspanne beschäftigen.

In seinem Werk „Töten auf tschechisch" berichtet er über Massenmorde, an denen Tschechen in der Nachkriegszeit beteiligt waren. Für Kritiker ist es das suggestivste Dokument, das bisher in der Tschechischen Republik über ethnische Säuberungen an der alteingesessenen deutschen Bevölkerung gedreht wurde. Im Mittelpunkt des Films steht das Massaker an deutschen Zivilisten im nordböhmischen Postoloprty, dem früheren Postelberg. Einen Monat nach Kriegsende wurden dort 763 Männer im Alter von 15 bis 60 Jahren von Soldaten der tschechoslowakischen Armee und Revolutionsgardisten hingerichtet. Erstmals sprechen Zeugen aus Böhmen und Deutschland vor seiner Kamera über furchtbare Taten, die für immer vergessen werden sollten.

Vondráček stellt diese Massentötung von deutschen Zivilisten in einen historischen Kontext. „Die Toten von Postelberg sind Teil des größten Massenmordes zwischen dem Ende des Zweiten Weltkrieges und den Ereignissen im bosnischen Srebrenica 1995", äußert er seine Ansicht sehr deutlich. Dies rechtfertigt für ihn endgültig den Titel seiner Dokumentation. Schon allein damit provozierte er Zuschauer, insgesamt löste sein Streifen ein stürmisches Echo aus. Kritiker warfen ihm eine „einseitige Sicht" auf die Geschichte vor. Der „Verband der Freiheitskämpfer" verwahrte sich erwartungsgemäß gegen „Zersetzungstendenzen". Ein tschechischer EU-Abgeordneter mischte sich mit dem Hinweis in die Diskussion ein, dass es ohne die Gräueltaten der Nazis während ihrer Besatzung in Böhmen und Mähren keine tschechische Reaktion gegeben hätte.

Wurde er auch persönlich beschimpft, frage ich ihn. Oder gar bedroht? „Sicher", entgegnet Vondráček und kaut weiter heftig auf seinem Kaugummi, „diesmal waren die Angriffe aber nicht mehr so stark wie bei früheren Filmen. Das war auch für mich eine Überraschung..." Er hat sich im Laufe der Jahre ein dickes Fell zugelegt. Vorwürfe amüsieren ihn scheinbar mehr als ihn zu kränken. Sie prallen mittlerweile an ihm ab, möglicherweise nimmt er sie sogar als Bestätigung für seine Arbeit. Wichtig ist ihm, dass sich immer mehr junge Tschechen endlich Klarheit über die Geschichte ihres Landes verschaffen wollen, und zwar über die ganze Vergangenheit. „20 Jahre nach der Revolution ist wirklich eine neue Generation herangewachsen", befindet er, „30 bis 40 Prozent der Zuschauer haben mir zugestimmt und gesagt: ‚lasst uns endlich darüber reden!' Und mir haben frühere Insassen von KZs geschrieben und betont, dass das, was nach dem Krieg geschah, ebenfalls Unrecht war."

Hatte er Probleme damit, Zeitzeugen zur Mitarbeit zu überreden oder waren einige schlichtweg froh, nach mehr als sechs Jahrzehnten endlich darüber sprechen zu können? „Das ist interessant", blickt Vondráček zurück, „in Postelberg gibt es eine Frau, deren 15jähriger Bruder damals von tschechoslowakischen Soldaten erschossen wurde. Ich war der erste, mit dem sie darüber geredet hat. Manche haben noch immer eine irrationale Angst. Aber es gibt immer weniger Leute, die nicht mehr darüber reden wollen. Später rief mich eine Frau an und sagte, ihr Mann weine seit drei Tagen ununterbrochen. Aber jetzt fühle er sich freier. Der Film wirkte wie eine Psychoanalyse auf ihn."

Den Auftrag dafür gab ihm das tschechische Fernsehen. David Vondráček hat sich in 20jähriger Filmarbeit einen hervorragenden Ruf als Autor und Realisator geschaffen. Wobei er vor allem Praktiker ist und kein Theoretiker. „Nur ein Jahr hielt es mich zum Studium an einer Filmhochschule", schmunzelt er. Dann wandte er sich lieber der praktischen Arbeit zu. Schon die Auswahl seiner Themen lässt erkennen, dass niemand den kleinen kräftigen Mann mit der hohen Stirn vor kurzen schwarzgrauen Haaren und der schmalen eckigen Brille „kaufen" kann.

Denn er schuf nicht nur Dokumentarfilme über die Vertreibung der Deutschen, sondern zuvor schon über die von Tschechen. In „Adieu Böhmischer Winkel" thematisierte er eine Aussiedlung im Glatzer Bergland. Tschechen, die auch die deutsche Staatsbürgerschaft besaßen, mussten das 1945 an Polen gefallene Gebiet verlassen. Noch schlimmer erging es Tschechen im Weitraer Gebiet in Niederösterreich, die zwischen 1920 und 1950 gleich dreimal verfolgt und aus ihren Wohnungen vertrieben wurden. „In das (un)gelobte Land" handelt von Familien, die ins ausgesiedelte Sudetenland kamen und dort 60 Jahre später noch immer nicht verwurzelt sind. Stattdessen träumen sie weiterhin von ihrer alten Heimat, in Erinnerungen oder Reisen dorthin. Unter ihnen sind Tausende von Ungarn, die Präsident Edvard Beneš gegen ihren Willen aus der Südslowakei hierher deportieren ließ.

Anfang der 1990er Jahre warnte Vondráček vor den Gefahren für die Demokratie, die von ganz rechter und ganz linker Gesinnung ausgehen. Immer wieder kehrte er jedoch zum Problem des Nationalsozialismus zurück, zu Krieg und Nachkriegsfolgen. David Vondráček erinnerte in seinen Dokumentationen an viele Schicksale: an den tschechoslowakischen Legionär, der 1945 wegen seiner Kollaboration mit deutschen Besatzern verurteilt wurde; an zwei tschechische Widerstandskämpfer, die von den Nazis in Höhlen im Harz eingekerkert wurden und in Sklavenarbeit Teile für die vermeintlichen „Wunderwaffen" V1 und V2 montieren mussten; an tschechische KZ-Häftlinge, die in Dachau ein halbes Jahr lang keine Sonne sahen; an die jüdischen Zwillingsbrüder Steiner aus Prag, die der Kriegsverbrecher Josef Mengele im KZ Auschwitz für seine medizinischen „Versuche" missbrauchte. Aufsehen erregte er auch mit einem Dokumentarfilm über Franz Neubauer, damals Vorsitzender der Sudetendeutschen Landsmannschaft und bei vielen Tschechen reichlich verhasst.

Was treibt ihn immer wieder zu solchen Tabu-Brüchen? „Ich stehe zu den humanistischen Ideen und zur Demokratie", erwidert er kurz und prägnant. Daher bedauert Vondráček sehr, dass in seinem Land nicht schon längst danach gefragt wurde, was zwischen 1945 und 1948 geschah. Und dass die meisten tschechischen Historiker und Politologen diese Zeitspanne vor der kommunistischen Machtergreifung gar als demokratische Epoche werten, wenn auch mit kleineren Flecken. David Vondráček hat eine andere Antwort gefunden: „Ich meine, wir waren schon vor dem kommunistischen Putsch 1948 ein autoritärer Staat mit totalitären Zügen unter großem sowjetischen Einfluss."

Für ihn ist die Vertreibung von drei Millionen Menschen aus der Tschechoslowakei nach dem Zweiten Weltkrieg eine Folge davon. Durch sie endete das über Jahrhunderte bestehende Zusammenleben von Tschechen und Deutschen in einem Staatsgebiet. „Es ist sehr interessant, dass Hunderte von Schuldigen, die auf die Sudetendeutschen schossen, später bei den Kommunisten wichtige Posten hatten. Und dass sie dann die tschechische Opposition gegen das undemokratische Regime im Land bekämpften. Das war soziologisch immer der gleiche Typ", urteilt er. Vondráček wollte wissen, um wen es sich bei diesen Mördern handelte. Er kam zur Einsicht: „Zu 99 Prozent waren es keine Juden aus KZs oder andere Menschen, die gegen die Nazis waren. Im Gegenteil, die Hälfte von ihnen hatte vorher sogar mit den Nazis kollaboriert."

Der Filmemacher wurde im April 1963 in Marienbad geboren, nicht weit von der deutschen Grenze entfernt. Eine Großmutter war Deutsche, er erlebte als Kind, dass sie als Zuwanderin aus der Slowakei unter Diskriminierungen zu leiden hatte. Spielen also auch persönliche Motive für seine Filme eine Rolle? „Gute Frage", stellt er fest, „wenn jemand wie ich nahe der Grenze aufgewachsen ist und nicht hinüber auf die andere Seite nach Bayern konnte, dann spielt das schon mit. Oder wenn man als Kind überall deutsche Friedhöfe sieht, in diesen Dörfern aber überhaupt keine Deutschen mehr trifft, sondern Slowaken oder Rumänen, die nach der Vertreibung in die früheren sudetendeutschen Orte kamen, dann stellen sich schon Fragen: Was war da los bis 1945? Und war das wirklich nötig, was danach passierte?" Gleichwohl gibt er darauf keine Antworten. „Ich denke nicht politisch, ich bin kein Politiker oder Ideologe", betont David Vondráček nachdrücklich, „ich habe nicht die Absicht, Diskussionen oder politische Statements auszulösen." Deshalb will er in seinen Dokumentationen auch keine Lehren für die Zukunft geben. „Ich drehe nur Filme. Wichtig ist für mich, ein Bild von der Zeit zu geben, wie die Realität damals war."

Spannend ist für ihn vor allem ein Aspekt. „Mir geht es um den normalen Menschen, der etwas verloren hat, sein Haus, seine Heimat, seine Bekannten." Vondráček stellt Grenzsituationen dar, in denen es für Personen um alles geht und will damit zugleich die kleine Historie von Einzelnen mit der großen Weltgeschichte verbinden. Weil ihn immer die menschliche Seite in der Geschichte interessiert, wählt er für seine Filme meist eine ebenso logische wie sinnvolle Darstellungsform: Er lässt Zeitzeugen einfach erzählen. Dadurch entstehen beeindruckende Lebensbilder von Menschen unterschiedlicher Nationalitäten, die in der Tschechoslowakei vor, während und nach dem Krieg „mächtig geschnitzt und zu Spänen wurden", wie er sagt.

„Töten auf tschechisch" wurde zur besten Sendezeit im öffentlich-rechtlichen Fernsehen ausgestrahlt. War es schwierig, diesen Film dort zu platzieren? „Man muss klare Argumente haben, warum man solch ein Thema behandeln will", antwortet er, „zumal wenn es ein Tabu und unpopulär in der Bevölkerung ist." Wie unpopulär, zeigte die offizielle Aussage von Präsident Klaus zum 17. November, die Vondráček nicht ruhen lässt. Klaus forderte dazu auf, nicht die Verbrechen der Nazis vorher zu vergessen, die ungleich schlimmer gewesen seien als die Taten der Tschechen nach dem Krieg. „Man kann das eine nicht mit dem anderen rechtfertigen", setzt er dagegen, „aber so sage ich das ja auch gar nicht."

Wohl auch wegen Vondráčeks Film lobte der deutsche Bundespräsident Christian Wulff bei einem Besuch in Prag kurz nach den Äußerungen von Präsident Klaus, dass man sich in Tschechien endlich mit der Vertreibung der Deutschen und dem dabei begangenen Unrecht auseinandersetze. Er hoffe, so Wulff, dass dies nun in der tschechischen Gesellschaft breit diskutiert und zu einem erfolgreichen Ende geführt werde. Noch mehr Mut machte Vondráček der Kommentar eines Kollegen, wonach mit seinem Film in der Hauptsendezeit endlich der entscheidende Schritt gelungen sei, solche Themen freier behandeln zu können. „Dies ist einfach ein schwarzer Fleck in unserer Geschichte und auch in der europäischen", betont er erneut die historische Dimension.

Für seinen Film hat Vondráček brisante Aufnahmen ausgegraben: eine Massenhinrichtung von deutschen Zivilisten in einer Prager Vorstadt. „Es handelt sich wahrscheinlich um das einzige erhaltene Filmmaterial in der Welt, das die Tötung deutscher Zivilisten nach Ende des Zweiten Weltkrieges zeigt", vermutet er. Die grausamen Bilder entstanden am 9. Mai 1945 im Prager Vorort Bořislavka und wurden von dem Amateurfilmer Jiří Chmelíček gedreht. Mit seiner kleinen Kamera hielt er zunächst die Ankunft sowjetischer Soldaten fest. Zahlreiche jubelnde Menschen begrüßten sie herzlich, es entwickelte sich eine Atmosphäre wie auf einem Volksfest. Plötzlich wurden Gruppen von Gefangenen aus dem Kino in Bořislavka mit Peitschen und Gewehrkolben durch den sechsten Prager Bezirk getrieben und mussten sich in einer Reihe aufstellen. 42 Männer und eine Frau warteten in Zivilkleidung und mit dem Rücken zur Kamera am Straßenrand. Dann fielen sie - scheinbar zufällig ausgewählt - von Kugeln getroffen in den Graben. Anschließend zermalmte ein Lkw der Roten Armee die Leichen auf der Straße. Eine brutale Szene, die Vondráček erst nach längerem Nachdenken verwendete.

Nach seiner Ausstrahlung wurde landauf, landab in Tschechien über den Film diskutiert und polemisiert. Fragen nach dem Wahrheitsgehalt wurden gestellt, von gerechter Vergeltung an den deutschen Besatzern gesprochen und davon, wie ein Filmemacher sein eigenes Land so anschwärzen könne. Doch es meldeten sich auch Zeugen und bestätigten, dass die Opfer tatsächlich Deutsche aus Hanspaulka und anderen Prager Stadtteilen waren. Wer aber waren die Täter? Unmöglich Tschechen, meinten Zuschauer in Internetforen. Eigentlich könnten es nur Russen gewesen sein, stellte ein Militärhistoriker in den Raum. Vondráček lässt die Antwort offen. Doch Augenzeugen und Historiker identifizierten tschechische Milizionäre und russische Soldaten als gemeinsames Erschießungskommando.

Die Bilder kompromittierten das kommunistische Regime in der Tschechoslowakei erheblich. Deshalb versteckte sie Chmelíček lange und sorgfältig. Seine Tochter Helena Dvořáčková übergab die Aufnahmen vor einigen Jahren an den bekannten tschechischen Filmhistoriker Karel Cáslavsky. Doch er veröffentlichte den sensationellen Fund nicht, weil er wie andere aus seiner Generation die Zeit noch nicht für reif genug hielt. Eine Kopie hatte die Tochter aufbewahrt. Vondráček stieß auf sie, als er nach historischen Bildern vom „Prager Aufstand" suchte, mit dem die ethnischen Säuberungen in der Tschechoslowakei begannen. Und weil sein Kameramann Helena Dvořáčková kannte und wusste, dass sie altes Filmmaterial besitzt. So machte erst David Vondráček die Aufnahmen der Öffentlichkeit zugänglich. Mit der Kritik von Cáslavsky kann er nichts anfangen. „Wir analysieren jetzt schon den Jugoslawien-Krieg aus den 1990er Jahren. Dagegen beschäftigen sich meine

Bilder mit dem Weltkrieg vor 65 Jahren. Wann also soll die Zeit dafür endlich reif sein?", widerspricht der Dokumentarfilmer heftig.

Filmrechte sind ein heikles Problem. Besonders wenn es sich um historisches Material handelt. Ich will die Bilder von der Exekution in Bořislavka unbedingt in mein Porträt über David Vondráček im Bayerischen Fernsehen einbauen. Aber auch das ZDF und andere deutsche Sender haben Interesse am Film „Töten auf tschechisch" bzw. Ausschnitten davon. Was tun? David Vondráček findet die Lösung. Er überlässt mir die einmaligen Aufnahmen mit dem Hinweis darauf, dass schließlich er es war, der sie bei Chmelíček aufgestöbert und dem tschechischen Fernsehen zur Verfügung gestellt hat. Mithin hält er selbst die Rechte daran.

Der Tscheche ist ein dynamischer Mann, voller Energie und Schaffenskraft. Er spricht schnell und unterstützt seine Ausführungen mit heftigen Handbewegungen. Doch Vondráček ist auch ein wenig chaotisch, wie die meisten Medienschaffenden. Zu unserem Termin kommt er eine halbe Stunde zu spät, weil ihm die Straßenbahn vor der Nase wegfuhr. Nachdem er eingetroffen ist, teilt er mir gleich an der Haltestelle mit, dass er meine DVD mit dem Film in seiner Wohnung vergessen hat. Er will sie mir zwei Stunden später mit dem Taxi nachbringen und in einem Restaurant hinterlegen. Da erreicht mich sein Anruf, dass er das Lokal nicht mehr finden kann. In den nächsten Minuten klingelt David Vondráček deshalb mehrfach bei mir an, hörbar zwischen Explosion und Zusammenbruch schwebend. Die Suche nach dem Haus macht ihn immer nervöser und ungeduldiger, meine telefonischen Anleitungen kann er nicht umsetzen, und Passanten können ihm nicht den richtigen Weg beschreiben. Nun verwundert mich nicht mehr, dass Vondráček auf Beobachter oft gehetzt wirkt. Schließlich findet er doch den Eingang. Ich danke ihm für seine Mühe und entschuldige mich per SMS für die Umstände. David Vondráček dankt zurück und schreibt, sein Orientierungssinn sei leider eine Katastrophe.

Auslöser für mein Porträt ist neben Vondráčeks Filmarbeit auch, dass er für „Töten auf tschechisch" den Franz Werfel-Menschenrechtspreis erhält. Dieser Preis ist mit 10.000 Euro dotiert und wird normalerweise alle zwei Jahre vergeben. Für Vondráček macht man davon eine Ausnahme. Den Preis verleiht die Stiftung „Zentrum gegen Vertreibungen" mit Sitz in Wiesbaden. Sie wurde im September 2000 von deutschen Heimatvertriebenen gegründet. Ein Ziel ist, in Berlin ein Dokumentationszentrum zu errichten, um an rund zwölf Millionen deutsche Vertreibungsopfer aus dem Osten Europas sowie an deutsche Spätaussiedler zu erinnern, die in die Bundesrepublik oder in die DDR kamen. Vorsitzende der Stiftung ist Erika Steinbach, zugleich Präsidentin des Bundes der Vertriebenen in Deutschland. Ihre Person wie das Projekt sind im In- und Ausland heftig umstritten.

David Vondráček sieht dieses Vorhaben gelassen. „Ich bin nicht gegen solch ein Zentrum. Ein Mensch muss wissen, wo er lebt und gelebt hat. Deutschland hat seine Nazi-Geschichte so gründlich analysiert und wird nun von außen als ein solch pazifistisches Land wahrgenommen, dass es auch das Recht hat, daran mitzuarbeiten, wie es wurde was es ist", befindet er. „Bei Gegnern dieses Zentrums spielt auch die Meinung mit, dass Vertriebene nur Geld oder ihre alten Häuser zurückhaben wollen. Aber das sind wenige. Ich und viele junge tschechische Politologen oder Soziologen haben keine Angst vor Deutschland, auch nicht vor der zweiten oder dritten Generation der Vertriebenen."

Selbst der Name des Preises hat nicht nur Befürworter. Wohlmeinende halten ihn für eine gelungene Wahl, weil Franz Werfel in seinem 1933 erschienenen Roman „Die vierzig Tage des Musa Dagh" leidenschaftlich Menschenrechtsverletzungen im Osmanischen Reich gegen die Armenier anklagte, und sein

Buch deshalb von den Nazis wegen der Parallelen zum Genozid an den Juden verboten worden sei. Kritische Stimmen, auch aus Tschechien, sprachen sich schon vor der ersten Preisvergabe im Jahr 2003 dagegen aus. Der Schriftsteller Franz Werfel, der 1890 in Prag geboren wurde und in deutscher Sprache schrieb, eigne sich nach ihrer Meinung nicht als Namenspatron, weil er ein Prager Jude war und 1938 vor den Nazis über Frankreich in die USA fliehen musste.

Zur Verleihung in Frankfurt ist auch die Korrespondentin des öffentlich-rechtlichen tschechischen Fernsehens aus Berlin angereist. Sie befragt Vondráček gleichfalls nach Erika Steinbach. „Ich weiß, dass Frau Steinbach für die Polen wie ein Teufel ist. Aber auch wenn sie nicht immer sensibel in ihren Aussagen ist, so ist sie doch Mitglied der CDU, einer demokratischen Partei", hatte mir Vondráček bereits zuvor seine Meinung dazu kundgetan. Wichtig war ihm auch, dass „hinter dem Preis eine demokratische Organisation für die Vertriebenen steht, mit dem verstorbenen Sozialdemokraten Peter Glotz als Gründungsmitglied, ein Demokrat durch und durch."

David Vondráček trug mir seine Argumente sehr betont und mit Nachdruck vor. Ein Beweis dafür, dass er sich sehr ernsthaft mit dem Preis und seinem Stifter beschäftigt hatte. „Das stimmt", bestätigte er, „weil bei uns 20 Jahre nach der Revolution sogar Demokraten den Vertriebenen noch immer kritisch gegenüberstehen." Erleichtert hatte ihm seine Zusage, dass die jüdischen Nachfahren Franz Werfels der Stiftung den Namen für den Preis überlassen haben. „Und natürlich war die Liste mit den bisherigen Preisträgern beeindruckend, etwa mit der deutschen Literatur-Nobelpreisträgerin Herta Müller oder den Initiatoren des ‚Kreuzes der Versöhnung' in Teplice nad Metuji, dem früheren Wekelsdorf. Ich kenne sie, das sind sehr humanistische demokratische Leute, die denken wie Václav Havel oder die Dissidenten. Hätte ich dann ‚nein' sagen können?" Gleichwohl interessierte David Vondráček meine Ansicht als Kollege darüber, wie er sich hätte verhalten sollen. Bei der Fülle seiner Argumente konnte ich ihm kaum widersprechen.

Die altehrwürdige Frankfurter Paulskirche wirkt noch heute vom Geist der Freiheit und des Aufbruchs beseelt, obwohl schon weit über 150 Jahre vergangen sind, seit deutsche Volksvertreter hier eine neue Verfassung beschließen und eine Regierung wählen wollten. Im Gegensatz zu den jährlichen Friedenspreis-Verleihungen durch den deutschen Buchhandel ist sie diesmal nur zur Hälfte gefüllt, als David Vondráček in feinem dunklen Zwirn von Erika Steinbach und der Frankfurter Oberbürgermeisterin Petra Roth durch die Reihen geleitet wird, um seinen Preis in Empfang zu nehmen. Gelbe Blumenbuketts und eine blaue Stellwand mit dem roten Emblem des Zentrums rahmen das Rednerpult ein, ein Bläserquintett spielt Werke des böhmischen Komponisten Anton Reicha.

Letzte Bedenken Vondráčeks, den Preis anzunehmen, zerstreuten Beteiligte aus seiner Heimat. Petr Uhl, einst Dissident und Journalist, hält in Frankfurt die Laudatio auf den Filmemacher, der ihn als „äußerst integeren Mann" schätzt. Tatsächlich hat der studierte Maschinenbauingenieur Uhl ein bewegtes Leben hinter sich. Selbst den Kommunisten war der heute fast 70jährige zu links und revolutionär, weshalb sie ihn nach dem sowjetischen Einmarsch in die Tschechoslowakei vier Jahre lang einsperrten. Dies hielt Uhl nicht davon ab, 1977 zu einem Mitgründer der Bürgerrechtsbewegung „Charta 77" zu werden und sehenden Auges dafür weitere fünf Jahre verschärfte Haft in Kauf zu nehmen. Anschließend arbeitete er sofort wieder in der „Charta 77" mit und rief zudem noch ein „Komitee zur Verteidigung von zu Unrecht Verfolgten" ins Leben. Der unbeugsame Idealist und Menschenrechtler vertritt in seiner Würdigung die Ansicht, dass David Vondráček „der Dank der Tschechen, der Deutschen, der Slowaken, der Österreicher und weiterer Europäer" gebühre. Denn seine Arbeit helfe ganz entscheidend mit, dass „sich das Grauen der nationalsozialistischen Diktatur und aller anderen Diktaturen, das Grauen autoritärer Politikstile und des Nationalismus nicht wiederholen." Auch andere Redner loben Vondráčeks vorurteilsfreien Beitrag zu einer offenen Vertreibungsdebatte und einem „wahrhaften Dialog", der zu einem besseren Miteinander führe. Besonders, dass er nicht aufrechne und nicht nach Schuld und Sühne frage.

Vondráček selbst berichtet in seiner Danksagung von einem Mann, der als Zweijähriger die Ermordung seines Vaters miterlebte und überzeugt war, dass diese Tat 65 Jahre später keinen Menschen mehr interessieren würde. Zu seinem Erstaunen zeigten jedoch viele Nachbarn im Dorf nach der Ausstrahlung des Films große Anteilnahme an seinem Schicksal, besonders die jüngeren. Warum die meisten Tschechen dennoch nichts von den Ereignissen zwischen 1945 und 1948 wissen wollen, erläutert der tschechische Politiker und Politikwissenschaftler Milan Horáček vor meiner Kamera. „Während der kommunistischen Ära wurde alle Schuld auf die Aggressoren, Okkupanten, Faschisten, also Deutschen abgeschoben", sagt mir Horáček, „wir wollen uns daher nicht eingestehen, dass es bei uns Rache an der Zivilbevölkerung gegeben hat, obwohl schon Frieden war." Horáček sieht das größte Problem darin, dass viele Tschechen bis heute nicht glauben können, wie brutal diese Vertreibung war und dass dabei auch Morde verübt wurden. Deshalb habe es sich eben nicht nur um eine Abschiebung von Menschen gehandelt, wie das tschechische Wort „Odsun" glauben machen will, so der Politiker. Milan Horáček emigrierte nach Ende des „Prager Frühlings" nach Deutschland und gründete dort die Grüne Partei mit, für die er im Bundestag und anschließend im Europa-Parlament saß. Er gehört nun der Jury für den Werfel-Preis an. Dass gerade er Vondráček diese Auszeichnung anbot, war für den Regisseur ebenfalls ein wichtiger Grund, sie anzunehmen.

Um mein Porträt über ihn abzurunden, besorge ich mir bei den ARD-„Tagesthemen" in Hamburg Filmmaterial, das einige Wochen vorher in dem kleinen Dorf Dobronín in der Region Jihlava aufgenommen wurde. Es zeigt, wie ein Massengrab geöffnet wird, in dem sich die sterblichen Überreste von mindestens 13 Menschen befinden, höchstwahrscheinlich Männern. Sie wurden in der Nacht vom 19. auf den 20. Mai 1945 vermutlich von betrunkenen tschechischen Revolutionsgardisten ermordet und in dem Grab verscharrt. Jihlava war unter dem Namen Iglau eine deutsche Sprachinsel auf der böhmisch-mährischen Höhe, die Opfer waren mit größter Wahrscheinlichkeit Deutsche im Alter zwischen 30 und 60 Jahren, vermutlich Bauern. Nach Aussagen von Verwandten wurden sie mit Schaufeln und Spaten erschlagen. Die Kriminalpolizei untersucht nun den Fall wegen Mordverdachts.

Massengräber von deutschen Zivilisten in Tschechien, die von tschechoslowakischen Soldaten und selbsternannten Revolutionsgardisten nach dem Krieg getötet wurden, sind bis heute weitgehend unbekannt. Und deshalb Stoff für einen weiteren Film von David Vondráček. „Sag mir, wo die Toten sind", nennt er seine einstündige Fernsehdokumentation in Anlehnung an das Antikriegslied „Sag mir, wo die Blumen sind", das der US-Songwriter Pete Seeger 1955 schrieb und durch Marlene Dietrichs Versionen in deutscher, englischer und französischer Sprache zu einem Welterfolg wurde. Die Deutsch-Tschechische Historikerkommission schätzt, dass bis zu 40.000 Sudetendeutsche bei der Vertreibung ums Leben kamen. „Niemand fragte bisher, wo diese Toten sind", entrüstet sich Vondráček einmal mehr. Vermutlich 3.000 Opfer wurden nicht beerdigt, sondern nach Angaben von Historikern einfach in Wäldern und auf Feldern verscharrt. Daher soll es Dutzende von unmarkierten Massengräbern auf tschechischem Gebiet geben. Der Regisseur nimmt sich besonders Augenzeugenberichte aus Nordböhmen vor, denn dort werden die meisten Gräber vermutet. Ermordete Deutsche sollen auch in einem Bombenkrater nahe des Prager Militärflughafens Kbely verscharrt worden sein. „Die Menschen verhielten sich wie Tiere", empört sich Vondráček, der deshalb fordert: „Der Staat muss eine Untersuchung dieser Massengräber verbindlich regeln." Er will zudem erreichen, dass Kreuze aufgestellt und Entschuldigungen ausgesprochen werden.

Wieder ein Tabu-Bruch von David Vondráček, denn auch dieses Thema wird seit Jahrzehnten in Tschechien totgeschwiegen. Und ein weiterer Beitrag von ihm, um der Debatte über Schuld und Folgen der Vertreibung innerhalb der tschechischen Gesellschaft einen neuen Schub zu geben. „Wir sind das einzige Land, in dem Tausende von Verstorbenen ohne Kreuz oder Denkmal unter der Erde liegen", sieht er geradezu eine Verpflichtung für dieses Werk. Interessanterweise reden Tschechen nun offener über die Vergangenheit als Nachfahren der Sudetendeutschen. „Der Sohn eines Deutschen in Frankfurt ist heute weit über 70 Jahre alt und wollte mir kein Interview geben, weil sein Vater einen Monat nach dem Krieg vor seinen Augen erschossen wurde. Er hat deshalb noch immer Angst vor den Tschechen."

Bevor wir uns trennen, zeigt mir Vondráček voller Stolz ein Foto auf seinem Handy. Darauf ist ein kleines Kind zu sehen. Gerade wurde er zum ersten Mal Vater. Mit 47 Jahren. David Vondráček ist nicht nur als Filmemacher ein mutiger Mann.

In den Fängen der Mafia

„Ich muss weg aus Prag, ganz schnell", stammelt er hastig, „in jedem Fall noch in dieser Woche!" Sein Anruf erreicht mich am frühen Nachmittag. Was um Himmels willen passiert sei, will ich wissen. „Nicht am Telefon", antwortet er leise, „können wir uns irgendwo treffen?" So verhielten sich einst politische Dissidenten in der Tschechoslowakei, wenn sie fürchten mussten, vom kommunistischen Geheimdienst abgehört zu werden.

Ich habe noch einen wichtigen Termin. Deshalb verabreden wir uns für den Abend. Kurz nach 21 Uhr kommt er ins „V sedmém nebi" in der Zborovská, das auf deutsch „Im siebten Himmel" heißt. In diesem Café der alternativen Prager Szene sind wir vor einem halben Jahr erstmals ins Gespräch gekommen. Das „nebi" teilt sich das Erdgeschoss eines Jugendstilhauses mit dem edlen „Savoy". Beide erscheinen wie ungleiche Brüder. Während das „Savoy" ein Kaffeehaus im Alt-Wiener Stil ist und an der Hauptstraße glänzt und funkelt, liegt unser Treffpunkt ums Eck in einer hässlichen Nebenstraße, als ob er sich verstecken müsse. Daher sind wir hier ungestört.

„Also, was gibt's?", frage ich ihn erneut.

„Sie versuchen, mich zu manipulieren", erklärt er mit einer Mischung aus Furcht und Zorn in der Stimme, „und das mit allen Mitteln, ganz massiv."

Mir fällt sofort auf, dass er sich verändert hat. Fortlaufend kratzt er sich an den Armen, außerdem sitzt er nur zur Hälfte auf seinem Stuhl. Gerade so, um bei Bedarf unverzüglich aus dem Lokal fliehen zu können. Zwischendurch springt er tatsächlich immer wieder auf. Der ganze Mensch wirkt fahrig und strahlt enorme Unruhe und Nervosität aus.

„Wer?", hake ich nach.

„Leute, die ich bis vor Kurzem für sehr gute Freunde gehalten habe."

Bei ihnen handelt es sich um zwei Tschechen, die er vor vier Jahren zufällig in einem Lokal auf der Kleinseite traf. Da er ein sehr umgänglicher Typ ist, begann er auch mit diesen Zufallsbekanntschaften rasch eine angenehme Unterhaltung über Prag und das Leben hier. Später liefen sie sich immer wieder über den Weg. Man unterstützte sich mit kleinen Hilfsdiensten und Gefälligkeiten. „Wenn jemand zum Beispiel ein Auto für einen Umzug brauchte", erinnert er sich. Und sie feierten nächtelang in Restaurants und Bars. „Wir kamen, wenn es draußen noch hell war, und wir gingen, als es draußen schon wieder hell war", denkt er beinahe mit Wehmut an diese Tage zurück.

Manchmal erzählte ihm einer der Tschechen von seinen Geschäften, blieb dabei jedoch vage. Der andere hatte irgendwas mit der Filmindustrie zu tun. „Was durchaus stimmen konnte, denn schon bei seinen privaten Festen sah vieles nach Hollywood aus", gibt er an. Neben Porsches und Jaguars standen an solchen Abenden auch Fahrzeuge mit diplomatischen Kennzeichen vor der Tür. Wollten Polizisten ihre Strafzettel an Gästeautos hängen, die auf dem Bürgersteig verbotenerweise geparkt waren, ging einer kurz raus, und die Beamten verschwanden so schnell wie sie gekommen waren. Tschechische Polizisten, die einfach wieder wegfuhren, ohne eine Strafe ausgesprochen oder ein Bestechungsgeld eingesteckt zu haben? „Würde ich keinem Menschen glauben, wenn ich es nicht mit eigenen Augen gesehen hätte", schüttelt er den Kopf.

In bester Feierlaune machten ihm die Tschechen eines Nachts plötzlich ein Angebot. Ob man nicht gemeinsam eine Firma gründen wolle, fragten sie ihn. Für ein Geschäft, das sich für alle lohnen werde. „Ich nahm ihren Vorschlag sofort an", mit der flachen Hand schlägt er nochmals wie zur Bestätigung auf den Tisch, „schließlich sah ich in den Jungs umtriebige und erfolgreiche Kaufleute." Ihm imponierten die vielfältigen Kontakte der beiden. Scheinbar unterhielten sie auch hervorragende Beziehungen in die Politik. Als er einen der Tschechen fragte, wie er den Ausgang der Parlamentswahl bewerte, antwortete der, man müsse erst sehen, wie sich die neue Regierung zusammensetze. „Was wohl heißen sollte, mal abwarten, ob eigene Leute in hohe Ämter kommen", deutet er diese Aussage. Auch in kleine Verwaltungen reichte ihr langer Arm. „Einmal fuhr ein britischer Freund seinen Lamborghini mit Tempo 120 durch Prag, die Jungs telefonierten mit dem Rathaus, und der Brite kam mit einem Bußgeld von 50 Euro davon", erzählt er eine Anekdote, „natürlich nur offiziell, ohne die üblichen Scheine. Aber er durfte seinen Führerschein zumindest behalten, ein Prager sicher nicht."

Für die beiden Tschechen war immer ein Tisch in einem teuren Lokal in der Prager Altstadt reserviert. Dort saßen sie oft mit anderen Tschechen zusammen. Oder mit Ausländern, die er ebenfalls für Geschäftsmänner hielt. Und mit ihren Frauen. Manchmal auch mit anderen Frauen. Sie bezahlten nur am Monatsende. Stets mit einem dicken Scheck. Oft auch für ihn. Großzügig zeigte sich einer von ihnen zudem, als er ihm ein Appartement in einem luxussanierten Altbau in Žižkov kostenlos zur Verfügung stellte. Wenig später vermittelte ihm er noch eine leitende Stelle, mit der er gutes Geld verdienen konnte. So viel uneigennützige Hilfe hätte mich misstrauisch gemacht, werfe ich an dieser Stelle ein. „Möglich, aber mir taten die Tschechen einfach gut", erwidert er. Denn er war in einer schwierigen Situation. Zu Hause hatte er gerade eine leidvolle Scheidung hinter sich. Kostspielig dazu.

Im „V sedmém nebí" hält sich an diesem Abend vor allem junges Publikum auf. Viele sind Stammgäste. Auch der Künstler und Provokateur David Cerný, dessen Atelier in unmittelbarer Nähe liegt und der während der tschechischen EU-Ratspräsidentschaft europaweit für einen Skandal sorgte, weil er in seiner Skulptur „Entropa" alle EU-Staaten karikierte. Der Besitzer hat den Hauptraum in zwei Etagen aufgeteilt, fast wie eine Maisonette-Wohnung. In der Zwischendecke aus Holz klafft ein rundes Loch, durch das futuristisch anmutende Metallgebilde an langen Seilen schweben. Wie Kaulquappen. Oder Spermien, wie Besucher schon lästerten. Eine gottähnliche Gestalt in weißem Gewand und aus Pappe sitzt auf einer Schaukel und blickt gütig nach unten auf die Besucher. Doch für das originelle Interieur hat mein Gesprächspartner kein Auge und für die ungezwungene Atmosphäre keinen Sinn. Wir sitzen im ersten Stock bei düsterer Beleuchtung. Sie passt zu seiner Stimmung.

Nach einer Stunde drängt er zum Aufbruch. Es ist ihm mittlerweile scheinbar unheimlich, zu lange an einem Ort zu bleiben. Wir wechseln ins „Lupe Fiasco" in Anděl, das nach einem US-Rapper benannt wurde. Im Souterrain des Restaurants können wir uns in Ruhe weiter unterhalten, denn dies ist der Nichtraucher-Bereich, und dorthin kommen in Prag immer noch die wenigsten. Die dicken Steinmauern unterbinden sogar einen einwandfreien Handy-Empfang.

Für die gemeinsame Firma besorgte er sich in Deutschland ein polizeiliches Führungszeugnis. Sowie andere Unterlagen, die ein Ausländer für die Gründung einer Gesellschaft in Tschechien benötigt. Die Zustellung verzögerte sich, weil ein tschechischer Postbote seinen Briefkasten nicht fand und die Papiere nach Deutschland zurückschickte. Daraufhin wurde einer der Tschechen fuchsteufelswild. So hatte er ihn bis dahin nie erlebt.

Und dessen Schimpfkanonade wiederholte sich, nachdem er den Job hinschmiss, den ihm der Tscheche verschafft hatte. Der Unternehmenschef habe seine Vorschläge fortlaufend ignoriert, verteidigte er sich. Der sei trotzdem ein guter Freund, und er habe ihn einfach sitzen lassen, tobte der Tscheche. Danach verhandelte er mit einem Autohersteller über einen neuen Auftrag. Da machte ihm der andere Tscheche das Immobilien-Projekt eines Franzosen in Prag schmackhaft. Es ging um den Verkauf von Wohneinheiten in einem Luxus-Ressort auf Curaçao. Er ist nicht nachtragend. Der zweite Mann bot auch keinen Grund dafür. Also akzeptierte er den Posten, der ihm monatlich 30.000 Kronen einbrachte. Nicht viel, aber dennoch mehr als ein durchschnittliches Einkommen in Tschechien.

Vor ein paar Wochen stellte der Franzose seine Zahlungen jedoch ein. Ohne Vorankündigung. Er könne mit dem Projekt nicht genug verdienen, ließ er ihn wissen. Der Mann habe selbst keine Rücklagen mehr, assistierte der Tscheche. Das überraschte ihn sehr. „Ich wusste, dass 70 Prozent der Immobilien schon verkauft waren." Exakt zur gleichen Zeit bedrängten ihn die Tschechen stärker denn je, endlich die gemeinsame Firma zu eröffnen. Als er genauere Angaben zum Inhalt der Geschäfte wünschte, blieben sie eine klare Antwort weiterhin schuldig. Nur eine Information konnte er ihnen entlocken: „Sie werden dir mindestens 500.000 Euro einbringen, in nur zwei Jahren. Vielleicht sogar noch mehr."

Es ist eine halbe Stunde nach Mitternacht und damit schon 30 Minuten über der Zeit, in der das „Lupe" normalerweise schließt. Der Geschäftsführer kam mehrmals die Treppe herunter, wollte unser Gespräch aber aus Höflichkeit nicht beenden. Nachdem die Stühle um uns herum bereits auf den Tischen stehen, deutet er jetzt auf seine Uhr und bittet um Aufbruch. Auf dem großen Platz von Anděl sehen wir uns um. Links gegenüber brennt in der Nádražní-Straße noch Licht, im „Potrefená Husa".

Die moderne Bierstube gleicht einem großen viereckigen Glashaus. Mir fällt ein, dass sie in der Nacht zum Freitag immer bis zwei Uhr morgens geöffnet hat. Das Lokal ist noch voller Gäste, obwohl der nächste Tag ein normaler Arbeitstag ist. Wir bekommen zwei Plätze am Fenster gleich neben der Tür.

Einen guten Durchblick hatten auch die Tschechen bezüglich des Geldes. Dies wurde ihm bewusst, als er beobachtete, dass sie in dem Prager Lokal regelmäßig Umschläge von Arabisch sprechenden Männern in Empfang nahmen. Gefüllt mit einer Unmenge von 500 Euro-Scheinen, wie er erkennen konnte, als sich einer der Tschechen mal zu ihm umdrehte und den Inhalt eines Kuverts rasch nachzählte. Seitdem ist er überzeugt davon, dass sie für die Araber Geld waschen und deren Euros in den normalen Wirtschaftskreislauf einschleusen. Vermutlich mit hohen Provisionen für sich selbst. Einmal war er sogar bei einer Geldübergabe in einer Passage am Wenzelsplatz dabei. Bis heute rätselt er: aus purem Zufall? Oder wollten sie ihn zum Mitwisser machen?

Allmählich durchschaute er ihren Plan für die gemeinsame Firma. Ihm erschloss sich, dass die Tschechen Bilanzfälschungen in großem Stil planten. Sie wollten Waren von Firma zu Firma verschieben und damit gute Geschäfte und hohe Umsätze vortäuschen. Mit diesen getürkten Bilanzen erhofften sie sich Kredite bei Banken, angeblich für neue Investitionen. Dafür war er der ideale Mann. Mit seinem ausländischen Pass und als unbescholtener Bürger galt er bei Behörden und Geldinstituten als vertrauenswürdig und konnte leichter als die Tschechen eine Firma in Prag gründen. Sowie Filialen in mehreren Ländern und weiteren Kontakten zu verschiedenen Bankhäusern. Dazu kamen seine Kenntnisse in fünf Sprachen. Und seine Erfahrungen, die er als eigenständiger Unternehmer gesammelt hatte. Nur in einem Punkt wurden die Tschechen deutlich: „Eines Tages solltest du ganz schnell verschwinden können." Musste er dann mit seinem guten Namen haften? Alle Firmen sollten auf ihn laufen, darauf bestanden die Tschechen. „Nein, für dieses Geschäft bin ich nicht zu haben", winkt er nun ab, „das habe ich den Jungs auch deutlich erklärt."

Als er am nächsten Tag das letzte Honorar des Franzosen abheben wollte, druckte der Bankautomat statt des Geldes einen Schuldenstand von 295.000 Kronen für sein Konto aus. Etwa 12.000 Euro. Er glaubte an ein Versehen. Die Bank verwies auf Mahnungen, die sie ihm in den letzten Wochen vergebens zugesandt hatte. Deshalb hatte sie die Forderung bereits zur Zwangsvollstreckung eingereicht. Die Adresse, an die das Geldinstitut seine Mahnbescheide geschickt hatte, war nicht seine. Sie gehörte vielmehr zu einer Briefkastenfirma in der Prager Innenstadt. In diesem Haus befand sich auch ein Internet-Café. Er kannte es gut, dort trank er öfter einen Cappuccino. Und erst kürzlich hatte er sich vom Besitzer eine Kopie seines Passes anfertigen lassen. „Ich dachte mir, er soll auch ein paar Kronen verdienen, wenn ich schon hier bin", tippt er sich mit dem Zeigefinger an den Kopf über so viel Naivität. Als er ihn zur Rede stellen wollte, erfuhr er vom Nachmieter, dass der Mann außer Landes geflohen sei. Er hatte eine Prager Wohnung in bester Lage mehrfach verkauft und sich mit dem Millionenerlös angeblich auf eine karibische Insel abgesetzt.

Zum Glück kam gerade ein Freund nach Prag, mit dem er lange vorher einen Besuch verabredet hatte. Er half ihm mit 40.000 Kronen aus der Patsche, ohne groß nachzufragen. Nachdem er ihm den Betrag übergeben hatte, gingen sie noch auf ein Bier in den schönen Garten auf der Letná-Ebene. Eine Schlägerei ein paar Meter hinter ihrer Sitzbank lenkte sie ab. „Höchstens für 20 Sekunden", schätzt er heute. Als er sich wieder umdrehte, war seine Tasche mit dem Geld verschwunden. Er fürchtete, Opfer normaler Diebe geworden zu sein. Kurz darauf konnte er in ihrem Stammlokal ausnahmsweise mal einen kleinen Blick auf den Computer eines Tschechen werfen. Der checkte gerade seine E-Mails. Bevor der Tscheche eine neue Nachricht abschickte, erkannte er die Adresse. Sie lautete auf den geflüchteten Besitzer des Prager Internet-Cafés. Wenige Tage später ereignete sich ausgerechnet in diesem Restaurant ein Einbruch. Der Eigentümer gab bei der Polizei zu Protokoll, dass 200.000 Kronen fehlten. Dazu Whisky und andere Spirituosen von der Theke. Und sogar Esswaren aus der Küche. Die Täter hatten es anscheinend nicht sehr eilig. Er verstand genug tschechisch, um zu erkennen, dass seine beiden tschechischen Kameraden und der Restaurant-Chef den Verdacht auf ihn lenkten, den mittellosen Deutschen. Die Überwachungskameras waren zum Zeitpunkt des Einbruchs verdreht worden. Was allerdings keine Rolle spielte, denn das Aufzeichnungsgerät war schon länger defekt.

Ich nehme einen Kugelschreiber und notiere auf einem Stück Papier alle Vorfälle nacheinander. „Ganz schön viele Zufälle in nur vier Wochen, oder?" Er wartet auf eine Bestätigung von mir. Für ihn selbst fügen sich diese Ereignisse jetzt wie Mosaiksteine zusammen. Er kommt zu zwei möglichen Schlussfolgerungen: Entweder haben die Geschäfte der Tschechen unter der Wirtschaftskrise der letzten Jahre gelitten, weshalb sie finanziell unter Druck stehen. Oder sie haben die Araber übers Ohr gehauen. Deshalb wollen und müssen sie einen letzten großen Coup landen. Und dafür brauchen sie ihn.

Dass es in Tschechien mafiöse Strukturen gibt, ist spätestens seit dem Auftragsmord an dem Unternehmer František Mrázek im Januar 2006 bekannt. Er galt als Pate der tschechischen Mafia und hatte schon im Sozialismus lukrative Geschäfte gemacht. Mrázek erklärte seinen Reichtum stets mit Gewinnen aus Spekulationen und Vermittlungen, arbeitete seit Mitte der 1980er Jahre aber auch als „Informant" für die Kriminalpolizei und baute dabei vielfältige Kontakte zur heimischen Verwaltung wie zur Sowjetarmee und zum KGB auf, die er nach der Wende 1989 nutzte. Als „Unternehmer" erwarb Mrázek Anteile an mehreren großen Betrieben mit einem Umsatz von fast 700 Millionen Euro. Bis zu seinem gewaltsamen Tod stand er in Verdacht, sein im Sozialismus erworbenes Vermögen lediglich zu legalisieren.

Wenige Wochen nach der Bluttat an Mrázek kam eine ehemalige Generalstaatsanwältin zu dem Urteil, dass Korruption und Kriminalität die tschechische Gesellschaft erheblich bedrohten. Damals machte auch ein kriminelles Netz aus Berufsgangstern, Elitepolizisten und hochgestellten Beamten Schlagzeilen, weil sie angeblich interne Informationen an Kriminellen verkauft und selbst mit strenggeheimen Unterlagen der Nato gehandelt hatten. Nicht viel später legte der Chef einer Sondereinheit einen Bericht vor, in dem er auf offensichtliche Kontakte des Organisierten Verbrechens zur Staatsverwaltung und das Risiko für Sicherheit und Stabilität des Landes verwies. Die Mafia habe in Tschechien bereits Zugang in die Politik gefunden, erkannten die Verfasser dieses Reports. Zugleich klagten sie über erhebliche Behinderungen bei ihren Ermittlungen durch Politiker.

Weiteres Aufsehen erregte ein Mord im Herbst 2008, als der Geschäftsmann Bohumír Ďuričko den Geschäftsmann Václav Kočka junior in einem Prager Restaurant erschoss. Beide „Unternehmer" pflegten ebenso Umgang mit Leuten aus der Organisierten Kriminalität wie mit Politikern. Sie waren Bekannte von František Mrázek und Gäste des früheren Premiers Jiří Paroubeks, damals Chef der sozialdemokratischen Oppositionspartei, der unmittelbar vor der Tat in dem Gasthaus sein neues Buch präsentiert hatte. Ďuričko war vor 1989 IM der tschechoslowakischen Staatssicherheit und machte danach Geschäfte in der Immobilien- und Gastronomiebranche. Er kannte Paroubek angeblich seit Mitte der 1980er Jahre, als der Politiker noch Manager eines Staatsbetriebes für Gaststätten und Kantinen war. Kočkas Vater betrieb das Messegelände, das er von der Stadt gemietet hatte. Und Paroubek war in den 1990er Jahren Stadtrat für Wirtschaft in Prag. Kočka junior soll bis zu seiner Ermordung Geschäfte mit einem wichtigen Vertreter der Russen-Mafia in Tschechien gemacht haben, der mit zwei Morden in Verbindung gebracht wurde. Der junge Kočka wurde zuweilen selbst als Drahtzieher des Mordes an Mrázek genannt. Beide Kočkas waren Mitglieder bei den Sozialdemokraten. Aber auch Politikern der Bürgerdemokratischen Partei ODS, die mehrere Regierungschefs in Tschechien stellte, wurden Kontakte zu Mrázek nachgesagt. Knapp ein Jahr nach dem Mord an ihm stellte die Staatsanwaltschaft ihre Untersuchungen ein. „Auf Druck von oben", wie damals vermutet wurde. Gleichwohl untersuchten Mitarbeiter einer Polizeieinheit unter der Bezeichnung „Pokr" weitere 35 Morde aus den letzten 15 Jahren, die mit František Mrázek in Verbindung gebracht wurden.

Im März 2011 klagte die Staatsanwaltschaft in České Budějovice (Budweis) 52 Personen wegen Korruption an, dafür hätten sie eine Organisation nach Strukturen der Mafia gebildet. Unter den Angeklagten waren mehrere Beamte des Verteidigungsministeriums, Dutzende von Unternehmern, Angestellten und Rechtsanwälten. Gemeinsam sollen sie Aufträge des Ministeriums im Wert von 300 Millionen Kronen (etwa 12,5 Millionen Euro) durch Absprachen manipuliert und dadurch die Kosten für Sanierungen von Armeegebäuden in die Höhe getrieben haben, um einen Großteil des Geldes selbst einzustreichen. Sorge bereitet der Polizeiabteilung zur Aufdeckung von Organisierter Kriminalität mittlerweile auch die vietnamesische Mafia. Eine Gruppe namens „Bo Doi" erpresst seit Jahren Landsleute, die Kosmetik- und Lebensmittelläden betreiben. Sie müssen bis zu 40 Prozent ihres Gewinns als Schutzgeld an die Bande abgeben, die aus früheren Elitesoldaten bestehen soll.

Die Bandenmitglieder leben unauffällig innerhalb der vietnamesischen Gemeinde in Prag, die einen geschlossenen Zirkel bildet, weshalb die tschechische Polizei nur spärlich an Informationen kommt. Immerhin weiß sie, dass Entführungen und Morddrohungen als Mittel eingesetzt werden. „Bo Doi" soll zudem bei tschechischen Besitzern von Nachtclubs und Diskotheken Schutzgelder für eine „Objektsicherung" eintreiben.

„Dabei sehen sie so harmlos aus", fährt mein Gesprächspartner fort, „einer ist sehr hager und trägt immer schwarze Klamotten. Und der andere wirkt so gutmütig, in seinen kurzen Sommerhosen bis zum Knie, mit seinem Bauchansatz und dem netten freundlichen Lachen." Jetzt fällt mir ein, dass ich die beiden schon mal mit ihm gesehen habe, in einem Café auf der Kleinseite. Tatsächlich machten die Tschechen einen biederen und farblosen Eindruck auf mich, weshalb ich diese Begegnung auch alsbald vergessen hatte. Er ist nun ohne Einkommen und nach seiner Scheidung ohne Ersparnisse. Trotzdem verlangte einer der Tschechen unvermittelt seine Kaution für die Luxus-Wohnung zurück: 50.000 Kronen. Mehr als 2.000 Euro. Von ihm vermutete er schon eine Weile, den Franzosen genötigt zu haben, seine Zahlungen an ihn einzustellen.

„Könntest du nicht die tschechische Polizei um Hilfe bitten?", rege ich an.

„Ich stehe doch bei denen selbst auf dem Radar", kontert er. Die Polizei hatte ihn aufgefordert, nach dem Einbruch in dem Restaurant nicht außer Landes zu reisen. „Außerdem", er reibt Daumen und Zeigefinger aneinander und verzieht dabei den Mund zu einem sardonischen Grinsen, „mir fehlt gerade das nötige Kleingeld, um dort etwas zu reißen..." Nicht zu ihr zu gehen, erscheint ihm auch deshalb ratsam, weil seine Tschechen Mitglieder einer internationalen Polizei-Föderation sind. Von ihr besitzen sie Ausweise, mit denen sie sich selbst als Polizisten ausgeben können. Medaillen dieser Organisation hängen in ihren Autos. Außerdem gibt es noch diesen ehemaligen Polizisten, der in der kommunistischen Ära ein hoher Offizier gewesen sein soll. Für die Tschechen regelt er zuverlässig alle Probleme mit Behörden und Genehmigungen. Der Alt-Kommunist ist auch Mitglied in einem Business-Netzwerk, das sie in den letzten Monaten auf LinkedIn im Internet aufbauten. Solche Projekte waren in Prag zuvor regelmäßig gescheitert, bei ihnen wuchs die Zahl der Mitglieder rapide auf 600 Personen an.

Schon länger fühlte er sich verfolgt und beobachtet. Manchmal sah er auffällig unauffällige Gestalten an der Straßenecke vor dem Lokal stehen. Noch in bestem Glauben hatte er dies dem scheinbar so Gutmütigen mitgeteilt. Der lächelte nur nachsichtig. Eines Tages wurde er im Altstädter Restaurant in der Toilette eingeschlossen. Er musste den Barkeeper mit seinem Handy rufen, damit er ihn aus der misslichen Lage befreite. Den Tschechen erzählte er lieber nichts davon, um sich nicht wieder zum Gespött zu machen. Danach verriegelte er seine Wohnung jedoch bis zum Anschlag und steckte den Schlüssel zudem schief ins Schloss, damit niemand von außen öffnen konnte.

Die Uhrzeiger im „Husa" stehen fast auf zwei, vor der Tür laufen kaum noch Passanten übers Pflaster. Plötzlich ertönt ein lauter Knall. Mit schnellem Reflex duckt er sich tief auf den Tisch. Er fürchtet augenscheinlich, dass jemand auf ihn geschossen hat. Dabei ist auf der Straße nur eine Mülltonne vom Wind umgestoßen worden und krachend zu Boden gefallen.

In seiner Not suchte er Rat bei der Botschaft. Dort verwarf man seine Idee, juristische Mittel gegen seine vermeintlichen Kreditschulden von 295.000 Kronen zu wählen. Gebühren und Anwälte würden ihn kaum weniger kosten, erläuterte ein Mitarbeiter mit Erfahrung, zudem liege seine Erfolgschance bei höchstens 30 Prozent. „Ich habe das Geld nie gehabt. Warum soll ich jetzt für die Schulden eines anderen aufkommen?", kläfft er mich an, und mehr noch sich selbst. In dieser Sekunde verwandelt sich seine Angst zu Trotz. Nach der Visite in der Botschaft war sein Kampfgeist erwacht: „Ich weiß, wo ihre Autos stehen, was sie auf welchen Computern gespeichert haben, und noch viele andere Details." Kurz dachte er deshalb daran, bei Interpol auszupacken und all seine Informationen preiszugeben. Dann fiel ihm ein, dass der Alt-Kommunist einmal damit geprahlt hatte, seine Schwägerin sei die Chefin von Interpol Prag. „Mag stimmen oder nicht, es bleibt ein Risiko", grübelt er. Seine Situation wurde nicht dadurch besser, dass der Hagere plötzlich verschwunden war. Angeblich nach Südafrika. Wie er hörte, sollen ihm die tschechischen Finanzbehörden auf die Spur gekommen sein. Er bekam mit, dass der Tscheche bereits einige Jahre im Gefängnis in Pankrác gesessen hatte, aber selbst von dort weiter seinen Geschäften nachgegangen sein soll. Über das Netzwerk, zu dessen Veranstaltungen sogar Referenten aus den USA eingeflogen waren, blieben noch immer genügend Freunde übrig, die seine Feinde sein konnten. Von dem anderen Tschechen ganz zu schweigen.

Lange ist er mit den Tschechen mitgeschwommen, jetzt traut er ihnen nicht mehr über den Weg. Schlimmer noch, er fürchtet um sein Leben. Wie verzweifelt er ist, zeigt sich, als er im „Husa" mit zitternder Stimme fragt: „Kannst du mir etwas Geld leihen? Ich kenne sonst niemanden mehr, den ich darum bitten könnte." Er blickt mich mit traurigen Augen an. „300 Euro würden reichen, damit könnte ich einen Bus ab dem Bahnhof Florenc ins Ausland nehmen, dort fürs erste ein kleines Hostal beziehen und mich in den nächsten Tagen ohne Sorge nach einem Job umsehen."

Ein paar Stunden später verlässt er Prag.

p.s.: Ich lauschte seinen Ausführungen mit atemloser Spannung. Stimmten seine Mutmaßungen, dann hatten die beiden Tschechen immer stärker Druck auf ihn aufgebaut und Abhän-

gigkeiten geschaffen. Ohne jeglichen Einsatz von Gewalt versuchten sie, ihn zielstrebig in ihre Hand zu bekommen, damit
er ihr Angebot annahm. Handeln Kriminelle tatsächlich nach
solch einem ausgeklügelten Plan, wie er ihn mir beschrieben
hat? Kurz nach seiner Abreise aus Prag trage ich seinen Fall
Uwe Dolata vor. Er ist Experte für Organisierte Wirtschaftskri-
minalität im Bund Deutscher Kriminalbeamter. Der Fachmann
bestätigt die Angaben. „Solch eine subtile Vorgehensweise
durch Mitglieder der Organisierten Kriminalität, wie hier ge-
schildert, ist kein Einzelfall", sagt mir Dolata, „sie ist vielmehr
in verschiedensten Formen hinreichend bekannt."

Mein Gesprächspartner ist noch immer auf der Flucht. Deshalb habe ich darauf verzichtet, ihn namentlich zu benennen.
Ebenso wenig seine beiden tschechischen Bekannten. Sie leben
weiterhin in Prag.

Was für ein Theater!

Noch immer die gleiche Stimme. Doch plötzlich ein anderer Name. „Kinského zahrada", tönte die Unbekannte stets, bevor die Straßenbahn an dieser Haltestelle stoppte. Sinnvollerweise, denn kaum 50 Meter weiter ist der Eingang zum großen Kinsky-Garten. Nun quäkt sie „Švandovo divadlo" durch den Lautsprecher. Auch richtig, denn die Tram-Station befindet sich direkt vor dem Švandovo-Theater. Das war aber schon immer so. Warum also die Umbenennung?

„Drei Jahre lang habe ich darum gekämpft, dass diese Haltestelle wie unser Theater heißt", liefert mir Daniel Hrbek den Grund und lehnt sich zufrieden auf dem knarrenden Holzstuhl in seinem Büro zurück. Unverdrossen rannte er Türen ein, bis die Stadtverwaltung endlich seinen Wunsch erfüllte. Darüber freut sich der Theaterdirektor jetzt diebisch: „Wir werden dadurch mit Sicherheit noch bekannter."

Die Straßenbahn-Station ist nur ein Mosaikstein. Hrbek sieht sich nicht als Kulturschaffender, sondern als Spiritus Rector seines Hauses. In dieser Rolle kämpft er geradezu verbissen darum, mehr Besucher für sein Theater zu begeistern. Deshalb hat er auch die Außenansicht des Gebäudes auffallend verändert. Hrbek ließ einen großen Leuchtkasten über dem Eingang installieren. Mit starken Neonröhren, durch die der rote oder schwarze Schriftzug mit dem aktuellen Programm hell erstrahlt. „Nun sieht unser Theater nachts aus wie die Häuser am Broadway", stellt er einen protzigen Vergleich an. „Und durch die wechselnden Programme erhält es praktisch jeden Tag ein neues Gesicht."

Diese Neugestaltung hatte das Švandovo-Theater allerdings dringend nötig. Ohne sie würde es von außen nur wie ein einfaches Mehrfamilienhaus aussehen. Und selbst mit ihr kann sich der schlichte Bau mit den wuchtigen und repräsentativen Häusern des divadlo na Vinohradech (Theater in den Weinbergen) oder gar des Národní divadlo (Nationaltheater) kaum vergleichen. Deshalb wirbt Hrbek noch mit einem anderen Angebot: „Švandovo ist das einzige Theater in Prag, das seine Produktionen mit englischen Übertiteln spielt." Damit will er mehr ausländische Gäste der Stadt anlocken. Demnächst möchte er es auch mal mit deutschen Titeln versuchen.

Der Theaterleiter scheut keinen Marketingtrick, denn er hat eine große Aufgabe zu bewältigen. Prag ist ein Paradies für Theaterfreunde. Hrbek schätzt, dass Bühnen und unabhängige Gruppen jeden Tag mehr als 100 Aufführungen in der tschechischen Hauptstadt anbieten. Eine gewaltige Konkurrenz, gegen die er sich und seine Einrichtung tagtäglich neu behaupten muss. Švandovo existiert seit beinahe 130 Jahren und ist damit das drittälteste Theater der Stadt. Doch Tradition allein garantiert ihm keine Zukunft. „Nur wenn ein Theater lebt und niemals schläft, findet es auch genügend Interesse und Besucher", lautet Hrbeks Credo. Er trägt es etwas pathetisch und fast inbrünstig wie ein Schauspieler vor.

Dafür setzt er auf seinen schier unbegrenzten Einfallsreichtum. „Wir wollen mehr sein als nur ein Theater", erläutert mir Hrbek seinen Masterplan, „wir sind quasi das Kulturzentrum für diesen Stadtteil." Švandovo liegt in Prag 5, nach Fläche und Einwohnerzahl einer der größten Stadtbezirke der Hauptstadt und vollständig auf der linken Seite der Moldau angesiedelt. Dies hat für seine Bewohner Vorteile. Hier leben sie weitgehend abseits der touristischen Ströme und sind dennoch mit der Metro oder Straßenbahn in wenigen Minuten im Zentrum. Gemeinden, die früher selbständig waren, wurden zu Prag 5 vereint. So Košíře, im Mittelalter zum großen Teil im Eigentum von Kaiser und Kirche. Und Motol, im 18. Jahrhundert im Besitz des Malteserordens und seitdem mit fast konstanter Einwohnerzahl. Ebenso Jinonice-Butovice, schon in einer Gründungsurkunde von 1088 erwähnt und damit die älteste Gegend des Bezirkes.

Zentraler Teil von Prag 5 ist jedoch Smíchov. Im Mittelalter gab es hier Weinberge und Hopfenfelder sowie Wassermühlen an der Moldau. Ende des 16. Jahrhunderts schufen sich Stadtbürger und Adelige in dem Viertel ihre Lusthäuser. Auch große Gemüsegärten, kleine Geschäfte und Märkte prägten lange das Bild, bis ein imposanter industrieller Aufschwung einsetzte. Schon im 18. Jahrhundert entstanden erste Manufakturen, ab dem frühen 19. Jahrhundert mussten Gärten und Lusthäuser dann einer immer größeren Zahl von Fabriken weichen. Dort wurden Textilien und Kartons hergestellt, später auch Metall verarbeitet. Aus diesem Grund nannte man Smíchov damals „hundertschlötiges Manchester". Diese Industrialisierung weckte auch das Interesse von Schriftstellern. In seinem Gedicht „Hinter Smíchov" beschrieb Rainer Maria Rilke in wenigen Worten wunderbar, welche Folgen sie für die Menschen hatte. Rilke, 1875 in Prag geboren, verbrachte den Sommer 1891 in der Smíchover Villa seines Onkels und besah sich während dieser Monate den Ort genau. Eine weitere Dichtergröße des Viertels war Jakub Arbes, der im 19. Jahrhundert das mystische und magische Prag treffend beschrieb und dessen Denkmal nur wenige Schritte vom Švandovo-Theater entfernt in einem nach ihm benannten kleinen Park steht.

Alle eigenständigen Gemeinden gingen 1922 in Groß-Prag auf. Mit dem Wandel der Hauptstadt veränderte sich auch Prag 5. Gleichzeitig mit den Produktionsstätten wurden viele

Wohnhäuser und Arbeiterkolonien errichtet. Anschließend bauten Kommune und Bewohner neue Einfamilienhäuser auf Grünflächen und Hängen von Smíchov und Košíře, ebenso Villen und Mietwohnungen. Der Verkehr nahm zu, neue Brücken verbanden den Stadtteil mit der Kernstadt. Der fünfte Bezirk wurde moderner, bis der Zweite Weltkrieg diese Entwicklung unterbrach. Wohnungsmangel in den Nachkriegsjahren führte dazu, dass auch hier kleinere Plattenbausiedlungen in die Landschaft gesetzt wurden. „Der Stadtteil hat so viele unterschiedliche Bewohner und Besucher", stellt der Theaterdirektor fest, „und wir wollen möglichst viele mit unseren Angeboten erreichen." Keinesfalls soll Švandovo ein Haus für eine kleine Kulturelite sein. Daher programmiert Hrbek ein breites Angebot: Konzerte für jüngere wie ältere Besucher, Talkrunden mit prominenten Gästen wie Václav Havel und Lou Reed, Aufführungen ausschließlich für Kinder, Tanz- und alternative Stücke für ein „special-interest"-Publikum.

Smíchov war ab 1850 die zweitälteste Vorstadt Prags. Deshalb baute man ein Rathaus in der Štefánikova, einer Hauptstraße von Prag 5. Nur einen kurzen Fußmarsch davon entfernt liegt das Švandovo-Theater. Hrbek sieht in dieser geographischen Lage einen Wettbewerbsvorteil. „Wir sind das einzige große Theater auf der linken Seite der Moldau, unser Einzugsbereich umfasst somit den gesamten Westen der Stadt wie auch die Randbezirke dahinter." In einer Umfrage hat der Theaterchef ermittelt, dass viele Besucher aus der unmittelbaren Umgebung kommen. „Sie sind einfach stolz auf ihr Theater, ebenso wie die Stadtväter." Zudem profitiert sein Haus von der enormen Entwicklung des Stadtteils. Smíchov wuchs in den letzten Jahren zu einem bedeutenden Dienstleistungszentrum Prags heran, mit zahllosen Büros und Einkaufsläden. „Immer mehr Leute kommen in ihrer Mittagspause an unsere Kasse und kaufen sich ihre Eintrittskarten."

Viele sitzen schon am Abend im Hauptsaal auf einem der 300 Plätze. Oder in der Studiobühne, die 60 Plätze umfasst. „Sie liegt vier Meter unter dem Spiegel der Moldau und eignet sich schon deshalb vorzüglich für Underground-Kultur", lacht Hrbek. Sogar seine Hauswand im Gang nutzt er als Kulturplattform. Sie dient oft Malern als Versuchsfläche für ihre Bilder. Ein Café im Erdgeschoss soll Treffpunkt und Kulturforum zugleich sein. Der ehrgeizige Theatermacher wünscht sich, dass „Musiker dort mit Besuchern von Musikstücken zusammenkommen oder Musiker mit Besuchern der Theater-Aufführungen." Hrbek hält sein Café mit 50 Sitzen für eine moderne und sehr lebendige Stätte. Ich möchte dort jedoch nicht allzu lange ausharren. Denn der Raum ist nur schwach beleuchtet, wie viele alternative Kaffeehäuser Prags. Schwarz-weiße Fliesen auf dem Boden und dunkelbraune Möbel verbreiten dazu eine ausladende, geradezu düstere Atmosphäre. Dunkelblaue Strahler unter der Theke verstärken diesen Eindruck weiter. Das Theater-Café von Švandovo wirkt auf mich eher kühl als cool. Möglicherweise auch deshalb, weil ich dort einige Monate zuvor viel Zeit mit Hrbeks Pressesprecherin vergeudete, die mir kaum etwas mitzuteilen hatte.

Nun will ihr Chef nicht mehr damit aufhören, sein Theater wortreich anzupreisen. Doch er kündigt nicht nur Ideen an, sondern hat Ergebnisse vorzuweisen. Regelmäßig schickt er seine Mannschaft raus aus dem Haus und auf öffentliche Plätze. Im Herbst lud er Kinder auf eine Moldau-Insel ein. Noch am gleichen Abend veranstaltete Hrbek in seinem Theater eine „Nacht der offenen Tür". Jedes Jahr spielt sein Ensemble mit 16 festen Künstlern zudem im Stadtteil Barrandov, als Filmstadt weithin bekannt. Getreu seinem Motto: „Wir wollen auch ein Theater außerhalb des Theaters sein." Hrbek und seine Mannschaft streben an, fester Bestandteil im Leben der Bürger zu werden. Zumindest in Prag 5. Besser noch in ganz Prag. „Kommt zu uns", würde ihnen der Direktor am liebsten jeden Tag zurufen, „oder wir kommen zu euch." Das klingt fast wie eine Drohung, bedeutet aber lediglich, dass Hrbek mit seinem Švandovo-Theater keinesfalls ein Schattendasein in Prag führen will. Deshalb muss er sich und seine Leute immer wieder in Erinnerung bringen. Dafür setzt der Theaterchef viel Energie ein. Unermüdlichen Einsatz erwartet er auch von seinen Mitarbeitern. Nur auf diese Weise glaubt Hrbek, seinem Haus in der ausufernden Prager Theaterlandschaft das Überleben sichern zu können.

Der kleine kräftige Mann mit den schütteren dunkelblonden Haaren war zunächst Schauspieler und arbeitete an Theatern in Šumperk, Olmütz und Prag. 1994 gründete er die freie Bühne „CD 94" in der Celetná-Straße unweit vom Altstädter Ring gründete. Schon dort fiel er durch seine Umtriebigkeit auf. Hrbeks Adaption der Komödie „Jeppe of the Hill" des dänisch-norwegischen Dichters Ludvig Holberg wurde auch auf dänischen Bühnen gespielt. Zudem rief er ein Internationales Theaterfestival und eine Sommerakademie ins Leben, die jährlich in der gesamten Republik stattfand. Anschließend bewarb er sich um den Chefposten im Švandovo-Theater. Hrbek gewann die Ausschreibung gegen zahlreiche Konkurrenten, wohl auch wegen seiner vielen Einfälle und Ambitionen. Mit 28 Jahren wurde er der jüngste Theaterchef in Prag.

Den Schritt vom unabhängigen zum offiziellen Theaterbetrieb hat er nicht bereut. Drei Jahre lang durfte Hrbek zunächst das Gebäude an der Hauptstraße von Prag 5 nach seinen Vorstellungen rekonstruieren. „Eine tolle Aufgabe", blickt er zurück, „heute sieht das Theater genau so aus, wie ich es mir gewünscht habe." Nur sein Büro mit dem alten Holzmobiliar, einem übervollen Schreibtisch und den Theaterplakaten an ungestrichenen Wänden wurde bei der umfassenden Sanierung scheinbar vergessen. Vermutlich will Hrbek seine ganz persönliche Arbeitswelt aber auch genauso haben.

Nach der Wiedereröffnung begannen die Beschäftigten im Švandovo „wie Kinder in der Schule", sagt der Theatermann. „Wir hatten zunächst rein gar nichts." Bis auf ein neues Gebäude. Das war allerdings schon eine Menge. Es musste nur mit Leben gefüllt werden. Deshalb sah es Hrbek als seine wichtigste Aufgabe an, zunächst seine Leute zu motivieren und für soziale Nähe unter den über 70 Angestellten zu sorgen. Und er startete eine große Werbekampagne. Hrbek ließ Grafiker in einem Wettbewerb ein neues Logo gestalten. Auf den ersten Blick könnte man es als teufelsähnliche Gestalt deuten, die zu einem Sprung ansetzt. Falsch, sagt Hrbek. Nach dem Vorbild der Commedia dell'arte zeige es die expressionistische Geste eines Schauspielers. Diese Bedeutung bleibt vielen Betrachtern verschlossen, auch mir. „Immer wieder werden wir nach dem Sinn des Objektes gefragt", bestätigt Hrbek. Weshalb er seinen Werbefeldzug durchaus nicht für gescheitert ansieht: „Damit halten wir uns ebenfalls im Gespräch."

Anschließend kümmerte er sich darum, Geld zu beschaffen. Das hat sich für ihn bis heute nicht geändert. Wegen seines Ziels, immer mehr Besucher anzusprechen, verkauft der Theaterdirektor seine Tickets ungewöhnlich preiswert und mit vielen Vergünstigungen. Auch aus sozialer Verantwortung. „Die Leute haben mit ihren Steuern schon unsere Subventionen finanziert, mit ihrer Karte sollen sie nicht zum zweiten Mal bezahlen müssen." Sein Rezept geht scheinbar auf. Švandovo zählte in einem Jahr 70.500 Besucher und erreichte damit eine Auslastung von respektablen 78 Prozent. „Dies gelingt uns aber nur, weil wir eben niemals Pause machen und selbst im Sommer oft ausverkauft sind", bilanziert diesmal der Geschäftsmann Hrbek nüchtern. Sein Jahresbudget betrug rund 40 Millionen Kronen (etwa 1,6 Millionen Euro), der Verkauf von Eintrittskarten steuerte 13 Millionen dazu bei. Aus Vermietungen nahm er weitere 2,5 Millionen Kronen ein. „Damit ist das London Theatre gegenüber uns ein armer Schlucker", vergleicht Hrbek und kann seinen Stolz darüber nur schwer verbergen.

Seine Sorge um ausreichende Finanzmittel mindern Sponsoren etwas, darunter international bekannte Unternehmen. „Sie rufen uns an, nicht mehr umgekehrt, das beweist mittlerweile unseren guten Ruf", freut sich Hrbek über die verbesserte Außenwirkung seines Hauses. Die Hauptlast von Švandovo trägt noch das Rathaus, weitere Unterstützung erhält er von der Stadtteil-Verwaltung und vom Staat. „Okay, ich muss um dieses Geld kämpfen, etwas dafür anbieten", sagt Hrbek, „aber ich habe es einfacher als für die freien Theatergesellschaften in Prag." Vor allem, weil er seine Programmideen trotzdem zu 100 Prozent umsetzen kann. Dennoch sähe er Vorteile darin, wenn sein Theater von einer privaten Gesellschaft getragen würde. „Damit reduzieren sich lange Entscheidungswege." Hrbek muss sich noch alle Ausgaben über 40.000 Kronen genehmigen lassen. Solch eine Konstellation würde auch seine eigene Position verbessern. Dann könnte ihn der Oberbürgermeister als Vorgesetzter nicht mehr zu jeder Minute auf die Straße setzen. Allerdings könnte sich damit die Finanzierung gravierend verändern. Und möglicherweise müsste er sein Programm stärker an das der freien Theater anpassen.

Seit Jahren wird in Prag darüber diskutiert, die Subventionierung der Theater neu zu ordnen. Die Politik will allen Einrichtungen die gleiche Möglichkeit geben, an Geld zu kommen. „Richtig so", befindet Hrbek, „denn für Künstler auf unabhängigen Bühnen ist das Leben ein Horror." Dies hat er am eigenen Leib erfahren. „Das Problem wird nur sein, welche Leute darüber entscheiden", schränkt der Theatermann ein. Schon 2008 rief ein Plan stürmische Proteste hervor. Der Prager Stadtrat hatte beschlossen, alle Theaterbühnen der Hauptstadt nach einem einheitlichen System zu unterstützen und Subventionen pro verkaufter Eintrittskarte zu gewähren. Weil damit kein Unterscheid mehr zwischen privaten Kommerztheatern und Non-Profit-Ensembles gemacht würde, demonstrierten zahlreiche Künstler vor dem Magistrat. Im Gepäck hatten sie die Petition „Für ein Prag der Kultur", die mehr als 14.000 Unterstützer fand. Die Gegner argumentierten, dass Theater deshalb kurzfristig schließen müssten. Dagegen betonten Befürworter, dass die letzten Theaterbühnen Prags den Politiker entzogen und nur noch von Fachleuten bewertet würden, weshalb das neue System gerechter und transparenter sei. Knapp drei Jahre später, im Februar 2011, erhitzten neue Reformpläne die Gemüter. Diskutiert wurde neben dem Finanzierungsproblem nun auch ein Zusammenschluss von Häusern. Eine Kommission soll ein neues Konzept erarbeiten, Änderungen sollen in den nächsten beiden Jahren herbeigeführt werden. Ob es wirklich dazu kommt, ist bei der oft wechselnden politischen Konstellation in Tschechien zweifelhaft.

Daniel Hrbek wird diese Entwicklung weiterhin sehr aufmerksam beobachten. Er wurde 1971 in Olmütz geboren und studierte an der Theaterfakultät der Akademie der Musischen Künste in Prag. Dort lehrt er seit dem Jahr 2000 selbst. Seine Amtsführung als Theaterchef nennt er „progressiv". Diese Definition bezieht Hrbek sowohl auf den internen Umgang mit seinen Mitarbeitern wie auf die PR-Arbeit nach außen. Als Programmgestalter führt er aktuelle und kontrovers diskutierte Stücke auf. Prinzipiell ist seine Auswahl jedoch eher konservativ. „Shakespeare hat alles und ist mehr als vieles heute", bringt er sie auf den Punkt. Was ihn nicht daran hindert, Stücke von ihm oder von Molière in moderner Interpretation aufzuführen.

Gerne und öfter würde er neue Stücke von tschechischen Dramatikern berücksichtigen. „Doch sie sind schwer zu finden." Der Not gehorchend griff er unlängst auf „Zebrácká Opéra" („Bettleroper") zurück, ein satirisches Lehrstück über die Allmacht des Polizeistaats, das Václav Havel 1975 in Prag nach

John Gays „Beggar's Opera" adaptierte. Damals wurde es nur einer Vorstellung von den Kommunisten verboten, nach der Wende überließ Havel die Filmversion seiner Inszenierung dem renommierten tschechischen Regisseur Jiří Menzel. Hrbek war mit dem Stück meist ausverkauft. Was keinen mehr überraschte als ihn selbst. „Schließlich ist das Drama schwere Kost", wundert er sich immer noch über den Erfolg.

Daniel Hrbek und sein Team sind äußerst produktiv. Sechs Premieren führt das Švandovo-Ensemble pro Jahr auf, mit Gästen aus der gesamten Tschechischen Republik wie aus Russland, Polen, England oder Deutschland. „Wir sehen uns als ein Kultur-Center im europäischen Kontext", billigt Hrbek seinem Haus eine internationale Rolle zu. Es sorgt für rund 470 Kulturevents im Jahr. „So viele wie wohl in keinem anderen Prager Theater", lobt sich der Chef selbst. Beinahe jeden Tag werden beide Bühnen bespielt, ebenso das Café, das zu jeder Tages- und Nachtzeit geöffnet hat. Und Ideen werden Daniel Hrbek sicher auch in Zukunft nicht ausgehen. So plant er, jeden Monat Stummfilme mit Improvisationen von Musikern aus ganz Europa zu verbinden. Und Verwandte berühmter Persönlichkeiten zu Gesprächsrunden einzuladen, etwa den Bruder von Paul McCartney.

Das Švandovo-Theater trug schon im 19. Jahrhundert entscheidend dazu bei, dass Smíchov kein reines Industrieviertel blieb, sondern alsbald auch ein reiches Kulturleben hatte. Das Haus wurde am 1. Oktober 1881 von Pavel Švanda von Semčiče gegründet, einem Theater-Pionier, der zuvor Direktor einer frühen tschechischen Tournee-Theatergesellschaft war. Eine entfernte Verwandte von ihm ist heute Mitglied in Hrbeks Ensemble. Gemeinsam mit seiner Frau Eliška Pešková spielte Švanda zunächst in hölzernen Arenen im Garten des Hauses „U Libuše", dem heutigen Theatergebäude, das ihm anfangs nur als Winterasyl diente. Im Sommer trat seine große Gesellschaft in dem riesigen weißen Kasten gegenüber auf, der damals eine Militärkaserne war und heute ein Justizpalast ist. Nach dem endgültigen Einzug 1886 änderte das Theater mehrfach seinen Namen. Darüber geriet Gründer Pavel Švanda, der 1891 verstarb, zeitweise völlig in Vergessenheit. Zwischen 1908 und 1922 hieß es schlicht „Intimes Theater".

Nach dem Krieg geriet das Haus in den Strudel politischer und sozialer Veränderungen und erhielt vom kommunistischen Kulturminister Zdeněk Nejedlý ab September 1945 die Bezeichnung „Realistisches Theater". Es widmete dem Politiker nach seinem Tod 1962 gar eine Büste im Foyer. Sie wurde allerdings 1989 gestohlen, man weiß bis heute nicht, ob von Gegnern oder Anhängern der Kommunisten. Das Gebäude wurde in den 1990er Jahren umfassend erneuert und unter dem Namen „Labyrinth" als Kunstzentrum links der Moldau im Januar 1992 wiedereröffnet. In den folgenden Jahren kamen ein Nachbargebäude und ein zweiter kleinerer Eingang hinzu. Nach einer weiteren Rekonstruktion erinnert sich das Theater seit Dezember 2002 wieder seiner Geschichte und heißt seitdem erneut Švandovo.

Beinahe in Rufweite dazu liegt das große Nationaltheater auf der anderen Seite der Moldau. Ein übermächtiger Konkurrent für Daniel Hrbek? „Der Kampf hat Geschichte", wiegelt er ab, „schon Švanda wurde im 19. Jahrhundert untersagt, tschechische Premieren aufzuführen, weil die Regierung dieses Privileg dem Nationaltheater vorbehalten wollte." Heute sei das Verhältnis entspannter. „Wir sind keine Konkurrenten mehr", behauptet der selbstbewusste Theaterdirektor. Zumindest solange er auf dem linken Ufer der Moldau das Sagen hat.

Eine (fast) normale junge Frau

Mit wie vielen Männern sie schon Sex hatte? Die bildhübsche Blondine blickt zur Zimmerdecke und überlegt kurz. „Vielleicht 70", antwortet sie, „ich habe nicht mitgezählt." Gleich darauf formt sie ihren Mund zu einer missfälligen Schnute. „Aber selbstverständlich nur beruflich." Darauf legt die junge Frau Wert. „Privat waren es natürlich weniger."

Was ist der Unterschied? „Der Job verlangt feste Posen für Kamera und Licht." Sie reckt beide Arme zur Demonstration halb in die Höhe. „Privat kann man den Sex dagegen einfach nur genießen." Die Tschechin, die sich Tarra White nennt, hat einen ungewöhnlichen Beruf: Seit über vier Jahren verdient sie ihr Geld als Porno-Darstellerin. „Mein Traumjob", stellt sie fest. Schon als Fünfjährige habe sie nackt vor Spiegeln posiert. „Ich denke, ich bin mit einer besonders starken Sexualität geboren worden." Und scheinbar mit dem Gefühl, sie aller Welt zeigen zu müssen.

Kann solch ein Job tatsächlich Spaß machen? „Wenn es eine hochwertige teure Produktion einer guten Firma ist, dann schon", schränkt sie ein. Und wenn nicht? „Dann ist es knallharte Arbeit." Zum Glück habe sie lange getanzt und daher einen guten Körper und viel Kondition, beurteilt Tarra White nüchtern ihre Vorzüge. Fraglos falle ihr dieser Beruf leichter, als in einem Büro acht Stunden hinter einem Computer zu sitzen. „Und ich muss auch nicht jeden Tag arbeiten", ergänzt sie.

Im Alter von 13 Jahren habe sie sich schon gemeinsam mit Freunden Pornos reingezogen, sagt Tarra White. Da sei der Entschluss gereift, nach dem Gymnasium das eigene berufliche Glück in dieser Branche zu suchen. Und darin ein Star zu werden. Als sie 18 war, gab ihr eine Freundin die Visitenkarte eines populären tschechischen Porno-Filmers, den sie in einer Diskothek kennen gelernt hatte. Mit dem Rat, ihn keinesfalls aufzusuchen. Tarra White ging trotzdem hin. „Jetzt ist sie Tschechiens beste Porno-Darstellerin", urteilt Ivana Mattei, die erfolgreichste Porno-Produzentin des Landes, „man sieht ihr die Begeisterung für diese Arbeit an."

Matteis Einfamilienhaus erfüllt mehrere Zwecke. Dort befindet sich ihr Büro, sehr schlicht und zweckmäßig eingerichtet, mit einem großen Schreibtisch, einem Ledersessel für die Chefin und zwei Stühlen. Dahinter ist das Arbeitszimmer ihrer drei Angestellten, die vor Bildschirmen hocken. Um die Ecke liegt das Herzstück des Gebäudes, ein Lagerraum, in dem sich Tausende von DVDs und Video-Cassetten ihrer Firma „bohem" stapeln. Die Wohnräume im ersten Stock nutzt die Mitvierzigerin nicht nur für sich, manchmal dreht sie in ihrem Schlafzimmer auch einen Porno mit Akteuren aus dem In- und Ausland. Ihr Geschäft hat sich in Tschechien etabliert. Auch der Porno-Branche kamen die liberaleren Gesetze nach der Revolution 1989 zugute, seitdem hat sie sich zu einem prosperierenden Wirtschaftszweig entwickelt. Davon profitiert vor allem Ivana Mattei. Schon seit 1993 stellt sie Pornos in Tschechien her, seit 13 Jahren veranstaltet sie zudem Erotic-Shows in Prag und anderen tschechischen Städten.

Um sie zu treffen, muss man einen Sicherheitscheck bestehen. Ivana Mattei verrät ihre Adresse nicht auf Anhieb, sondern überprüft genau, mit wem sie es zu tun bekommt. Zunächst wünscht sie per Mail nähere Informationen über den Gast. Erst am nächsten Tag ruft sie zurück. Der Weg zu ihr ist mühsam:

mit der U-Bahn-Linie C bis zur Station Opatov, dann mit dem Bus Nummer 326 oder 327 hinaus nach Šeberov. Dort, im Südosten von Prag, empfängt Ivana Mattei vor allem Geschäftspartner. Möglichst ungestört will die Tschechin ihr ebenso verrufenes wie florierendes Business betreiben.

„Ich bin nur eine kleine Gesellschaft und nicht sehr reich", wiegelt sie Fragen nach Umsatz und Gewinn ab. Gleichwohl leistet sie sich so hohe Produktionskosten, dass ihre Filme auf dem deutschen Markt nur mit Verlust zu verkaufen wären. Deshalb vertreibt Ivana Mattei ihre Pornos in Frankreich, Spanien und Italien. Und es ist für sie „überhaupt kein Problem", schicke Villen oder Privatwohnungen - etwa im teuren Prager Stadtteil Vinohrady mit Blick auf den Jiřího z Poděbrad-Platz - als Schauplätze anzumieten. Oder auch historische tschechische Burgen. „Obwohl der Standort Prag erheblich teurer ist als etwa Budapest", wie sie anfügt. Die ungarische Hauptstadt war nach der politischen und gesellschaftlichen Wende die erste Porno-Hochburg in Osteuropa.

Gewinnbringend sind für Ivana Mattei derzeit besonders Filme mit Tarra White. Die Aktrice hat schon mehrere Auszeichnungen aus der Branche entgegen genommen. Sie trägt blaue ausgerissene Jeans bis zu den Knien und ein weißes T-Shirt. Außerdem ein Zungen-Piercing. Wem sie auf einer Straße begegnet, der wird in ihr eine ganz normale junge tschechische Frau sehen. Auch sie selbst erkennt viele Gemeinsamkeiten mit Gleichaltrigen. Sie gehe auf Partys, zum Shopping, ins Kino wie andere. Auch zu politischen Wahlen. Außerdem hat sie zwei Hunde. Und einen Sparvertrag. Dann macht sie doch einen wichtigen Unterschied aus. „Viele studieren meist noch an der Uni, wohnen in ihren Familien und bekommen von ihnen das Geld zum Leben." Und Sie? „Ich lebe allein, bestreite gerade mit Pornos meinen Unterhalt und fühle mich dadurch freier." Dass sie mit dem Job erheblich mehr Geld verdienen kann als in anderen Berufen, habe nicht den Ausschlag gegeben, wie sie mit fester Stimme behauptet.

Ihre Filme sind keine leichte Kost. Für Jugendliche nicht geeignet. Auch nicht für Erotik-Ästheten. Sensible Seelen könnten zu dem Ergebnis kommen, dass gar ein gewisser „Erwachsenenschutz" dafür nicht schaden würde. Bezahlt wird Tarra White nicht nach Filmen, sondern nach „Szenen". Egal ob sie in 20 Minuten abgedreht sind oder in zwei Stunden. Und welche Anforderungen sie dabei erfüllen muss.

„Gangbang wird besonders gut honoriert", erklärt sie. Gangbang? „Sex mit sechs oder sieben Männern gleichzeitig."

Und was bekommt sie nun dafür? „Über Geld spreche ich nicht gerne", wehrt sie ab. Dann räumt sie doch ein, dass ihr Verdienst zwischen 500 und 1.000 Euro pro Szene liegt. Anfangs habe sie „unglaublich viel Geld völlig sinnlos ausgegeben, für Dinge, die ich nicht im geringsten brauchte." Jetzt denkt sie an ihre finanzielle Absicherung für die Zukunft oder verwendet Honorare für wirklich notwendige Anschaffungen, etwa ein Auto und eine passende Wohnung.

Andere wählen den Job dagegen vor allem wegen des schnellen Geldes. Zwar sind Porno-Filme auch in Tschechien ein Tabu, wie in anderen Gesellschaften. Trotzdem beschäftigt die Branche mittlerweile angeblich Hunderte junger Tschechinnen kurz- oder längerfristig. „Und jeden Tag kommen neue Bewerberinnen in die Agentur einer Freundin", staunt selbst Ivana Mattei, „viele glauben ernsthaft daran, täglich Aufträge zu bekommen, sofort wahnsinnig viel Geld zu verdienen und berühmt zu werden." Ein wesentlicher Grund dafür ist, dass vielen Hobby-Darstellerinnen ein Verdienst in bürgerlichen Berufen nicht ausreicht. Mit Pornos kann eine Kellnerin dagegen an einem Tag so viel kassieren wie in ihrem Job in einem halben Monat. Manche Kandidatin bewirbt sich auch, weil ihr der Beruf zu langweilig ist. Andere treiben Neugier und eine gewisse Abenteuerlust in die Arme der Filmemacher. Einige machen daraus ihre Profession. Inzwischen könne sie unter mehr als 200 Kandidatinnen auswählen, sagt Ivana Mattei. Allesamt Tschechinnen. „Es gibt viele sehr hübsche Mädchen, und durch Mundpropaganda kommen immer neue Studentinnen oder Verkäuferinnen mit geringem Einkommen zu uns." Und scheinbar nicht nur zu ihr. Einige Wochen nach unserem Gespräch berichtet der deutsche Fernsehsender RTL über eine Porno-Firma aus Wuppertal, die in einem biederen Reihenhaus in Troja, Prager Stadtbezirk 8, residiert und ebenfalls zahlreiche junge Tschechinnen in ihrer Kartei habe. Ihr tschechischer Produktionsleiter sucht trotzdem mit Anzeigen in Tageszeitungen und im Internet weiter nach neuen Gesichtern, denen er bis zu 250 Euro für einen Tagesjob in Aussicht stellen soll.

Glaubt man Insidern, haben tschechische Mädchen mehr Mut und Lust auf einen Job in der Erotik-Branche als deutsche. Auch weil sie eine andere Mentalität dafür mitbringen. Tarra White beharrt ebenfalls darauf: „Es ging und geht mir vor allem um den Spaß, nicht ums Geld." Unter ihren Kollegen fühlt sich die Tschechin mit den hohen Wangenknochen, die für Slawinnen so charakteristisch sind, sehr wohl. Sie seien wie eine große Familie, sagt sie. Ihre Eltern wissen über ihre Tätigkeit Bescheid. „Sie waren anfangs alles andere als glücklich darüber", blickt sie ein wenig nachdenklich zurück. Zumal Tarra White aus Ostrau stammt. „Die polnische Grenze ist nicht weit, wie viele Polen sind auch meine Eltern religiös." Mittlerweile akzeptieren sie ihre Arbeit, sprechen aber nicht mehr darüber. Hat sich ihr Vater schon einmal einen ihrer Filme angesehen? „Nein", antwortet sie und schaut entsetzt zu mir herüber, so weit gehe seine Toleranz doch nicht. Freunde hatte sie schon mehrere. Derzeit ist sie solo. „Eine Beziehung mit mir ist schwer für einen Mann, nicht nur wegen meiner Arbeit. Man sieht sich nicht oft, es sei denn, er kommt selbst aus dem Business."

Gleichzeitig sei dies aber auch ein Vorteil: „Wer in meinem Alter kann schon so viel durch Europa, Australien oder Amerika reisen wie ich?"

Das Büro von Ivana Mattei ist angenehm klimatisiert, trotzdem locken die heißen Temperaturen an diesem frühen Nachmittag hinaus in den kleinen Garten. Er wird von einer Hecke umzäunt. Wächst sie weiter, könnte auch die Grünfläche demnächst zum Schauplatz von Porno-Filmen werden. Tarra White macht es sich auf einer Holzschaukel bequem. Sie präsentiert sich als intelligente junge Frau mit klaren Antworten. „Die meisten in diesem Job sind ganz normale Menschen mit einem bürgerlichen Privatleben", legt sie nach, „Drogen oder Alkohol sind Ausnahmen, wie überall." Foto-Models seien davon möglicherweise mehr infiziert. Und: „Wir haben auch nicht diese großen erotischen Phantasien, wie vielleicht mancher glaubt."

Bei Porno-Drehs werden meist keine Kondome benutzt. Fürchtet sie keine Ansteckung mit Aids? „Nein, denn in Europa werden wir jeden Monat auf HIV getestet. Überhaupt auf alle Arten von Geschlechtskrankheiten, und wann gibt es das schon im täglichen Leben?" Deshalb kommt sie zu dem Schluss: „Wir achten beim Sex wahrscheinlich mehr auf unsere Gesundheit als die meisten sogenannten normalen Bürger." Falls jemand mit Aids entdeckt werde, stoppe sofort das gesamte Business. Allerdings: „Ein Rest-Risiko bleibt, natürlich." Ihre stattliche Oberweite unter dem weißen Oberteil ist Resultat eines chirurgischen Eingriffs. Jedoch kein finanzieller Tribut an ihren Job. „Es ist das Geschenk eines Produzenten, als ich bei ihm meinen ersten Vertrag unterzeichnet habe", teilt sie mit einem Lächeln mit. „Silikon-Brüste und andere Schönheitsoperationen sind keine Seltenheit mehr", ergänzt ihre Produzentin, „weder unter Berufskolleginnen noch in der tschechischen Gesellschaft generell."

Ivana Matteis Firma war der Vorreiter auf dem tschechischen Markt. Allerdings mit schwierigem Start: „Wir haben anfangs viel Geld verloren." Auch das Finanzamt hat ein wachsames Auge auf sie. Worüber andere Geschäftsleute in Tschechien klagen, sei für sie kein Problem. „Wir zahlen niemandem etwas", weist Ivana Mattei meine Frage nach Bestechungsgeldern für Amtsträger zurück. Tschechien hat sich zu einem Zentrum der europäischen Porno-Industrie entwickelt. Auch deutsche Firmen verlagern ihre Produktion immer häufiger über die Grenze. Der RTL-Bericht gibt an, dass bereits ein halbes Dutzend deutscher Unternehmen in der Provinzstadt Pilsen Hardcore-Filme drehen soll. Die Preise seien einfach günstiger als in Deutschland, so ein deutscher Produzent, der deshalb Clips für das deutsche Fernseh-Nachtprogramm im Festsaal eines Pilsener Cafés herstellt. Dieser Preisvorteil gilt jedoch für Drehorte und immer weniger für Darsteller. Früher habe man Tschechinnen nach Deutschland geholt, jetzt bringe man oft deutsche Models mit nach Tschechien, weil sie weniger kosten als heimische Mädchen, erläutert ein anderer Porno-Filmer. „Wenn Produzenten überhaupt noch bereit sind, Geld für neue Filme auszugeben, dann wollen sie von uns oft einen Rabatt", bestätigt und bedauert Tarra White zugleich.

Die Porno-Industrie muss sparen, bei Produktionskosten, Vertrieb und besonders bei Akteuren. Trotzdem hat Ivana Mattei in den letzten Jahren unzählige DVDs und Cassetten in halb Europa verkauft. Ein Beweis dafür, dass großes Interesse an Pornos besteht, obwohl meist nur hinter vorgehaltener Hand darüber gesprochen wird. Ein Konsument beschimpfte Tarra White letzthin als Hure. „Nachdem er einen meiner Filme gesehen hatte, weshalb ich ihn fragte, wieso ausgerechnet er zu solch einer Meinung komme", regt sie sich auf. Dennoch: Fühlt sie sich als Hure? Wieder denkt sie kurz nach. „Nein, denn das wäre gleichbedeutend mit einem Escort-Service, also immer verfügbar zu sein", stellt Tarra White schließlich fest, „ich aber kann während eines Porno-Drehs einfach ‚nein' sagen und sofort nach Hause gehen, wenn mir etwas nicht passt."

Und ihre Pläne für die Zukunft? „Bis 25 weiter drehen und dann eigene Filme produzieren." Und, ganz bürgerlich „eine normale Familie und Kinder haben", blickt die 22jährige voraus. Wie manch andere Kollegin auch. Derzeit weiß sie jedoch nicht einmal, wer oder was nächste Woche auf sie zukommen wird. „Möglich, dass gleich jemand anruft, der mich schon morgen als Darstellerin für einen Film in Budapest oder der Schweiz bucht." In diesem Job lebe man sehr stark in der Gegenwart. So könne sie auch keinen Urlaub fest einplanen, weil ihre Arbeit von Angebot und Nachfrage abhänge. Um dafür fit zu sein, achtet sie auf ihren Körper. Gepflegte Fingernägel, Bodyshaping, gesunde Ernährung, gute Kosmetik. „Außerdem liebe ich es, lange zu schlafen", plaudert sie über ihren Alltag. Ganz wichtig sei auch eine schöne Haut. „Das richtige Make-up ist eine magische Komponente", erläutert die junge Frau mit den vielen Sommersprossen.

Ivana Mattei ist mit „bohem" mittlerweile eine feste Größe in der Branche. Und sie selbst ist als erfolgreiche Unternehmerin im In- und Ausland anerkannt. Mattei beherrscht drei Sprachen, trägt eine große Brille, hat blonde strähnige Haare und raucht unentwegt. Fünf Jahre arbeitete sie als Kauffrau in einem Büro von Fiat in Rom. Dann trennte sie sich von ihrem italienischen Mann und führte die gemeinsame Firma allein weiter, ohne zuvor Erfahrungen in diesem Gewerbe gesammelt zu haben. Mittlerweile hat sie sich umfassend in ihr neues Betätigungsfeld eingearbeitet. „Ich stelle das Geld zur Verfügung, engagiere die Darsteller, sorge für die Location, führe Regie bei den Filmen", fasst sie zusammen. Zudem unterhält sie zahlreiche internationale Kontakte, wie in jeder Wirtschaftsbranche.

Vorrangig zu Videotheken, aber auch zu Fernseh-Kanälen, ihren wichtigsten Kunden.

Ihre tschechischen Mitbewerber hat sie in den letzten Jahren weitgehend aus dem Rennen geworfen. Dass die Zeiten für sie dennoch schwieriger geworden sind, liegt an der ausländischen Konkurrenz, die in Tschechien produziert. Und an den Filmen, die seit dem Wechsel von Cassetten auf DVDs in wachsender Zahl auch in Tschechien auf den Markt kommen. Ganz besonders aber wegen des wachsenden Angebots im Internet. Wer dort nach einschlägigen Seiten sucht, dem suggerieren in- und ausländische Porno-Hersteller einen äußerst dubiosen Eindruck von Tschechien. In ihren billigen Video-Produktionen erscheint das Land als Ansammlung unzähliger bereitwilliger Frauen, die scheinbar nur darauf warten, auf öffentlichen Straßen, in Parks oder an Bushaltestellen zum Sex eingeladen zu werden. „Auch einer meiner Kunden sprach kürzlich mitten auf der Karlsbrücke junge Frauen an und forderte sie spontan zum Sex auf", bestätigt Ivana Mattei. Dies überraschte sogar die abgebrühte Businessfrau.

Ihr Job hat Tarra White zu einer gewissen Prominenz verholfen. Zumal sie seit Mai 2008 zusätzlich auf der Website des tschechischen Privatsenders TV Nova auftritt. Dort arbeitet sie unter dem Pseudonym Martina Mrakviová als „Nachrichtensprecherin" bei den sogenannten „Red News". In dieser Sendung ziehen sich Frauen aus, während sie Informationen verlesen. Manchmal wird sie deshalb auf der Straße angesprochen. In Restaurants baten Gäste Tarra White schon um ein gemeinsames Foto. Und sie hat regelrechte Fans, für die Tarra White Autogrammstunden veranstaltet, wenn sie auf Messen auftritt oder im In- und Ausland für ihre Filme wirbt. „Wir respektieren uns gegenseitig", freut sie sich über diesen unerwarteten Zuspruch. Diese Hardcore-Anhänger sind hauptsächlich der Grund dafür, dass Tarra White im Internet künftig nicht mehr nur in Pornos auftreten will, sondern möglichst bald auch auf einer eigenen Homepage.

Neue Kaffeehaus-Kultur

Er kommt zu spät. Wie immer. Genauer gesagt: David Mizrahi kommt überhaupt nicht. Aber er schickt einen Boten. Eine halbe Stunde nach unserer Verabredung zum Lunch in seinem neuen Restaurant „120 days" holt mich der Mitarbeiter ab. Wir überqueren bei strömendem Regen den Boulevard Na Příkopě im Zentrum Prags und gehen in ein modernes Gebäude gegenüber. Im zweiten Stock unterhält Mizrahi eines seiner Prager Büros. Die Ausstattung ist geschmackvoll in schwarzen und weißen Farben gehalten. Eine Sekretärin reicht mir einen Cappuccino. Weitere 20 Minuten später öffnet sich die Glastür, und David Mizrahi tritt ein. Er trägt einen dunklen teuren Nadelstreifenanzug. Und wie immer ein Lächeln auf den Lippen, das diesmal noch gewinnender ausfällt. „Ich bitte vielmals um Entschuldigung", sagt er und gibt sich den Anschein eines Schuljungen, der bedauert, die wichtigste Unterrichtsstunde des Tages verpasst zu haben. „Ich musste noch schnell ein Geschäft zum Abschluss bringen."

Welches Geschäft?

„Ich habe gerade das ‚Duplex' gekauft."

Damit überrascht er mich. Nicht, weil er diese Diskothek erworben hat. Mizrahi ist Kaufmann, Geschäfte gehören zu seinem Alltag. Vielmehr verblüfft mich die Art, in der er über seinen neuesten Kauf berichtet. So teilt auch ein Reifenhändler mit, dass er sein Sortiment soeben um die Marke eines weiteren

Winterreifens ergänzt hat. Mit ein wenig Stolz zwar, aber trotzdem so belanglos, als sei es die normalste Sache der Welt. Dabei ist das „Duplex" eine Institution in Prag. Es liegt im 6. und 7. Stock eines Geschäftsgebäudes direkt am Wenzelsplatz, ist nur mit einem Fahrstuhl zu erreichen und zählt zu den vornehmsten Adressen an der Moldau. Der exklusive Nachtclub wird regelmäßig von heimischen Stars und Sternchen besucht. Für den Prager Jet-Set gibt es eine VIP–Zone, dort legen die besten Prager Disc-Jockeys auf. Oder ausländische DJs. Im „Duplex" feierte Mick Jagger mit einer rauschenden Party im Kreis von Freunden seinen 60. Geburtstag, bevor er und seine Rolling Stones in Prag ein Konzert vor 80.000 Zuschauern gaben.

Etwa zwei Jahr vorher war ich auf David Mizrahi aufmerksam geworden. Damals ging ich häufig ins Café „Emporio", das im ersten Stock des Einkaufscenters „Nový Smíchov" direkt über dem breiten Eingang liegt. Schnell fiel mir auf, dass der Latte Macchiato dort immer besonders cremig schmeckte, egal an welchem Tag und zu welcher Stunde ich ihn bestellte. Seine Baristi waren Könner an der Espressomaschine, während die Zubereitung in anderen Cafés oft davon abhing, welches Personal gerade Dienst schob. Warum das „Emporio" seinen Latte in solch verlässlich hoher Güte servierte, erläuterte mir ein ehemaliger Kellner, dem ich zufällig in der Bar „Jet Set" unweit des Cafés begegnete. „Ganz einfach", verriet der Mann spätabends an der Theke, „weil der Chef jeden Morgen der erste Gast ist und regelmäßig die Qualität überprüft." Falls sie nicht seinen Vorstellungen entspreche, könne sich die Belegschaft auf einiges gefasst machen. „Dann lässt er uns die ganze Maschine auseinander nehmen und noch einmal stundenlang putzen."

„Kein Witz", bekräftigt David Mizrahi, als ich ihn darauf anspreche, „wer meine Kriterien nicht erfüllt, bekommt sehr, sehr ernste Probleme mit mir." Dabei setzt er eine Miene auf, die seinen Mitarbeitern für diesen Fall Zuchthaus verspricht.

Mit etwas Glück vielleicht aber auch nur die Kündigung. Nach dem Gespräch mit dem Kellner, dem immer noch ein gewisser Schreck wie auch fortdauernde Anerkennung für seinen früheren Boss anzumerken waren, suchte ich den Kontakt zu David Mizrahi. Er hatte das Editorial für ein kleines Kundenmagazin geschrieben, das auf den Tischen des „Emporio" auslag. Darin informierte er über das aktuelle Angebot und Neuerungen sowie über prominente Gäste und Events. Schon aus seinen Formulierungen ließ sich herauslesen, dass er sein Café seriös und hochprofessionell führen will, es aber selbst auch als Einrichtung auf hohem Level sieht.

Der Geschäftsführer rief ihn an. Zwei Tage später tritt David Mizrahi an meinen Tisch. Eine volle Stunde nach dem vereinbarten Zeitpunkt. Er entfernt einen Knopf aus dem Ohr und stellt seine Handy-Verbindung ein. „Ich muss mich sehr entschuldigen", sind seine ersten Worte, „ich habe derzeit unheimlich viel um die Ohren." Es stellt sich heraus, dass Mizrahi nicht nur dieses Café betreibt, sondern noch vier weitere allein in der Shopping Mall „Nový Smichov". Überall legt er Wert auf ein Kaffee- und Kuchenangebot von hoher Qualität und gleichmäßigem Standard. Sein Personal muss korrekt und hilfsbereit auftreten. Zudem gestaltet er seine Cafés in einem hochmodernen Design, das er gemeinsam mit der führenden tschechischen Architektin Barbora Škorpilová entwirft. Sie ist bekannt dafür, Minimalismus mit pfiffigen Ideen zu kombinieren. Beide wählen schicke Möbel aus und achten darauf, dass spätestens alle zwei Jahre renoviert wird. „Unsere Kunden sollen nicht nur den Kaffee genießen, sondern auch den Platz, an dem sie ihn trinken", verdeutlicht Mizrahi.

Darüber vergisst er nicht die Hauptsache, nämlich den Kaffee. Mizrahi kann dessen Qualität sehr gut beurteilen, denn er arbeitete in Tschechien zunächst als Distributor für einen italienischen Großröster. Während dieser Zeit erstaunte ihn, dass ihm in Prag und anderen tschechischen Städten immer wieder schlechter Kaffee vorgesetzt wurde. Trotz der großen Kaffeehaus-Tradition des Landes. Und wie oft, so gebar auch hier der Ärger über einen Missstand eine neue Geschäftsidee. David Mizrahi beschloss, eine eigene Kaffeehaus-Kette zu gründen.

Prag war nach der Revolution 1989 voller Glücksritter. Manche legten eine komfortable Bauchlandung hin, andere wurde mit ihren Geschäften steinreich. Bei einigen kann man bis heute nur erahnen, wie dies gelang. Die Stadt bot aber auch seriösen Unternehmern mit Weitblick tolle Chancen. Was bis zu einem gewissen Punkt noch heute gilt, mehr als 20 Jahre nach Beginn der marktwirtschaftlichen Transformation. Manch kreativem Kopf verhalf Prag dazu, vom Angestellten zum Selfmade-Millionär zu werden. Wie David Mizrahi. „Eine tolle Kaffeemaschine haben fast alle Häuser", hat er festgestellt. Doch dies allein garantiere noch keine Qualität des Kaffees. „Es genügt nicht, einfach nur auf einen Knopf zu drücken, man muss ein Händchen dafür haben." Deshalb verlangt Mizrahi von seinen Mitarbeitern, „gleichsam mit dem Kaffee zu spielen." Er unterwirft er sie einem regelrechten Training. Erste Aufgabe: eine komplette Woche lang an den Maschinen und mit den Zutaten üben. Dass sie dann den richtigen Geschmack treffen, bestätigen ihm mittlerweile selbst anspruchsvolle Stammkunden aus Italien, der Wiege von Latte Macchiato und Cappuccino.

David Mizrahi verfügte anfangs nur über bescheidenes Kapital. „Ich habe praktisch bei Null angefangen." Mittlerweile beschäftigt der Unternehmer so viele Leute, „dass er nicht mehr alle mit Namen kennt", wie mir seine Assistentin später berichtet. Auf dem Weg zum Reichtum verfolgte der Mann mit den pechschwarzen Haaren und dem dunklen Unterlippenbart konsequent ein Konzept: Er eröffnete seine Cafés immer nur in großen Einkaufszentren, die vor allem in der tschechischen Hauptstadt wie Pilze aus dem Boden schossen. Dort also, wo von Natur aus viele Kunden verkehren. „Unsere Gäste bleiben meist nur wenige Minuten, dann kommen schon wieder die nächsten", erläutert er. Diese hohe Fluktuation sorgt für große Auslastung. Und sie bringt ihm hohe Umsätze. Besucher, die eine Stunde nur vor einer Tasse Kaffee oder einem Glas Cola sitzen, sieht man bei ihm praktisch nie.

Seine Rechnung ging auf. Es wurde trendy, in eines seiner Cafés zu gehen. Mit ihnen hat David Mizrahi gleichsam eine neue zeitgenössische Kaffeehaus-Kultur in Prag geschaffen. Mittlerweile trifft man sich in einem „Emporio" nicht nur auf einen schnellen Espresso während des Einkaufsbummels, sondern auch gezielt zu Geburtstagsfeiern, Geschäftsbesprechungen, zum Brunch mit Freunden oder auf einen Cocktail am Nachmittag. Von morgens bis zum späten Abend ist oft kein freier Tisch mehr zu bekommen. Extravagante Models sitzen neben Kaffeekränzchen älterer Damen, und Studenten mit schwerer Lektüre neben Krawattenträgern, die an ihren Laptops arbeiten. Erschöpft von ihren Einkäufen nehmen Familien mit kleinen Kindern jene Plätze ein, die modisch gekleidete Yuppies soeben verlassen haben. Gedankenverloren beobachten Bonvivants das Treiben auf den Etagen des Kaufhauses oder blicken in „Nový Smíchov" durch die großen Scheiben auf den Verkehrsknotenpunkt Anděl zu ihren Füßen.

Die Cafés von David Mizrahi sind zu Treffs der Schönen und zu Oasen der Ruhe im hektischen Prager Alltagstrubel geworden. Weit mehr als viele andere Kaffeehäuser mit langer Geschichte und großen Namen. Im Wettbewerb mit diesen etablierten Einrichtungen hatte der Immigrant aus Israel nicht nur wegen seiner geringen Finanzausstattung einen schwierigen Start. Mizrahi scheiterte zunächst mit einer Café-Bar in Budweis. Wie viele Betreiber von Restaurants und Espresso-Bars in Tschechien, die in den letzten Jahren nach wenigen Wochen wieder schließen mussten. Doch er ließ sich nicht entmutigen und wagte einen Neuanfang in der mährischen Hauptstadt Brünn. Dann ging er nach Prag. Hier eröffnete er sein erstes Café im Einkaufcenter „Černý Most". Rasch stellte sich nun der Erfolg ein. Seine fünf Einrichtungen auf drei Stockwerken in „Nový Smíchov" bilden den Höhepunkt dieser Entwicklung.

Mizrahi stellt sich mir als glühender Verfechter der freien Marktwirtschaft vor. Er sucht den Konkurrenzkampf mit anderen Kaffeehäusern. Und er fördert ihn sogar unter seinen eigenen Häusern, in „Nový Smíchov" ebenso wie im „Palác Flóra", wo er gleichfalls mehrere Cafés auf verschiedenen Etagen betreibt. „Wettbewerb ist gut und hilfreich für das Geschäft", bekräftigt Mizrahi, „denn dadurch müssen wir immer besser sein als die anderen." Und wenn dies nicht mehr gelingt? „Dann verschwinden wir zu Recht und haben auf dem Markt nichts verloren", gibt er sich unerbittlich.

Während unseres Gesprächs formuliert der Geschäftsmann ein neues Ziel: Er will die Zentren der Städte erobern. In der City von Prag eröffnete er bereits ein Café nahe des Wenzelsplatzes, sein erstes außerhalb einer Einkaufsmeile. Das „Emporio" in der Jindřišská ist in einem neo-barocken Gebäude aus dem 19. Jahrhundert untergebracht. „Wir folgten damit dem Wunsch vieler Gäste", begründet er, „bisher kamen sie aus dem Zentrum zu uns in die Malls, doch diesen Weg wollten sie sich sparen." Mizrahi will auch in anderen tschechischen Großstädten hohe Summen investieren und zudem ins Ausland expandieren. Zunächst nach Rumänien, dem Land seiner Mutter. Mit seinen Projekten folgt er einem Vorbild: Der Gründer der Textilkette Kenvelo, Dany Himi, ist ein Freund aus Israel und mit seinen Geschäften in Tschechien ebenfalls sehr erfolgreich.

Immer wieder beobachte ich in den folgenden Wochen, wie Mizrahi in legerer Kleidung durch „Nový Smíchov" schlendert, um in einem seiner Cafés eine Kleinigkeit zu essen und dabei nach dem Rechten zu sehen. Meist begnügt er sich mit kurzen Anweisungen. Mizrahi wirkt auch ohne viele Worte als Respektsperson auf seine Angestellten. Trotz seines jungen Alters strahlt er eine gewisse Strenge und natürliche Autorität aus. Er erteilt seine Vorgaben in englischer und manchmal auch in tschechischer Sprache. Das diffizile Idiom hat er sich erst im Land angeeignet und in kurzer Zeit gelernt. „Wer wirklich will, der kann alles", ist ein weiterer Grundsatz von ihm.

Ein anderer lautet: „Es ist nicht gut fürs Geschäft, wenn ein Café keinen Patron als Eigentümer hat, sondern eine anonyme Gesellschaft." In diesem Fall nehme die Qualität ab, das Personal wechsele laufend, der Service des Hauses leide und damit auch der gute Ruf. Ganz pragmatisch sieht Mizrahi in seiner Person einen entscheidenden Vorteil gegenüber anderen Cafés in Prag. Wie Recht er damit hat, stellt sich einige Monate nach unserem Treffen heraus. Mir fällt auf, dass die Bedienungen plötzlich uninteressiert sind. Gäste werden übersehen oder lustlos bedient. Der Latte Macchiato kommt immer öfter lauwarm oder sogar kalt auf den Tisch. Ich erkundige mich bei einem Ober nach den Ursachen, indirekt: „Ist David Mizrahi krank, ich habe ihn lange nicht mehr gesehen?"

„Er hat seine Kette verkauft", erwidert der Mitarbeiter zu meiner Überraschung. Denn ich wusste, dass er schon zwei Kaufangebote aus Russland und der Slowakei abgelehnt hatte. Beim dritten Versuch konnte er nicht mehr widerstehen. 15 Cafés in Prag und anderen tschechischen Städten wechselten den Eigentümer. „Er soll mehr als 200 Millionen Kronen dafür bekommen haben", verrät der Ober. Zu diesem Zeitpunkt etwa acht Millionen Euro.

„Es ist weniger", wehrt David Mizrahi ab, als wir uns in seinem Büro in Na Příkopě gegenübersitzen, und ist scheinbar erstaunt über diese Angabe. Zumindest tut er so. In jedem Fall reichen Erlös und Gewinne der letzten Jahre dafür aus, in großem Stil neu zu investieren. Zudem diversifiziert er seine Geschäfte erheblich. Dies mindert sein Risiko und steigert die Chancen. „Ich steige aber nur dort ein, wo ich selbst Spaß habe", erklärt er. Solche Geschäftsfelder sind das „Duplex" und der Disko-Club „Mecca" im Stadtteil Holešovice. Außerdem eröffnet er sich Bereiche, zu denen ihm seine Nase und sein Verstand raten. Etwa ein kleines exklusives Hotel in der Altstadt. Natürlich müssen sie ihm auch eine gute Rendite versprechen. Eine Textilkette, die er angeblich übernehmen will, könnte dies. Man munkelt, es sei Kenvelo. David Mizrahi dementiert halbherzig: „Alles ist möglich." Bei seinen Neuanlagen strebt er weiter nach höchster Qualität. Dies wertet er als entscheidend für seinen Erfolg. Deshalb muss sein neues Hotel auch die Kategorie „Fünf-Sterne" haben. Seine Mannschaft führt er immer noch mit strenger Hand. Wie in einer Armee. „Es kann nur einen General geben!", betont Mizrahi kurz und knapp.

Ich informiere ihn über meine jüngsten Erfahrungen im „Emporio". Er zeigt sich enttäuscht darüber. Eine Mitschuld trägt er freilich selbst. Denn die besten Mitarbeiter hat er mitgenommen. Immer gab Mizrahi sehr guten Leuten eine Chance zum Aufstieg. „Ich mache sie sogar zu Partnern." Allerdings müssen sie dafür eigenes Geld einsetzen. „Dies fördert ihren Einsatz und Arbeitswillen ungemein, weil die Identifikation mit dem Betrieb viel größer wird." Und es verringert sein eigenes Wagnis, was Mizrahi an dieser Stelle jedoch verschweigt. „Ein paar Leute atmeten auf, als ich ging", weiß er. Jedoch nur eine Minderheit. Jetzt bat ihn der große Rest, zurück zu kommen. Die meisten Angestellten haben bemerkt, dass der Service in seinen ehemaligen Cafés gesunken ist. Möglicherweise liegt es auch an meinem Hinweis, dass die „Emporios" daraufhin zu alter Qualität zurückfinden, allerdings mit teilweise neuen Bedienungen. Denn auf Bitte seines Käufers, eines in den USA lebenden tschechischen Hoteliers, bleibt Mizrahi noch ein Jahr lang Kompagnon im Unternehmen. Danach darf er auf bestimmte Zeit keine eigenen Cafés mehr in Prag und der näheren Umgebung eröffnen oder unterhalten. Dies ließ sich der Tscheche im Kaufvertrag explizit festschreiben. Er wusste genau, warum.

Warum tut sich David Mizrahi noch einmal den Stress neuer Investitionen an, die immer auch riskant sind, und setzt sich nicht lieber mit seinen Millionen einfach zur Ruhe, zum Beispiel auf eine Yacht im Mittelmeer? „Dafür fühle ich mich noch zu jung", lächelt der Enddreißiger. Im Kundenmagazin des „Emporio" war zu lesen, dass Mizrahi eine besonders ausgefallene Idee verfolge. Er habe sein neues Lokal in Na Příkopě unterhalb der Nationalbank deshalb „120 days" genannt, weil er dort jedes Vierteljahr das Ambiente ändern wolle, hieß es. Prager Zeitungen griffen den Einfall auf und berichteten in diesem Sinne darüber. Schließlich gab es so etwas bisher noch nicht in Prag. Wohl auch kaum in anderen Städten. Außer in Restaurants, die in letzter Zeit ihre Kundschaft verloren hatten...

Trotzdem „verkauften" seine PR-Leute das ungewöhnliche Konzept beharrlich als revolutionären Einfall. Daraufhin jagte Mizrahi die gesamte Abteilung zum Teufel. „Sie glaubten scheinbar, ich sei bescheuert", schimpft er noch während unseres Treffens und kann sich kaum beruhigen, „sie haben mich in aller Öffentlichkeit zum Affen gemacht." In Wirklichkeit besaß er lediglich eine Genehmigung für 120 Tage, um das Restaurant zu betreiben. Denn es fehlten wichtige Gasanschlüsse. Anschließend sollte es einmal umgebaut und nach einem Londoner Vorbild zu einem Feinschmeckertempel für Freunde asiatischer Kochkunst werden.

Doch es kommt anders. Ein paar Monate später erhalte ich eine Einladung zur Eröffnung seines neuen Restaurants „Kogo" in den Räumen des „Duplex". Es bietet neben mediterraner Küche auch traditionelle böhmische Spezialitäten. Und auf seiner großen Dachterrasse einen atemberaubenden Ausblick auf den Wenzelsplatz und das Panorama der Burg. Dort könnten wir uns endlich zum Dinner treffen, zu dem mich Mizrahi immer wieder eingeladen hat. Im Laufe der Jahre ergab sich dafür jedoch nie eine passende Gelegenheit.

Dann will er mir auch verraten, wie viel genau er für den Verkauf seiner „Emporios" bekommen hat. Das hat mir David Mizrahi fest versprochen. Selbst wenn er sich wieder verspäten sollte.

Havelland

Sein Auto ist noch nicht da. Weil selbst Václav Havel nicht auf dem historischen Altstädter Ring parken darf, irrt er nun unruhig wie ein Tiger auf dem Treppenflur hin und her. Wir stehen vor der Tür des großen Brožík-Saals im Altstädter Rathaus, der nach einem tschechischen Maler des 19. Jahrhunderts benannt wurde. Dort hat der tschechische Ex-Präsident gerade auf Einladung der Else Lasker-Schüler-Gesellschaft mit Lech Wałęsa und Lennart Meri, den früheren Staatsoberhäuptern von Polen und Estland, über gemeinsame Erfahrungen an der Spitze eines Landes diskutiert. Um die Zeit zu überbrücken, drückt Havel jedem Umstehenden mit seinem berühmten schüchternen Lächeln die Hand. Für Bekannte hat er zudem ein paar freundliche Worte übrig, wobei seine tiefe raue Stimme alle anderen übertönt. Trotz aller Jovialität wirkt Havel auch bei dieser Gelegenheit wieder etwas verlegen und beinahe linkisch, wie oft bei Auftritten oder Reden. Als die Reihe an einer älteren Dame ist, trifft sein Chauffeur endlich ein, und der Alt-Präsident eilt mit raschen Schritten die Treppe hinunter zum Ausgang. Die Frau blickt ihm enttäuscht hinterher.

Niemals bin ich Tschechen begegnet, die keine Meinung über Václav Havel hatten. Der kleine schmächtige Mann war von Ende 1989 bis Februar 2003 nicht nur ihr Präsident. Havel saß für seine Überzeugungen auch fast fünf Jahre im Gefängnis. Für viele Bürger kämpfte und litt er damit auf außerordentliche

Weise für seine persönliche Freiheit. Havel war und bleibt das moralische und soziale Gewissen des Landes. Im Ausland ist er fraglos der bekannteste Tscheche der Gegenwart. Schon vor Jahren erklärte mir ein Prager Chefredakteur, wenn er deutsche Leser für Tschechien interessieren wolle, müsse ein Artikel mindestens eines von drei Elementen enthalten: Bier, Karel Gott oder, noch besser, Václav Havel. So viel Popularität kann auch makabre Blüten treiben. „Für den Tag, an dem Havel stirbt, hat eine japanische Fernsehanstalt bereits zwei meiner Kamerateams fest gebucht", erzählte mir die Chefin der TV-Produktionsfirma „Prague News".

Bereits während seiner Präsidentschaft setzte eine Diskussion darüber ein, wie die Person Václav Havel und ihre Lebensleistung in Ehren zu halten seien. Und wie sie Generationen in Erinnerung bleiben könnten, die nach 1989 aufwachsen. Kluge Köpfe kamen Anfang der 1990er Jahre zu dem Ergebnis, dass dies am besten mit einer Bibliothek erreicht werde. Nach dem Abschied Havels von der Burg erhält dieses Projekt einen Schub. Havel nehme einen festen Platz unter den bedeutendsten Kämpfern für Menschenrechte, Freiheit und Demokratie ein, urteilten die drei Gründer der Bibliothek. Dazu zählt neben Fürst Karl von Schwarzenberg und Havels Frau Dagmar auch der Sozialwissenschaftler Miloslav Petrušek. Havel müsse seinen Landsleuten schon deshalb im Gedächtnis bleiben, weil eine Gesellschaft ohne Erinnerung auch ihre Identität verliere, sagt Professor Petrušek. Mittlerweile sollen viele Prager Studenten kaum noch an der Vergangenheit interessiert sein, auch der 17. November 1989 als Beginn der Revolution soll ihnen nicht mehr viel sagen. Gegen diese Unkenntnis werde die Václav Havel-Bibliothek engagiert angehen, verspricht der Akademiker.

Zum 15. Jahrestag der „Samtenen Revolution" im Herbst 2004 wird die Gründung der Bibliothek verkündet. Wenige Tage später stehe ich vor einem Palais in der Voršilská 10, in dem ihre Verwaltung provisorische Räume bezogen hat. Sie liegen gleich hinter der Laterna Magika, jenem Theater, in dem sich Havel und seine Mitstreiter im Herbst 1989 versammelten und den Verlauf der Revolution mitgestalteten. An der Pforte blickt mich eine junge Frau entgeistert an, als ich meinen Besuchswunsch äußere. Dann ruft sie Dagmar Keberlová. „Sie sind der erste Journalist, der uns aufsucht", klärt mich die junge Frau über die Reaktion ihrer Kollegin auf. Dagmar Keberlová war früher Redakteurin bei Radio Prag und ist jetzt Assistentin des Bibliothekchefs. Obwohl die Einrichtung erst in ein paar Jahren eröffnet werden soll, gibt sie mir schon einen Katalog von Aufgaben an die Hand, die sie einmal erfüllen muss. Sie sind so idealistisch und ambitioniert wie Havel selbst.

Natürlich soll die Bibliothek vor allem dessen Lebenswerk für Studien und Interpretationen zugänglich machen. „Dafür werden alle Bücher, die Václav Havel geschrieben hat oder die über ihn in verschiedenen Sprachen veröffentlicht wurden, in den Regalen stehen", sagt meine Begleiterin. Auch Texte, Briefe, öffentliche und Samisdat-Publikationen sowie persönliche und offizielle Dokumente, die historischen Wert besitzen. „Die Bibliothek will einfach an die Komplexität von Havels Kampf für Freiheit und Demokratie in der zweiten Hälfte des 20. Jahrhunderts erinnern", fasst Keberlová in einem Satz zusammen. Darüber hinaus soll die Bibliothek selbst eine aktive politische Rolle spielen, durch Debatten und Treffen, die sich mit der Transformation in den postkommunistischen Ländern hin zu freien Bürgergesellschaften beschäftigen. Gemeinsam mit anderen NGOs (Nichtregierungs-Organisationen) will sie für den weiteren Ausbau der Menschenrechte kämpfen. „Die Sorge um Menschen, die nicht durch eigenes Versagen, sondern wegen der Wirkung von repressiven Regimes kein menschenwürdiges Leben in Freiheit genießen können, ist ein untrennbarer Bestandteil des Lebens und des Werks von Havel", führt Dagmar Keberlová aus. Dafür könne auch einmal „ein Buch mit Hilfestellung speziell für Kuba publiziert werden", nennt sie ein konkretes Beispiel.

Prinzipiell will die Bibliothek jährlich zwei (zweisprachige) Bücher herausgeben, in denen zeitgeschichtliche Materialien und aktuelle analytische Studien veröffentlicht werden. Das erste Werk liegt schon vor. Dagmar Keberlová deutet auf ein über 300 Seiten starkes Buch in einer Glasvitrine, das bisher geheim gehaltene Papiere des US-Außenministeriums unter dem Titel „Prag-Washington-Prag" enthält. Dabei handelt es sich um 120 Telegramme, die von der Prager US-Botschaft zwischen September und Dezember 1989 nach Washington geschickt wurden oder umgekehrt nach Prag. Eine aufschlussreiche Sammlung. Die Botschaft verfügte während des Kommunismus über ein Netz von Informanten in allen Schichten der Bevölkerung. Trotzdem kam sie bis zum 17. November 1989 in Erklärungsnot darüber, warum die Tschechoslowakei den revolutionären Veränderungen in Polen oder der DDR hinterher hinkte. Schon ab dem 18. November schätzte sie aber die Rolle des Bürgerforums und die Revolution auch hier richtig ein. Die damalige US-Botschafterin in Prag, Shirley Temple-Black, äußerte sich zudem zur politischen Zukunft von Václav Havel. „Er versprach zurückzutreten, sobald freie Wahlen durchgeführt werden. Sein Ziel ist es, wie er sagt, zum Schreiben und zum Theater zurückzukehren. Jedoch die Art, in der er die Politszene glatt betrat, führt uns zur Vermutung, dass er am Präsidentenamt Gefallen finden könnte, sodass es dann für ihn schwer wäre, das Amt zu verlassen", berichtete die Diplomatin nach Hause. Sie behielt Recht.

Václav Havel wurde im Oktober 1936 als Sohn einer großbürgerlichen und vermögenden Familie in Prag geboren. Sein Vater Václav M. Havel errichtete als erfolgreicher Bauunternehmer den Lucerna-Palast unweit des Wenzelsplatzes und die Filmstudios in Barrandov. Havels Mutter Božena Havlová war Tochter eines Diplomaten, sein Onkel Miloš Havel einer der wichtigsten tschechischen Filmproduzenten in den 1930er Jahren. Nach dem kommunistischen Putsch 1948 wurde die Familie enteignet. Als Angehöriger der Bourgeoisie durfte Václav Havel kein Gymnasium besuchen. Deshalb arbeitete er fünf Jahre lang als Laborant und legte zugleich sein Abitur auf einer Abendschule ab. Aus politischen Gründen blieben auch all seine Versuche, ab 1954 ein Studium der Kunstgeschichte, Philosophie oder an der Filmakademie aufzunehmen, ohne Erfolg.

So ging Havel für zwei Jahre als Pionier zum Militär. Weil die Armee in der Tschechoslowakei auch Kulturarbeit leisten sollte, fand er ausgerechnet dort zum Theater. Václav Havel gründete eine eigene Gruppe und schloss sich nach dem Militärdienst zwei in den 1950er Jahren entstandenen kleinen Prager Theatern an. Als Kulissenschieber half er beim Prager divadlo ABC (ABC-Theater), anschließend war Havel acht Jahre lang Beleuchter, Sekretär, Lektor und Dramaturg am divadlo na Zábradlí (Theater am Geländer). Dort feierte sein erstes abendfüllendes Stück „Das Gartenfest" im Jahre 1963 Premiere. Es machte ihn zu einem populären Autor des absurden Theaters in der Tschechoslowakei.

Geschrieben habe er im Prinzip schon ab dem Zeitpunkt, ab dem man ihm die ersten Buchstaben beibrachte, erklärte Havel einmal lapidar. 1952 gründete er mit Gleichgesinnten den Literaturkreis der „Sechsunddreißiger", dessen Mitglieder alle 1936 geboren worden waren und wegen ihrer nonkonformistischen Schriften bald mit einem Bein im Gefängnis standen. Damit habe bereits seine Suche nach Werten und sich selbst begonnen, gestand er später. Havel verfasste weitere Theaterstücke und ebenso Beiträge für Literatur- und Theaterzeitschriften. Mit einer Rede auf dem Schriftstellerkongress 1967, in der er Macht und Zensur der Kommunisten kritisierte und die Notwendigkeit von kreativer Unabhängigkeit hervorhob, setzte sich Havel erstmals öffentlich für eine Erneuerung der tschechoslowakischen Gesellschaft ein.

Vom Typ her liege es ihm überhaupt nicht, ein Rebell oder Revolutionär zu sein, erklärte er sich selbst. Allein „die Logik der Dinge" habe ihn immer wieder in solch eine Rolle gebracht. Sie machte Václav Havel zu einem langjährig Verfolgten im eigenen Land. Den Reformprozess des „Prager Frühlings" 1968 begleitete er zwar nur mit einem großen Artikel, in dem er die Gründung einer neuen demokratischen Partei als Opposition zur kommunistischen forderte. Nach dem Einmarsch des Warschauer Paktes wurde Václav Havel trotzdem mit Hunderten anderer Künstler und Schriftsteller vom Theater und aus der Kultur verbannt. Er lebte von Tantiemen seiner Stücke oder einer Arbeit in einer Brauerei. Seine Zeit als Dissident und führender Regimekritiker begann. Diesen Ruf untermauerte er durch einen offenen Brief an Staatschef Gustáv Husák im Jahre 1975. Darin brandmarkte Havel die Zeit der sogenannten „Normalisierung" nach Ende des „Prager Frühlings" als tiefe geistige, soziale und moralische Krise des Landes, mit der die Bevölkerung ihre menschliche Identität verliere. Schließlich löste eine Gefängnisstrafe für Ivan Martin Jirous und andere Musiker der Underground-Band „Plastic People of the Universe" den entscheidenden Schritt aus: Havel publizierte mit Freunden die „Charta 77". In dem Manifest forderten sie nachdrücklich die Achtung der Menschenrechte in der Tschechoslowakei, in Anlehnung an die Schlussakte der Konferenz für Sicherheit und Zusammenarbeit in Europa (KSZE). Zugleich wurde Havel einer von drei Sprechern der Bürgerrechtsbewegung. Gemeinsam mit anderen gründete Havel anschließend auch noch die Organisation „VONS" zur Verteidigung von zu Unrecht Verfolgten.

Havel galt den Machthabern als Motor dieser „konter-revolutionären Bestrebungen". Nach einem ersten Gefängnis-aufenthalt kurz nach Gründung der „Charta" verurteilte ihn die von den Kommunisten gelenkte Justiz ab Mai 1979 wegen „Subversion" zu viereinhalb Jahren Haft. Das Ange-bot, stattdessen zu emigrieren, lehnte er ab. Nur wegen einer lebensbedrohlichen Erkrankung kam er nach zahlreichen Fürsprachen ausländischer Politiker und Künstler Anfang 1983 wieder auf freien Fuß. Dies alles lenkte das Interesse inter-nationaler Medien auf Václav Havel. Er genoss bald das Ansehen, der berühmteste „Widerstandskämpfer" im kommu-nistischen Ostblock zu sein. Doch Havel beklagt bis heute, dass er und andere Bürgerrechtler von westlichen Politikern kaum beachtet und erst gehört wurden, als sich größere Teile des Volkes zu einer Protestbewegung zusammenschlossen. Deshalb hätten die Dissidenten quasi wie in einem Ghetto gelebt, das sie indes als „Insel der Freiheit" empfanden, weil sie in vollkommenem Einklang mit ihrem Gewissen existieren konnten.

Seine politische Karriere kulminierte in den Entwicklungen während des Jahres 1989. Havel wurde im Januar vor einer Ge-denkveranstaltung zum 20. Todestag von Jan Palach, der sich 1969 aus Protest gegen den Einmarsch des Warschauer Paktes in Prag verbrannt hatte, erneut verhaftet und als „Wiederho-lungstäter" wegen „Rowdytums" mit neun Monaten verschärf-ter Haft belegt. Schon im Mai kam er auf Bewährung wieder frei und startete sofort eine Petition für mehr Demokratie in der Tschechoslowakei. Im Oktober wurde Havel erneut für einige Tage eingesperrt, danach setzte sich der überzeugende Rhetori-ker an die Spitze der Revolution. Sie begann in der Tschecho-slowakei am 17. November 1989 mit Studentenprotesten, die von der Polizei niedergeknüppelt wurden. Anschließend trug sie das hauptsächlich aus Intellektuellen bestehende „Bürgerforum". In dessen Namen schrieb Havel Briefe an die Präsidenten Bush und Gorbatschow.

„Havel na hrad" („Havel auf die Burg") wurde zum geflügelten Wort der täglich wachsenden Demonstrantenschar während der unblutigen „Samtenen Revolution". Diese Forderung erfüllte sich am 29. Dezember 1989 mit seiner Wahl zum Präsidenten der Tschechoslowakei. Bis Februar 2003 stand Havel an der Spitze des Staates, unterbrochen nur durch einen Rücktritt für wenige Monate im zweiten Halbjahr 1992. Damals stimmten vor allem slowakische Abgeordnete nicht mehr für ihn, weil er gegen die Trennung des slowakischen und tschechischen Landesteils in zwei eigenständige Staaten war. Unmittelbar nach seiner ersten Wahl löste der neue demokratische Präsident eine Art von „Havelmania" in der tschechischen Gesellschaft aus. Zeitweise fanden ihn 80 Prozent seiner Landsleute großartig, nur kommunistische Anhänger lehnten ihn ab. Erst jetzt nahmen viele Tschechen überhaupt Notiz von seiner künstlerischen Arbeit in den letzten 20 Jahren. Plötzlich faszinierte Václav Havel im In-und Ausland gleichermaßen.

Als Dissident hatte er unruhige Zeiten erlebt. Polizeiüberfälle, Flucht vor Bewachern, konspirative Wohnungen und selbst das dramatische Verspeisen verräterischer Dokumente prägten seinen Alltag. Zugleich führte er das freie Leben eines Bohemiens. Seine Seitensprünge und amourösen Abenteuer waren offene Geheimnisse. Havel wollte auch als Staatsoberhaupt so authentisch wie möglich bleiben und übertrug seine unkonventionelle Lebensweise in einigen Punkten auf seinen präsidialen Führungsstil. Ungern trug er Anzüge und falls doch, gegen jedes Protokoll am liebsten mit Mokassins. Jeder Freitag wurde zu einem „Pullover-Tag" auf der Burg, an dem Besucher nicht empfangen wurden und Mitarbeiter in jener Bekleidung zur Arbeit kamen, die ihnen am meisten behagte. Den US-Musiker Frank Zappa hieß Havel in einem „Frank Zappa-Shirt" willkommen. Legendär ist der Tretroller, mit dem Havel die langen Gänge des Palastes durchquerte. Nach dem Ende seiner Präsidentenjahre schrieb Václav Havel u.a. ein neues Drama, versuchte sich als Regisseur bei der Verfilmung seines Stoffes und setzte sich unermüdlich für Menschen- und Bürgerrechte weltweit ein.

An dem Aufbau „seiner" Bibliothek wirkt er dagegen nicht mit. Träger der Einrichtung ist eine Stiftung. Gleichwohl hat Havel ihren Nutzen erkannt. Ihm sei erst in diesem Zusammenhang bewusst geworden, wie viele verschiedene Schriftstücke er in Schubladen aufbewahre, sagte Havel und verwies auf Korrespondenzen oder Entwürfen von Gesetzen, die sonst verschlossen bleiben würden. Nun findet er es sinnvoll, dass die Materialien „als Dokumente nicht über mich, sondern über die Zeit, in der ich lebte", bearbeitet werden. Sie können künftig von all jenen eingesehen werden, die sich mit seiner Persönlichkeit und seinen umfassenden gesellschaftlichen und kulturellen Beiträgen beschäftigen wollen. Ein breiteres Publikum will die Bibliothek mit einer Dauerausstellung über Leben und Werk von Havel und seiner Mitstreiter ansprechen. Für wenige werden dagegen Stipendien und ein „Václav Havel-Preis" ausgelobt. Havel selbst sieht einen weiteren wichtigen Grund für solch eine unabhängige Non-Profit-Institution neben den vom Staat geförderten Einrichtungen und historischen Instituten. „In der Situation, wo einige dazu neigen, die Geschichte umzuschreiben, sie zu vergessen oder sie teilweise zu verschweigen, ist es gut, wenn es mehrere voneinander unabhängige Quellen gibt, aus denen man Kenntnisse schöpfen kann", erläutert er, „dies kann zur Selbstreflexion der Gesellschaft beitragen."

Für die Bibliothek, die seinen Namen tragen soll, muss sich Havel allerdings auch deshalb interessieren, weil ihn US-Präsidenten immer wieder darauf ansprechen. George Bush sen., Bill Clinton und der letzte Präsident George W. Bush. hätten ihn aufgefordert, solch eine Bibliothek zu gründen, erzählt er. „Und sie fragen inzwischen nach, wie weit das Projekt gediehen ist." In den Vereinigten Staaten sind ehemalige Präsidenten verpflichtet, nach Ende ihrer Amtszeit eine Bibliothek für ihre Unterlagen einzurichten. In Europa ist solch eine Institution bisher dagegen unbekannt. Neben den ehemaligen Staatsoberhäuptern haben auch Politiker aus den verschiedenen Lagern der USA den Freiheitskämpfer an der Moldau bis heute nicht vergessen. Einige wollen daher die Prager Bibliothek unterstützen.

Dies wird auch nötig sein, denn auf amerikanischen Gönnern und Sponsoren ruht vor allem die Hoffnung, dass die Einrichtung einmal bezahlt werden kann. Etwa 400 Millionen Kronen brauche er dafür, hat Direktor Václav Bartuška errechnet. Er ist gerade eingetroffen und sitzt nun vor Dagmar Keberlová und mir in seinem Büro. Ihm fehlt noch ein Computer für seine Arbeit, und im Konferenzraum mangelt es an Stühlen und Tischen. Doch Bartuška ist zuversichtlich: „Das sind nur knapp 15 Millionen Dollar, also nicht gerade die Welt." Bei einem Abendessen in der Prager Residenz des amerikanischen Botschafters sammelte er erste Gelder ein. Dazu waren finanzkräftige US-Unternehmen geladen. Auch sie schätzen Havel nach wie vor als Mann klarer Prinzipien. „Etwa 90 Prozent des Finanzbedarfs sollen aus den USA gedeckt werden", ergänzt Dagmar Keberlová.

Als sie mich weiter durch die historischen Gewölberäume führt, spricht sie noch einmal die entscheidenden Punkte an. „Havel lagen Menschenrechte und die Bürgergesellschaft immer besonders am Herzen, diesen wird also auch die Bibliothek dienen." Dazu können politische Diskussionstreffen und Foren wie literarische und dramatische Abende beitragen, die an das Werk von ihm und Kollegen erinnern. Obwohl es Dagmar Keberlová nicht explizit ausspricht, schimmert beim Abschied durch, dass dieses Haus in der Voršilská Nr. 10 wohl kaum die endgültige Heimstätte für die Bibliothek bleiben wird. So kommt es auch. Als ich zwei Jahre später erneut an der Pforte klopfe, wird mir mitgeteilt, dass die Räume jetzt anderweitig genutzt werden. Die so engagiert für das Projekt auftretende Frau Keberlová arbeitet mittlerweile bei der Europäischen Union in Brüssel. Auch Direktor Bartuška hat eine andere Aufgabe übernommen.

Die Zukunft der Havel-Bibliothek liegt nun vor allem in den Händen von Dagmar Havlová. Sie hat entscheidenden Anteil daran, dass die Idee drei Jahre später durch die Ausstellung „Václav Havel - ein tschechischer Mythos" weiter vorangetrieben wird. Man habe deren Exponate mühsam zusammentragen müssen, teils aus Havels Wochenendhaus in Hrádeček und teils aus Kisten vom Auszug aus der Präsidialkanzlei, wird zur Eröffnung dargelegt. Womit der Schau wohl eine besondere Wertigkeit gegeben werden soll. Gestaltet hat sie Bořek Šípek, Havels bevorzugter Architekt und Designer, der schon seinen Präsidentensitz auf der Burg in Formen und Farben brachte. Václav Havel nennt die Ausstellung entwaffnend „ein Lockangebot", um erstmals eine breite Öffentlichkeit auf die Bibliothek aufmerksam zu machen. Möglichst international. „Es geht dabei nicht in erster Linie um mich, sondern um das letzte halbe Jahrhundert in diesem Land", wiederholt er und übt sich weiter in Bescheidenheit. Ort der Ausstellung ist ein Nebengebäude der Hergetova cihelna, einer historischen Ziegelei auf der Prager Kleinseite neben der Karlsbrücke. Nicht viel später ist auch diese Adresse schon wieder Geschichte.

Die Exposition zieht weiter in die Galerie Montmartre in der Prager Altstadt. Im ersten Stock eines Hauses in der Řetězová 7 belegt sie zwei kleine Säle über einem düsteren gleichnamigen Café. Früher kamen Künstler dorthin, heute sind es vor allem französische Touristen, geradezu ein Sinnbild für die Schau darüber. In der Mitte des Hauptraumes steht ein großer grauer

Klotz, an dessen Vorderseite Kinderbilder und -zeichnungen von Havel hängen und seine bourgeoise Herkunft unterstreichen. Auf der Rückseite sind Fotos an Holzscheiten aus seiner Zeit als Dissident sowie Theaterplakate angebracht. Ergänzt werden sie im Innern von Zeugnissen aus seinen Jahren bei der Armee, als Dissident, am Theater und als Präsident.

An einer Seite des mächtigen und abweisend wirkenden Klotzes stehen auf Holzregalen ein paar Bücher von Havel und über ihn. Etwa Almanache aus den 1990ern mit seinen Reden und Ehrungen. Sowie in deutscher Sprache seine Schriften „Sommermeditationen" von 1994 und „Briefe an Olga", die er während seiner Haft ab Juni 1979 an seine Frau schrieb. Auch Stadtschlüssel von Los Angeles und Brünn sind zu bewundern, die ihm bei Besuchen symbolisch überreicht wurden. An den Wänden informieren Schrifttafeln über seine Lebensabschnitte von 1936 bis 1959, 1968 bis 1989 und 1989 bis 2008. In den Ecken stehen Doktormäntel, die ihm 1999 von der Universität Winnipeg (rot, Größe 54) und 2004 von der Universität New York (lila, Größe 52) verliehen wurden. Sowie eine Plastik des Künstlers David Cerný von 2006, der einen Schuh angefertigt hat und damit einen Zusammenhang zu der oft belächelten Tatsache herstellt, dass Havel bei seiner Amtseinführung 1989 zu kurze Hosen trug. Ein „weitverbreitetes Gerücht", sagen die Initiatoren und lassen Havel humorig behaupten, dass es Gelegenheiten gebe, bei denen man einfach seine Hosen hochziehen müsse...

In einem kleinen Glasschrank vor dem Hauptraum liegen Bücher und DVDs zum Kauf aus. Die Ausstellung trägt weiterhin den „Mythos"-Titel. Havel stelle einen Mythos im positiven wie ironischen Sinn dar, heißt es dazu. Sicherheit und Unsicherheit, Ernsthaftigkeit und Humor seien bei ihm ambivalent ausgeprägt, damit sei er ein typischer Tscheche. Keinesfalls wolle die Schau einen Personenkult pflegen. Davor warnte schon John

Keane in seiner umfangreichen Havel-Biographie, dessen englische Ausgabe sich ebenfalls in dem Schrank befindet. Für Keane ist Havel schlicht „ein tragischer Held", der stets zwischen Niederlagen und Triumphen, Macht und Ohnmacht schwebte.

Václav Havel sah es stets als seine Pflicht an, „die Wahrheit über die Welt zu sagen, in der ich lebe, von ihren Schrecken und Miseren zu berichten, also eher zu warnen, als Anleitungen zu geben." Dies bekräftigte er in einem ausführlichen Interview mit dem tschechischen Publizisten Karel Hvížďala Mitte der 1980er Jahre. Aus diesen Gründen habe er sich auch „nie mit irgend einer konkreten politischen oder ökonomischen Doktrin, Theorie oder Ideologie identifiziert, mit irgend einem Gesamtprojekt für die bessere Weltordnung." In Politik, Gesellschaft und Wirtschaft muss für Havel „der Mensch das Maß aller Strukturen sein, und nicht der Mensch dem Maß dieser Strukturen angepasst werden." Deshalb befürwortete er, dass bei politischen Wahlen stets für Menschen und nicht für Parteien votiert werden könne, damit persönliche Verantwortung nicht vernebelt werde. Denn Havels größte Vision blieb die Bildung einer vielschichtigen Bürgergesellschaft, die auf Eigenverantwortung und eigenen Initiativen beruht und Politikern wie Parteien möglichst wenig Macht überlässt. Dazu forderte er seine Landsleute auch in seinen Neujahrsansprachen als Präsident unermüdlich auf. Havel wollte stets, dass Individualität kultiviert und Strukturen von unten aufgebaut werden, um eine authentische, gesellschaftliche Selbstorganisation zu erreichen.

Doch diese Gesellschaft ging zu Havel mehr und mehr auf Distanz. Diese Erfahrung machte ich bei verschiedenen Begegnungen im Laufe der Jahre. Als er im Spätherbst 1996 schwer lungenkrank wurde, schlug dies einem Prager Freund regelrecht auf den Magen. „Es ist Krebs", sagte er leichenblass, „ich fürchte, er hat nicht mehr lange zu leben." Ich versuchte ihn zu beruhigen, denn über den Gesundheitszustand von Václav Havel wurde damals wild spekuliert. In Zeitungen mutmaßten Kommentatoren, nun erfülle sich die späte Rache des kommunistischen Regimes, weil der unbeugsame Dissident Havel während seiner jahrelangen Haft zum Kettenraucher wurde. Ein paar Tage später wurde bekannt, dass ihm tatsächlich ein Tumor und damit ein Teil seines Lungenflügels entfernt werden musste. Jetzt zwingen ihn Erkrankungen seiner Atemwege und Lungenentzündungen immer wieder zu längeren Aufenthalten in Krankenhäusern.

Für meinen Freund war und ist Havel bis heute ein Held, der das Land und ihn selbst von den Fesseln der Diktatur befreite. Ein anderes Urteil fällten junger Prager, die den Kommunismus und die Revolution von 1989 nicht bewusst oder überhaupt nicht erlebt hatten, als ich Anfang des neuen Jahrtausends einen Bericht über ihre Zukunftshoffnungen und -träume schrieb. Ein Mädchen, erst 17 Jahre alt, warf Havel vor, er tue zu wenig für das Volk und sei nicht mehr richtig daran interessiert, was im Land passiere. Ihr Freund, schon 20, sah Person und Rolle des Präsidenten differenzierter. „Er hat seinen Beitrag geleistet, vielleicht sogar mehr als dies", befand der junge Mann, „jetzt ist er aber krank und nun sollte es auch genug sein."

Für seinen Biographen Keane setzte Havels Niedergang gar schon mit seiner ersten Wahl zum Präsidenten ab 1990 ein. Mitentscheidend dafür sei gewesen, dass Havel seinen Grundsätzen treu blieb. „Wahrheit und Liebe müssen über Lüge und Hass siegen", lautete sein wichtigstes Credo. In diesem Sinne sprach er seine Urteile und Ansichten auch als Präsident meist offen aus und spaltete mit seinen politischen Entscheidungen nicht selten die Bevölkerung. Havel wirkte entscheidend am Abzug sowjetischer Truppen aus dem Land mit, die seit dem Einmarsch von 1968 bei den meisten Tschechen verhasst waren. Zugleich entschuldigte er sich bei den Sudetendeutschen für ihre Vertreibung, was viele Tschechen für völlig unangebracht hielten. Übel nahmen ihm einige auch die Unterzeichnung eines strikten „Durchleuchtungsgesetzes", das ehemalige kommunistische Funktionäre auf Jahre hinaus vom Staatsdienst ausschloss. In einer vielbeachteten Rede kritisierte er Ende 1997 die Zustände in Politik und Gesellschaft ungewöhnlich scharf und prägte das geflügelte Wort von der *blbá nálada*, der miesen Stimmung im Land. Doch mit Verwunderung nahmen nicht nur seine alten Mitstreiter zur Kenntnis, dass ausgerechnet der Moralist Havel die für den Export wichtige Waffenproduktion in Tschechien unterstützte.

Zu einem einschneidenden Ereignis im Verhältnis zwischen Havel und seinen Landsleuten wurde der Tod von Olga Havlová im Januar 1996. Sie war seit 1964 seine Frau und nutzte mit unermüdlichem Einsatz alle Kontakte für seine Freilassung, als er in der Haftanstalt Ende Januar 1983 um sein Leben rang. Bewegendes Zeugnis ihrer Verbundenheit waren die „Briefe an Olga", ebenso persönliche wie philosophische Schriften Havels aus seiner Gefängniszelle an sie. Als kämpferische, intelligente und tolerante Frau genoss Olga Havlová innerhalb der Bevölkerung hohes Ansehen. Havel zeigte sich von ihrem Krebs-Tod schockiert. Umso verblüffter reagierten viele Bürger, dass der schwer erkrankte Havel die 17 Jahre jüngere Schauspielerin Dagmar Veškrnová noch vor Ablauf des Trauerjahres heiratete. In Zeitungen und Fernsehen schoss sich der Boulevard auf die blonde Aktrice ein, monierte Frisuren und zu kurze Röcke, stellte gar die Frage, ob es die neue Ehefrau möglicherweise nur auf die Millionen des Präsidenten abgesehen habe, nachdem die Havels ihren Familienbesitz zurückbekommen hatten. Politische Gegner nutzten die Angriffe. Der Ruf Havels wurde beschädigt.

Umgekehrt klagte Václav Havel in seinen späten Präsidentenjahren unverblümt über Kleinmut und Spießigkeit seiner Mitbürger und ihre Neigung zur Isolation. Auch das mangelnde

Rechtsempfinden vieler Bürger dürfte ihm bis heute ein Dorn im Auge sein. Gesetze werden in Tschechien oft bewusst umgangen, weil sie von vielen als unwichtig oder unsinnig empfunden werden. Tschechen werten es sogar als Ausdruck besonderer Intelligenz, Regeln geschickt zu umgehen, weil sie damit beweisen können, wie clever und flexibel sie sind. Dies machte jüngst ein Skandal ausgerechnet an der Juristischen Fakultät der Universität Pilsen deutlich, wo jeder dritte Doktortitel und mehr als 50 Magisterabschlüsse unter Verdacht gerieten. Einige wurden in nur wenigen Monaten erworben. Unter den Absolventen waren (natürlich) auch mehrere tschechische Politiker. Kein Wunder, dass Tschechen weder großes Vertrauen in ihre staatlichen Institutionen noch in das eigene Rechtssystem haben, das über 80 Prozent kritisieren. Gleichzeitig schätzen sie jedoch als ihre Stärke ein, besonders gut improvisieren zu können. Probleme werden gerne „ausgesessen" und Konflikte möglichst nicht offen ausgetragen.

Immer wieder prangerte Havel auch Korruption und Misswirtschaft an, forderte eine soziale Marktwirtschaft und Rechtssicherheit. Doch seine Wirkung blieb in 13 Präsidentenjahren begrenzt. Die meisten Tschechen halten Bestechung mittlerweile für einen unvermeidlichen, geradezu natürlichen Teil ihres Alltags und des Zusammenlebens in ihrer Republik. Seit Jahren rutscht Tschechien im Korruptionsindex von Transparency International, der die Bestechlichkeit von Amtsträgern und Politikern untersucht, kontinuierlich ab. Derzeit steht das Land auf Rang 53, hinter Botswana oder Saudi-Arabien. Erst kürzlich wurde konstatiert, dass tschechische Ministerien rund 80 Prozent ihrer Aufträge ohne öffentliche Ausschreibungen oder Wettbewerbe vergeben. Durch überteuerte bzw. manipulierte öffentliche Vergaben verliert der Staat Milliarden. Zu Jahresbeginn 2011 setzte das tschechische Kartellamt erstmals eine Baufirma aus Ostrava auf eine „schwarze Liste", weil sie Dokumente für ihre Bewerbung um einen Bauauftrag gefälscht hatte. Im Frühjahr 2011 nahm die Polizei Ermittlungen gegen neun Bürgermeister und zwei Unternehmer aus den Kreisen Ústí nad Labem und Mittelböhmen auf, die nach einem Hochwasser zu hohe Schäden angegeben hatten, um mehr staatliche Hilfe zu kassieren. Nur zwei von vielen Beispielen für alltäglichen Betrug in Tschechien.

Der Kommunismus habe eine moralisch zerrüttete Gesellschaft hinterlassen, beklagte Havel stets, und er sagte voraus, dass dieses unselige Erbe erst nach zwei Generationen überwunden sein werde. Möglicherweise kann die nach ihm benannte Bibliothek dafür dienlich sein. Wer sich dort einmal über seine Person informieren wird, kommt zwangsläufig mit seinen Ideen, Prinzipien und Erfahrungen in Kontakt. Nachfragen bei der neuen Verwaltung über den Stand der Vorbereitungen sind in der Galerie in Prag 1 jedoch nicht möglich, weil ihr Büro nicht hier, sondern in der Kateřinská 18 im zweiten Prager Stadtbezirk liegt. Die Ausstellung „Mythos Havel" kann als künftiger Teil der Bibliothek logischerweise nur ein Fragment sein. Trotzdem enttäuscht sie als dünne Werk- und Lebensschau ohne ersichtlichen Zusammenhang und vertiefenden Erklärungen. Eine kleine Leiter am Holzklotz hat daher nur symbolischen Charakter. Wer sie nutzt und ein Buch herausholt, findet anschließend keinen Tisch oder Stuhl, um darin längere Zeit studieren oder auch nur blättern zu können. So wirft die Schau mehr Fragen auf als sie beantwortet, sowohl zu Havel als auch zur Zukunft der Bibliothek selbst: Wie lange muss sie noch in dieser Galerie bleiben? Wohin zieht sie dann? Wann gibt es endlich eine funktionsfähige Bibliothek? Wird es sie überhaupt jemals geben oder bleibt sie auf Dauer ein Provisorium? Schon bei meinem Besuch im Palais in der Voršilská hatte Direktor Václav Bartuška Geduld für ihren Aufbau angemahnt. „Bush senior hat acht Jahre für sein Buchhaus gebraucht, und Clinton ebenfalls", stellte Bartuška damals fest.

Da taucht quasi über Nacht ein schwerreicher tschechisch-amerikanischer Unternehmer auf, der die Hoffnung schürt, dass die „Wandertage" der Bibliothek bald vorbei sein könnten. Der Mann heißt Zdeněk Bakala und kauft ein Haus im Prager Burg-viertel, das er der Bibliothek für einen symbolischen Preis ver-mieten will. Am Loretánské náměstí (Loreto-Platz) soll sie eine feste und repräsentative Bleibe erhalten. Während unserer Be-gegnung hatte Direktor Bartuška betont, dass ein Gebäude mit mindestens 2.000 Quadratmetern Fläche für die Bibliothek nötig sei. Und er hatte das Jahr 2012 als Ziel genannt. „Wenn wir dann eröffnen, liegen wir voll im Zeitplan." Beides könnte nun in Er-füllung gehen.

Václav Havels Land hatte etwas von einer Traumwelt, so-lange er an dessen Spitze stand. Ein Dichter und Philosoph auf dem Präsidentenstuhl, der seine Republik von der größten Burg-anlage Europas aus lenkte und dabei die letzte moralische In-stanz für sein Volk war - all dies lieferte Stoff für ein Märchen. Das neue „Havelland", in dem die Erinnerung an Person und Werk des Dramatikers gepflegt werden soll, ist dagegen (noch) eine Trümmerlandschaft.

Nomaden der Neuzeit

Vier Wohnungen hat Frank R. in Prag schon bezogen. Obwohl er erst seit 14 Monaten in der tschechischen Hauptstadt lebt. Seine Unterkunft im Stadtteil Žižkov fand er „laut, aber billig", in der Altstadt „verkehrsgünstig" und draußen in Troja „einen Traum". Jetzt wohnt er in Smíchov. Bei mir nebenan.

„Eng, aber gemütlich" sei es hier, lautet sein Urteil über das neue Heim. Da hat er fraglos Recht. Sein Appartement besteht nur aus einem einzigen Zimmer. Darin verfügt er auf 18 Quadratmetern über kaum mehr als ein Bett, einen Tisch mit einem harten Stuhl und einen alten Kleiderschrank aus Holz. Eine kleine Kochnische gibt es lediglich auf dem Flur. Ebenso eine Gemeinschaftsdusche. Und die Toilette. Das genügt ihm vollkommen. Sein Raum liegt genau am Ende der Treppe. Vor seiner Tür verteilen sich die Bewohner auf weitere fünf Wohnungen. Schnaufend, denn die Zimmer befinden sich in der dritten Etage. Manchmal auch grölend, wenn die Mieter nach Mitternacht aus den Bierkneipen des Viertels nach Hause kommen. Die Tür besteht aus einer Spanplatte und schließt nicht sehr dicht. Ruhe schätzt und braucht er aber besonders, wie er mir erklärt. „So wie er könnte ich nicht leben", flüstert mir einer unserer Mitbewohner hinter vorgehaltener Hand zu.

Frank R. haben nicht die Sehenswürdigkeiten der Stadt nach Prag gezogen. „Es war die Sprache", erläutert er, „und gerade, weil sie so schwierig ist." Ihre Aussprache, ihre sieben Fälle, ihre Satzstellung. „Das war und ist für mich immer noch eine Herausforderung." Seine Vorliebe für fremde Sprachen machte Frank R. zu einem modernen Nomaden. Nicht nur innerhalb Prags. Ihretwegen reiste er bereits um die halbe Welt. Am Bosporus lernte der schlanke Brillenträger mit den kurzen rot-blonden Haaren zwei Jahre lang türkisch. Anschließend lebte er drei Jahre in England und Irland, um seine englischen Sprachkenntnisse zu vertiefen. Dann ging er für eineinhalb Jahre nach Frankreich. „Für französisch besitze ich ein besonders hochwertiges Diplom", erzählt mir der Deutsche mit Stolz. Später zog es ihn noch nach Spanien. Natürlich der Sprache wegen. Schließlich arbeitete er sich vor Ort in japanische Zeichen ein. Ohne Zweifel sein sprachlicher Höhepunkt.

Frank R. ist ein umgänglicher Mensch. Oft unterhalten wir uns lange im Treppenhaus. Trotzdem will er keinesfalls seinen vollständigen Namen preisgeben. Der 39jährige möchte seinen Aufenthalt an der Moldau anonym und ohne Störungen genießen. Doch er bleibt mobil und ist jederzeit zu Veränderungen bereit. Schon morgen könnte er weiterziehen. In eine andere Wohnung. Oder in eine neue Stadt. Mit solch einer Lebensweise und -einstellung ist der gebürtige Duisburger nicht der einzige in Prag. Wie Frank R. nutzen zahlreiche Ausländer ihre Sprachkenntnisse für ein freies, unabhängiges Leben abseits von Büroalltag und allzu großer Fremdbestimmung. Und dafür wählen diese Lebenskünstler gerne die tschechische Metropole mit ihren (mancherorts noch) günstigen Lebensbedingungen als Heimat auf Zeit.

Als Sprachlehrer arbeitete Frank R. auch in den anderen Ländern. Immer fand er schnell eine Beschäftigung. „Engländer oder Franzosen beherrschen kaum Fremdsprachen, deshalb besteht dort großer Bedarf." Den deckte er gerne ab. War die Nachfrage doch mal zu gering, stand er für eine Übergangszeit eben an der Rezeption eines Campingplatzes, um seinen Unterhalt zu verdienen. Das hat er in Prag nicht nötig. Hier verfügt er über ausreichend Aufträge, wie er mir bei einem Glas Wein in meiner Wohnung schildert. Denn er verfügt mittlerweile über einen festen Kundenstamm. Dafür sorgen die vielen internationalen Firmen, die Filialen in der tschechischen Hauptstadt unterhalten. „Zu meinen Schülern zählen einige Direktoren", freut sich Frank R.

An sie vermittelt ihn eine Sprachschule, mit der er einen Jahresvertrag abgeschlossen hat. Sie bezahlt seine Steuern. Für Sozialabgaben und Versicherungen muss er selbst aufkommen. Damit seine Beiträge sinken, will er bald einen Gewerbeschein erwerben. Eine Festanstellung bei der Schule strebt er nicht an. „Höchstens Teilzeit", schränkt er ein, „für mich zählt Unabhängigkeit viel mehr als ein sogenannter sicherer Job." Den hatte Frank R. schon in Deutschland. Nach drei Jahren kündigte er ihn wieder. Nun kann er sich nicht mehr vorstellen, einen geregelten Acht-Stunden-Tag in einem Unternehmen auszuüben. „Dies hier gibt mir ein ganz anderes Arbeitsgefühl", beschreibt er seine Situation. Es erspare ihm die täglich gleichen Kollegen und einen monotonen Arbeitsalltag in einem unbeweglichen Umfeld.

Zu seiner Lehrtätigkeit befähigt ihn keine pädagogische Ausbildung. Frank R. ist Diplom-Biologe. Den Lehrstoff und die Vorbereitung seiner Unterrichtsstunden erarbeitet er sich autodidaktisch. Neben seinen Sprachkenntnissen hilft ihm sein erlernter Beruf im Rechnungswesen. „Eine geniale Kombination", findet der Neu-Prager. Denn damit könnte er bei Bedarf auch die Buchhaltung einer Firma mit deren Töchtern in verschiedenen Ländern und in mehreren Sprachen verknüpfen.

Als ich nach einer Rückfahrt aus der Innenstadt wieder aus dem tiefen U-Bahn-Schacht auftauche, sehe ich ihn ein paar Tage später mit einer jungen Frau über den Platz in Anděl laufen. Sie ist jedoch keine Freundin. „Ich habe viele Frauen", lacht er, „aber nur als Schülerinnen." Bei zahlreichen Tschechen hat Frank R. ein größeres Talent für Fremdsprachen ausgemacht, als bei sich selbst. „Ich muss mir vieles mit Fleiß und Interesse aneignen, dagegen sind die Leute hier schlicht und einfach dafür begabt." Ihr Nachteil: „Sie unterschätzen sich oft selbst." Das merkt man in Prag immer wieder, wenn man Tschechen darauf anspricht, ob sie Englischkenntnisse besitzen. Stets kommt als Antwort: „a little". Legen sie erst los, beherrschen sie die Sprache jedoch meist besser als viele Ausländer.

Neben seiner Arbeit als Sprachlehrer korrigiert er in seinem kleinen Zimmer auch Übersetzungen. Und er überträgt selbst Schriften aus vier Sprachen ins Deutsche. Darunter oft Werbe- oder wissenschaftliche Texte. Je nach Auftragslage bringen ihm all diese Tätigkeiten bis zu 30.000 Kronen im Monat ein, etwas mehr als der durchschnittliche Monatslohn in Tschechien. Dafür arbeitet er jedoch bis zu 70 Stunden pro Woche. Wobei ihn nicht nur die Jobs viel Zeit kosten. „Etliche Stunden muss ich in öffentlichen Transportmitteln verbringen, um zu meinen Kunden zu fahren", nennt er eine unerfreuliche Begleiterscheinung seines beruflichen Alltags in Prag.

Eines Abends treffe ich ihn auf dem Etagenflur. Seine Tür steht weit offen. Wie ein aufgescheuchtes Huhn pendelt er pausenlos zwischen seinem Zimmer und dem Gang hin und her. Mit Wangen, die wie Feuerzangen glühen.

„Warum diese Aufregung?", frage ich.

„Ich komme gerade aus einem Konzert von Jaromír Nohavica", strahlt er übers ganze Gesicht, „es war einfach unglaublich."

Nohavica schrieb in den frühen 1980er Jahren zunächst Songs für andere Sänger, bevor ihn Freunde dazu überredeten, selbst aufzutreten. Danach wurde der Musiker zu einem der beliebtesten Liedermacher Tschechiens. Eines seiner bekanntesten Lieder heißt „Solange man singt, ist noch nicht alles verloren" und wird oft und gerne an tschechischen Lagerfeuern gesungen. Der fiktive Dokumentarfilm „Das Jahr des Teufels" mit ihm als Darsteller zählt zu den populärsten tschechischen Streifen der letzten Jahre. Sein erstes Album erschien knapp vor der „Samtenen Revolution", in den 1990er Jahren glückte ihm dann der musikalische Durchbruch. Frank R. motivierte der Musiker sogar dazu, die tschechische Sprache zu lernen. „Ich wollte unbedingt seine Liedtexte lesen können", blickt er zurück. Als die Archive des kommunistischen Geheimdienstes StB geöffnet wurden, kam heraus, dass Nohavica seit 1986 dessen Informant gewesen war. Deshalb komponierte der Liedermacher und Dissident Jaroslav Hutka vor wenigen Jahren ein erbostes Lied über den „IM aus Teschen". Das Publikum aber hat Jaromír Nohavica bisher verziehen.

Wir sitzen im „U tučňáků Blázinec" in Anděl bei Pizza und Nudelgerichten. In dem engen und vornehmlich in roten Tönen gehaltenen Lokal tausche ich mit Frank R. Erfahrungen über Prag aus. Mich interessiert, was Frank R. neben Prag als Musikstadt noch gefällt. „In Prag kann man wunderbar wandern", überrascht er mit einer ungewöhnlichen Erkenntnis. Wandern ist sein großes Hobby. Er hat sich die Stadt und ihre nähere Umgebung bereits weitgehend erlaufen. Dabei führen ihn seine Ausflüge oft nur bis an die Peripherie. „Man fährt kurz aus der Stadt raus und glaubt gar nicht, welch herrliche Touren man anschließend rund um Prag gehen kann."

Und was missfällt ihm an Stadt und Bewohnern? „Dienstleistung ist für viele scheinbar ein Fremdwort", führt er aus, „das ist wohl noch aus der kommunistischen Zeit übriggeblieben." In gleichem Maße staunt er darüber, wie seine tschechischen Mitbürger mit diesem Problem umgehen. „Ich bewundere sie für ihre Geduld und Leidensfähigkeit." Wie mir fällt auch ihm immer wieder die Disziplin der Tschechen auf, wenn sie in einer Warteschlange anstehen müssen oder an einer

Haltestelle der Straßenbahn warten, bis der allerletzte Fahrgast ausgestiegen ist. Auch mir ist es nie gelungen, meinen Sitzplatz einem älteren Mitfahrer zu überlassen, weil mir stets ein anderer zuvor kam. Frank R. hat die Tschechen in der Regel als höfliche Zeitgenossen erlebt. „In manchen Situationen können sie aber auch eiskalt sein", sagt er. Vor allem, wenn es ums Geld gehe.

Innerhalb der überbordenden Bürokratie spielen Amtsträger nicht selten ihre Macht aus, vor allem gegenüber Ausländern. Deren Zahl stieg in Tschechien in den letzten fünf Jahren um mehr als 60 Prozent, in keinem Land des ehemaligen Ostblocks leben mehr Fremde als hier. Sie machen die tschechische Hauptstadt zu einer internationalen Metropole. Prag zählt rund 1,25 Millionen Bewohner, jeder achte kommt wie Frank R. aus dem Ausland. Die meisten stammen aus der Ukraine, insgesamt rund die Hälfte aller Ausländer ist aus einem Land der ehemaligen Sowjetunion zugezogen. Trotzdem fallen sie im Straßenbild nicht besonders auf.

In persönlichen Gesprächen sind Tschechen oft zurückhaltend, wie wir beide ebenfalls immer wieder erfahren. Dies wird ihnen zuweilen als Unfreundlichkeit ausgelegt. Der Grund dafür ist jedoch ein scheinbar angeborenes Misstrauen. Für ihre ewigen Zweifel, Befürchtungen und Skepsis wollte EU-Kommissar Günter Verheugen seinen tschechischen Gesprächspartnern bei den Beitrittsverhandlungen zur Europäischen Union vor einigen Jahren sogar „eine Goldmedaille verleihen".

Und wie lange will er noch in Prag bleiben? „Vielleicht bis zum nächsten Jahr", antwortet Frank R. Viele Ausländer verlassen schnell wieder die Stadt. Besonders Leute mit englischer Muttersprache. „Meine letzte Nachbarin war eine Amerikanerin, die ihren Wohnort jedes Halbjahr wechselt", führt er aus, „gerade ist sie von Prag nach New York gegangen." Viel zu packen hat er nie, wenn er weiterzieht. Sein wertvollstes Eigentum ist ein kleiner Laptop, sein ständiges Arbeitsgerät.

Ich rufe ihn ein paar Wochen später an, weil ich eine Auskunft von ihm brauche. Er meldet sich auf tschechisch. Mittlerweile beherrscht er die Sprache „nicht zu 100 Prozent, doch ich kann vieles verstehen." Tatsächlich klingt seine Aussprache schon sehr perfekt, auch wenn er dies immer bestreitet. Allerdings ist er enttäuscht darüber, mich am Apparat zu haben. Frank R. hatte darauf gehofft, dass sich ein Vermieter meldet. Denn er sucht schon wieder eine Wohnung. Seine in Smíchov ist ihm zu teuer geworden. Bei 12.000 Kronen Miete liegt seine Schmerzgrenze. Mit einer Anzeige in einer Zeitung will er Lücken auf dem Prager Wohnungsmarkt ausspähen.

Kein leichtes Unterfangen, denn schon für einfache Wohnmöglichkeiten sind die Preise in Prag in den letzten Jahren enorm gestiegen. Zwei Zimmer mit Küche kosten in verkehrsgünstigen Lagen bereits bis zu 20.000 Kronen (etwa 800 Euro). Einige Wochen darauf findet Frank R. tatsächlich ein neues Zimmer. Im Michle-Viertel bildet er künftig eine Wohngemeinschaft mit einem Slowaken. Schon immer teilte er gerne Wohnungen mit Mitbewohnern. Frank R. sieht darin den Vorteil, „durch ständigen Kontakt meine Sprachkenntnisse vertiefen zu können." In welcher Sprache auch immer. Für ihn nun also eine günstige Gelegenheit, slowakische Unterschiede zum Tschechischen aufzuspüren.

Erst nach Monaten laufen wir uns in „Nový Smíchov" zufällig wieder über den Weg. Er durchschreitet die hell erleuchtete Shopping-Mall zielstrebig und hat dabei kaum einen Blick für die vielen glitzernden Einkaufsläden. Die weltweite Wirtschaftskrise 2008/2009 bekam auch er zu spüren. Viele Unternehmen suchten nach Möglichkeiten, um Kosten einzusparen. Dies betraf auch die Fortbildung ihrer Mitarbeiter. Deshalb ist seine Klientel geschrumpft. Was ihn jedoch nicht weiter stört. „Ich hatte in den letzten Wochen viel Zeit für herrliche Wanderungen", stellt Frank R. einen positiven Aspekt heraus. Zu diesem Zweck fuhr er mit dem Zug in die Provinz. Nach Südböhmen zum Beispiel, wo er nicht nur einen Tag, sondern eine ganze Woche blieb, um Wanderwege zu erkunden.

Trotzdem macht er sich Gedanken über seine Zukunft. „Zwei Sprachen sind noch drin", hat Frank R. kürzlich für sich entschieden. Zunächst möchte er gerne Portugiesisch lernen. „Zur Erholung", wie er allen Ernstes angibt. Dann könnte Polnisch auf seinem Lehrplan stehen. Auch ein längerer Aufenthalt in Budapest würde ihn reizen. Und natürlich Ungarisch, diese vermaledeite Sprache.

Allerdings steht für ihn jetzt schon fest, dass er in jedem Fall zurückkehren wird. „Prag ist einfach Prag!", bemerkt er lapidar. Ohne weitere Erklärungen. Eine Überzeugung, die auch ihm längst in Fleisch und Blut übergegangen ist.

Ein Teil vom „Mythos Prag"

Lenka Reinerová hat Zahnschmerzen. Das lässt sie sich jedoch nicht anmerken, als sie bei den Literaturtagen der Konrad-Adenauer-Stiftung in Prag liest. Ihr böhmisches Deutsch klingt so hell und weich wie immer. Die Veranstaltung findet in der Philosophischen Fakultät der Karls-Universität am náměstí Jana Palacha (Jan Palach-Platz) statt. Im Raum Nummer 104. Ein passender Ort. Mit seiner Schiefertafel vor der kargen Wand, den harten Holzstühlen und der schummrig gelben Beleuchtung könnte er selbst in jenen Tagen eingerichtet worden zu sein, in die Lenka Reinerová ihrer Zuhörer zurückversetzt. Die Schriftstellerin zitiert aus ihrem Buch „Zu Hause in Prag, manchmal auch anderswo". Und sie plaudert jenseits der Zeilen über ihr abenteuerliches Leben. Manchmal amüsant, manchmal nachdenklich.

Zum Beispiel über ihre Zeit unter den Emigranten in Prag, die vor der Nazi-Diktatur aus Deutschland geflohen waren. Viele von ihnen trafen sich in einem Klub, der nach Bert Brecht benannt wurde. Eine Sitzung leitete Lenka Reinerová, obwohl sie erst 19 Jahre alt war. „Die Emigranten sollten dort die Möglichkeit haben, mit der tschechischen Intelligenz zusammen zu kommen und nicht isoliert herumzulaufen. Das hat funktioniert", freut sie sich noch immer, „als Beispiel nehme ich Stefan Heym, der hier etwas machen wollte, etwas für die Zeitung schreiben, irgendwelche Glossen, nichts besonderes, weil er ein paar Kronen gebraucht hat. Worauf ihm ein tschechischer Autor anbot, sie zu übersetzen. Und das war kein Geringerer als Karel Čapek. Heym war schon als Junge sehr dynamisch und blieb es bis zum Ende. Das zeigte aber auch den demokratischen Sinn unserer Leute, dass sie offen waren und nicht eingebildet. Čapek ist es nicht so vorgekommen, dass er deshalb eine Stufe hinabsteigen musste. Heute wäre das anders, ein Markt der Eitelkeiten."

Schriftsteller und Journalisten bildeten in Prag auch Zirkel, in denen heftig diskutiert wurde. Fanden deshalb Konkurrenzkämpfe untereinander statt, erkundigt sich ein Besucher. „Das linksorientierte Café Metro, das es heute nicht mehr gibt, hatte ein Hinterzimmer. Dort habe ich Kisch zum ersten Mal gesehen", erinnert sich Lenka Reinerová, „und eines Tages kam er, dieser kleine Dicke, und es wurde diskutiert, ob Reportage Journalismus ist und ab wann Literatur. Sie haben ständig hin und her diskutiert über ihre eigenen Werke, sehr hart diskutiert, was heute keinem Menschen mehr einfallen würde. Niemand würde heute, wenn er ein Manuskript hat, sechs oder zehn seiner Kollegen zusammenrufen, um sich über das Ding zu streiten."

Dies erlebte sie später auch in Frankreich, als Kisch das Buch eines Autors über die Französische Revolution kritisierte. „Er hat es in einer Diskussion zerfranst, da ist wirklich nichts übrig geblieben. Natürlich war der Autor darüber nicht glücklich, aber dass darüber eine Feindschaft ausgebrochen wäre, das war nicht der Fall." Wer ein Ohr für Lenka Reinerová hat, für den wird eine versunkene Welt plötzlich lebendig. Ereignisse, die nur noch in staubigen Büchern existieren, stellen sich wieder als Erlebnisse dar. Und Personen bleiben nicht länger Namen, sondern werden noch einmal zu Menschen mit Gesichtern und Geschichten.

Zwei Jahre vorher hatte ich Kontakt zu ihrem Verlagshaus aufgenommen. Ich bot an, eine Biographie über Lenka Reinerová zu schreiben. Dr. Angela Drescher vom Aufbau-Verlag in Berlin antwortete ebenso freundlich wie bestimmt, dass ihr die Schriftstellerin vom Projekt einer tschechischen Literaturwissenschaftlerin berichtet habe, die bereits an einer Monographie über sie arbeite. „Schon dafür zeigt Lenka Reinerová kein größeres Interesse, da ihr jegliche Beschäftigung mit ihrer Person ohnehin lästig ist", schloss Dr. Drescher ihren Brief. Diese Aussage sprach für die Bescheidenheit der Autorin. Zugleich musste ich mir eingestehen, dass meine Anfrage töricht war. Je mehr ich von Lenka Reinerová las, desto deutlicher wurde, dass sie es als ihre eigene Aufgabe verstand, Reflexionen über ihr Leben in Erzählungen zu publizieren. Zumindest um ein Gespräch darüber will ich sie an diesem kalten Dezember-Abend in der Karls-Uni bitten. „Mir tut ein Zahn weh", weist sie mich ab. Um nach kurzem Grübeln anzufügen: „Egal, ich komme trotzdem. Wo treffen wir uns?"

Ich reserviere für den nächsten Vormittag einen Tisch im Café „Slavia", in einer Ecke links hinter der Theke. Ein ambivalenter Platz, wie ich später feststelle. Wir können uns dort ungestört unterhalten. Dafür zischt die Kaffeemaschine so laut, dass ich mein Tonband dreimal abhören muss, um ihre Antworten zu verstehen. An einem kleinen Kiosk vor dem Restaurant habe ich zuvor einen Strauß Rosen besorgt. Lenka Reinerová freut sich sichtlich darüber. Sie trägt ein dunkelblaues Kleid mit weißen Punkten und die grauen Haare wie immer streng nach hinten gekämmt. Dann bestellt sie Wasser. Der Ober bringt eine Flasche Mattoni und ein Glas dazu. Lenka Reinerová vermeidet jeden Dank. Dafür sieht sie ihn streng an. Überrascht verharrt der Ober auf der Stelle. Beider Blicke treffen sich. Ihrer ist vorwurfsvoll, seiner drückt Ratlosigkeit aus. Dann entdeckt er die Blumen in ihrem Arm.

„Ježišmarjá", kommt es ihm über die Lippen, bevor er an die Theke eilt, um eine Vase zu besorgen.

„No, das Glas wäre etwas klein gewesen", nickt sie ihm bei seiner Rückkehr zu, nun etwas freundlicher gestimmt.

„Das hätte er wirklich merken können", wendet sich Lenka Reinerová dann an mich, „also, was möchten Sie wissen?"

Mich interessiert zunächst vor allem, ob das Zusammenleben von Deutschen, Juden und Tschechen in Prag zwischen den Kriegen tatsächlich so problemlos verlief, wie jetzt immer behauptet wird. Schließlich hatte der Schriftsteller Egon Erwin Kisch beobachtet, dass die tschechische Bevölkerung beim sonntäglichen Spaziergang nach links in die Nationalstraße abbog, die deutsche aber nach rechts den Graben entlang.

„Ich habe das auch gelesen, das ist zum großen Teil ein Quatsch!", wird die Zeitzeugin energisch, „nie habe ich zu Hause gehört, dass jemand sagte, er würde nicht in die Nationalstraße gehen." Nicht nur für Gemeinsamkeiten von Deutschen und Tschechen, sondern auch für jene von Deutschen und Juden hat Lenka Reinerová ein Beispiel parat. „Ich kann da immer nur mit meiner Großmama auftischen. Sie hatte ein Damen-Kaffeekränzchen, wie es damals so üblich war, und diese jüdischen Damen kamen, sobald es etwas wärmer wurde, immer im Gartenrestaurant des sogenannten Deutschen Hauses auf dem Graben zusammen. Weder sie noch das Deutsche Haus fanden das irgendwie ungewöhnlich, zumindest bis in die 30er Jahre. Erst als Hitler anfing, gegen die Tschechoslowakei zu toben, war dies nicht mehr möglich."

Galt dies auch für das offizielle Kulturleben? Immerhin hatte jede Bevölkerungsgruppe ihr eigenes Theater. „Natürlich, wir hatten in Prag zwei ständige deutsche Theater, auch eine deutsche Universität und ein deutsches Technikum. Meine Mutter, die sehr musikliebend war, war abonniert im Neuen Deutschen Theater. Weil ich Musik auch sehr gerne mochte, nahm sie mich immer dorthin mit, wenn es mal eine besondere Aufführung oder einen besonderen Gast gab. Und manchmal sagte meine

Mutter, es gibt im tschechischen Nationaltheater eine Vorstellung, die soll besonders gut sein, gehen wir nächste Woche dorthin. So hat sich das damals abgespielt!"

In ihrem Erzählband „Das Traumcafé einer Prager" holte Lenka Reinerová viele renommierte Autoren Prags zurück in die Gegenwart. Gustav Meyrink, Rainer Maria Rilke, Max Brod, Friedrich Torberg oder Franz Kafka wurden bei ihr wieder zu handelnden Akteuren. Sie habe alle und jeden gekannt, heißt es deshalb oft über Lenka Reinerová. Eine gedankenlose Lobhudelei. „Wie hätte ich Franz Kafka kennen können?", bemerkt sie ärgerlich, „als er starb, war ich gerade acht Jahre alt. Ich habe ihn mal gesehen, als er auf der Straße spazieren ging." Trotzdem hat sie über ihn eine klare Meinung. „Mich stört dieser Kafka-Mythos maßlos. Dieser kommerzielle Unfug, T-Shirts mit Kafka, und Kaffeetöpfchen, Hotels und Zeitschriften, die nach ihm benannt sind. Kennen Sie eine Brecht-Zeitschrift oder eine Heine-Zeitschrift? Kafka war ein genialer Mann. Doch jetzt wird gesagt: ‚Er hat vorausgesehen.' Nichts hat er vorausgesehen! Er hatte eine gewisse Angst in sich, der Mann, und diese Dinge beschrieben, die ihn irgendwie geplagt haben. Dass die sich dann verwirklicht haben, ist ja nun eine ganz andere Sache. ‚Er hatte diese schreckliche Vision', heißt es jetzt. Ich weiß nicht, ob es eine Vision war. Eher fürchte ich, er hatte eine Lebensunsicherheit in sich, und die konnte er genial beschreiben. Das ist etwas ganz anderes."

Lenka Reinerová kannte nicht jeden, aber doch viele. Prag war ihre Heimat, 23 Jahre lang, bis zur Besatzung durch die Nazis. Als Tochter einer bürgerlichen Familie wurde sie 1916 im Prager Stadtteil Karlín geboren. Früh weckten Arbeiter in den Nachbarvierteln Libeň und Vysočany, die sich als Proletarier bezeichneten, ihr Interesse. Von ihnen hörte sie, für ein besseres Dasein kämpfen zu wollen. So habe sie schon als Kind gefühlt, dass das Nebeneinander der Menschen in ihrer nächsten

Umgebung nicht stimme, sagt Lenka Reinerová. Mitte der 1930er Jahre fing sie als Journalistin bei der „Arbeiter-Illustrierten-Zeitung" (AIZ) an, deren Redakteure vor den Nazis nach Prag geflohen waren. „Wir haben natürlich gewusst, dass die Gestapo ein Auge auf unsere Redaktion geworfen hat, dass manchmal irgendwelche Figuren in der Straße herumliefen, die etwas sonderbar aussahen. Naja und, das hat man eben zur Kenntnis genommen, vielleicht auch, weil man erst später erfahren hat, was alles möglich sein konnte."

Immer wieder traf sie in ihrer Arbeit und Freizeit auf Emigranten, die in diesen Jahren nach Prag kamen. „Sie sind in den Kaffeehäusern herumgesessen, ohne dass jemand daran Anstoß genommen hat, außer den Nationalisten natürlich. Das hat bis 1938 keine besondere Rolle gespielt. Wir waren ein demokratischer Staat. Aber sie haben sich keine Illusionen gemacht, dass sie schnell wieder nach Deutschland zurückkehren könnten. Man wusste ja, dass der Krieg kommt, daran hat niemand gezweifelt. Man ahnte nur nicht, was alles kommen würde. Niemand konnte sich den Holocaust vorstellen."

Lenka Reinerová zog in die Melantrichgasse. Dort wohnte sie nahe am einstigen Judenviertel, das damals noch kein Besuchermagnet war. Und sie hatte einen prominenten Nachbarn: den „rasenden Reporter" Egon Erwin Kisch. „Diesen Titel hat er sich selbst ausgedacht", stellt sie klar, „seine Arbeitsweise war alles andere als rasend." Sie schlossen Freundschaft. „Kisch war ein ungeheuer amüsanter Mensch. Ich habe verschiedene seiner Aussprüche im Kopf, die bei manchen Gelegenheiten absolut saßen. So urteilte er bei einem Konflikt unter den Emigranten in Mexiko später über einen Gegner: ‚Dies ist ein Schriftsteller, der sich im Unterschied zu seinen Werken gut verkauft.' Scharf gesagt, aber witzig. Er war einfallsreich und liebenswürdig, aber er konnte ein unangenehmer Gegner sein, sehr unangenehm."

Auch Lenka Reinerová kam während des Krieges nach Mexiko, nachdem das Jahr 1939 für sie zu einem Wendepunkt geworden war. Ihr blieb das Leid vieler Prager Juden im KZ erspart. „Wundersamerweise", wie sie schrieb. Dieses Wunder bestand darin, dass sie zufällig zu Besuch bei Freunden in Bukarest war, als ihre Angehörigen in Prag verschleppt wurden. Dringend hatte ihr die Familie zuvor geraten, Rumänien nicht zu verlassen. Dafür ging Lenka Reinerová ins Exil, zog von Ort zu Ort, litt unter Existenzproblemen, erlebte Selbstmorde, in denen Flüchtlinge oft den einzigen Ausweg sahen. Und sie begegnete berühmten Zeitgenossen aus ihrer Heimatstadt. In Paris traf sie den Maler und Schriftsteller Adolf Hoffmeister, ihren früheren AIZ-Chefredakteur Franz Carl Weiskopf, den Karikaturisten Antonín Pelc, den Dramatiker František Langer. In Versailles wohnte sie im gleichen Haus wie Kisch und seine Frau Gisl, bevor sie eines Morgens ohne Angabe von Gründen verhaftet und ins Frauengefängnis „La Petite Roquette" gesteckt wurde, in dem während des Ersten Weltkrieges die Spionin Mata Hari eingesessen hatte.

Ein halbes Jahr verbrachte Lenka Reinerová in Einzelhaft, anschließend ein Jahr unter Dutzenden von Insassinnen in einer Holzbaracke des südfranzösischen Lagers „Rieucros". Über Marseille, wo sie in einem Bordell interniert wurde, und Casablanca, wo sie zunächst in einem leerstehenden Haus des tschechischen Schuhkönigs Baťa wohnte, bevor man sie in ein Barackenlager am Rande der Sahara brachte, landete Lenka Reinerová schließlich in Mexiko. Dort arbeitete sie in der tschechischen Botschaft und heiratete den jugoslawischen Arzt und deutschsprachigen Schriftsteller Theodor Balk. Häufig kam es zu Konflikten unter den berühmten und oft egozentrischen Künstlern. „Mich hat das vor allem befremdet. Ich wollte damit nichts zu tun haben", erklärt sie mir, „wenn mein Mann, der vorher in Berlin gelebt hatte und die Leute anders kannte als ich, zu Hause anfing, von ihnen zu erzählen, sagte ich nur: ‚Lass es.'" Dies machte sie zu einer Außenseiterin unter den Emigranten. „Ich war immer ‚die Tschechin'. Was meine deutschen Freunde untereinander austrugen, war mir völlig egal. Diese Dinge wurden später ungeheuer aufgeblasen."

Was hat sie daran besonders gestört? „Über die Seghers hört man ja allmählich nichts mehr anderes, als dass sie Probleme mit bestimmten Leuten hatte, auch in der früheren DDR. Dass sie aber ‚Das siebte Kreuz' geschrieben hat und ‚Transit', das ist nicht mehr so wichtig", ärgert sich Lenka Reinerová. „Und neulich habe ich über mich gelesen, ich sei eine gute Freundin der Malerin Frida Kahlo gewesen. Dabei habe ich sie nur von weitem gesehen, nichts weiter. Sie war eine sehr schöne Frau."

Neben der Freude über ihre Rettung hielt sich bei ihr aber auch ein Gefühl der Sehnsucht nach ihrem „natürlichen Zuhause" Prag mit seinen Menschen, Straßen, Häusern. Nach einem Zwischenstopp in der Heimat ihres Mannes, Belgrad, wo ihre Tochter Anna geboren wurde, kehrte sie 1948 zurück. Es wurde ein unerfreuliches Wiedersehen. Die Burg, Kirchen und Brücken waren nicht zerstört. Doch es fehlten ihre Mutter, Geschwister, Großmutter, die in den Konzentrationslagern ermordet worden waren. Ihr Geburtshaus empfand sie nun als Totenhaus und vermied einen Besuch dort. Die Königsstraße, in der sie aufgewachsen war, hieß jetzt Sokolovská. Lenka Reinerová musste erkennen, dass auch eine Heimatstadt fremd werden kann. „Sie war nicht fremd, weil ich weg gewesen war, sondern weil sich Grundlegendes geändert hatte", erläutert sie, „wenn Sie in eine Stadt kommen, in der Sie mit Ihrer Familie gelebt haben, und da ist keine Familie mehr, und nicht nur keine Familie, auch viele meiner Freunde waren nicht mehr da, kein vertrautes Gesicht begegnete mir mehr auf der Straße, dann fühlt man sich wie ausgestoßen."

Ich stelle eine unangenehme Frage: Wenn man seine gesamte Familie in Konzentrationslagern verloren hat, wie wird man damit fertig, als Einzige überlebt zu haben? Und dies schon ein halbes Jahrhundert lang verdrängen, vergessen zu müssen?

In diesem Augenblick wird Lenka Reinerová sehr nachdenklich. „Eine schwierige Frage", sagt sie. Doch sie weicht einer Antwort nicht aus. „Ich habe Jahre gebraucht, um mit der Tatsache fertig zu werden, dass i c h überlebt habe. Jahre! Sehr schwierig. Es gibt dafür keine Erklärung, keine Begründung, es ist so oder es ist nicht so. Alle Menschen, die ich kenne und die überlebt haben, haben das mehr oder weniger durchleben müssen."

Lenka Reinerová ist in einer zweisprachigen Familie aufgewachsen, beherrscht tschechisch wie deutsch. Kam ihr nie der Gedanke, die deutsche Sprache aufzugeben, nach all dem Leid, das sie in deutschem Namen erleben musste? „Nein, nie", weist sie meine Frage mit Nachdruck zurück, „das hat mich unberührt gelassen. Vielleicht, weil ich ja die ganze Zeit innerhalb dieser antifaschistischen Agenda gelebt habe. Nur als mein Mann überlegt hat, ob wir nicht in die DDR gehen sollten, habe ich ihm gesagt: ‚Ich gehe nicht nach Deutschland. Ein- für allemal!'" Trotzdem besuchte sie 1957 die DDR, auf Einladung des Schriftstellerverbandes. „Als ich dort die deutsche Sprache hörte, so mit dem Akzent, da wurde mir doch ein bisschen mulmig. Aber es hat sich gelegt, ich war danach sehr oft dort. Ich war befreundet mit der Schauspielerin Steffi Spira, wir waren zusammen im Lager in Frankreich, bei ihr habe ich dann immer gewohnt."

Zurück in Prag gab ihr vor allem eine Idee Kraft und Mut: die neue politische Strömung. „Ich hatte gehofft, das sozialistische Regime wird jetzt endlich bringen, was ich immer haben wollte - aber es brachte dies auch nicht..." Diese Hoffnung hegte Lenka Reinerová seit ihrer Kindheit. Seit jenen Tagen, als sie

Solidarität mit den Proletariern in ihrer Nachbarschaft verspürte, die sich als benachteiligte Menschen empfanden. „Ich gehöre nicht zu den Leuten, die vergessen und sich nicht mehr daran erinnern können. Ich sage sehr offen und betont: Ich war Kommunistin!", betont sie mir gegenüber mit fester Stimme.

Doch für ihre Sympathien mit dem Kommunismus zahlte die Jüdin einen hohen Preis. Sie wurde selbst zu einem Opfer der stalinistischen Verfolgungen in der damaligen Tschechoslowakei. Man beschuldigte Lenka Reinerová, eine „Zuträgerin der Imperialisten" zu sein und gegen den tschechoslowakischen Sozialismus zu agieren. Ihre Genossen verurteilten sie 1952 zu 15 Monaten Einzelhaft. „Mein Problem war: Wie ist so etwas möglich? Es sind doch sozusagen meine eigenen Leute! Das machte das Problem noch viel schwieriger." Sie suchte dafür lange nach Erklärungen. „Wenn Sie vor einem Gegner stehen, von dem Sie wissen, er ist Ihr Gegner, dann ist alles in Ordnung, Sie sind ja auch gegen ihn, fertig. Das ist sauber, klar. Aber wenn Sie von Ihren eigenen Leute geholt werden, dann ist nix klar, dann muss man sich erst durcharbeiten."

Zu diesem Zweck verfasste Lenka Reinerová ihr Buch „Alle Farben der Sonne und der Nacht". Ihre Rückbesinnung auf diese bittere Zeit sah sie als eine Notwendigkeit an. „Ich musste das alles aufschreiben, das alles einmal sagen. Ich selbst!" Allerdings konnte sie es erst im Jahr 2003 veröffentlichen. „Nachdem ich aus dem Gefängnis kam, habe ich mich hingesetzt und darüber auf tschechisch geschrieben, schon damals in den 50er Jahren. Ich dachte, das ist hier geschehen, also muss es hier auch festgehalten werden", blickt sie zurück. „Ich bin jahrelang mit diesem Manuskript bei tschechischen Verlagen hausieren gegangen, keiner wollte es natürlich. Die einen sagten mir, es müsse schärfer sein, die anderen, es sei zu scharf. 1968 hat es ein Verlag genommen, da war Dubček noch an der Macht. Aber nach seiner Ablösung ging es sofort in die Schrottmaschine." Trotzdem fand es schon damals bewegte Leser. „Im Jahr 2002 hatte ich eine Radiosendung in der tschechischen Redaktion von Radio Free Europe, da rief nach Ende der Sendung ein Mann an und sagte mir: ‚Frau Reinerová, ich habe in den frühen 70er Jahren an einer Schrottmaschine gearbeitet. Da bekamen wir Ihr Buch, ein Riesenpaket, und das haben wir natürlich erst mal gelesen. Ich rufe jetzt an, um Ihnen für dieses Buch zu danken.'"

Lenka Reinerová berichtete darin auch über ihr Leben im Prager Gefängnis Ruzyně. Zum Beispiel über den Vorwurf von Verhöroffizieren, warum sie nicht ‚Jüdin' als ihre Nationalität angebe. Und über ihre Verwunderung, dass ihre Bekanntschaften mit überzeugten Antifaschisten wie Anna Seghers oder Kisch, die auch Juden waren, plötzlich zu ihrem Nachteil ausgelegt wurden. Erst durch die Verfilmung eines anderen Romans sah sie später im Fernsehen, wie die Haftanstalt von innen aussah. Denn sie kannte nur ihre Zelle. Zu Verhören, Ärzten oder in Duschräume wurde sie immer mit verbundenen Augen geführt.

Könne sie nach diesen schlimmen Erlebnissen ihre Sympathie für die kommunistische Idee heute noch nachvollziehen, will ich daraufhin von ihr wissen. Kann sie noch verstehen, warum sie damals diese Euphorie empfand? „Ich war ja nicht allein", erwidert Lenka Reinerová, „Millionen Menschen auf der ganzen Welt haben das mitempfunden. Millionen!" War vielleicht gerade diese Massenbewegung ein wesentlicher Grund, der zu ihrer Begeisterung für den Kommunismus beitrug, bohre ich nach. „Selbstverständlich", bestätigt sie, „vor allem aber auch der Versuch in der Sowjetunion, es neu zu machen, es anders zu machen. Was sich zum Beispiel in der Kultur getan hat, da war ja etwas los am Anfang. Die Verdammten dieser Erde, dass die mal endlich drankommen, da war ich sehr dafür. Jetzt wird oft das, was gewesen ist, aus der heutigen historischen Lage beurteilt. Man muss es aber aus der historischen Lage sehen, in der die Menschen damals waren."

In welcher Lage waren sie? „Kürzlich war jemand bei mir, der machte eine abwertende, ja hässliche Bemerkung über die ‚Internationale'. Und da sagte ich ihm: ‚Mein lieber Freund, meine Schwester wurde von Ravensbrück nach Auschwitz deportiert. Und als in Ravensbrück dieser Transport zusammengestellt wurde, was haben die Frauen gemacht, die abtransportiert wurden: Sie haben leise, aber unüberhörbar die ‚Internationale' gesungen. Frauen, die wussten, sie gehen jetzt in den Tod.' Ich habe die ‚Internationale' oft bei Begräbnissen gehört, von Menschen, die so oder so umgekommen sind, aber wenn man so etwas weiß, dann hat man eine andere Beziehung dazu, dann hat das einen anderen Stellenwert. Dann ist es nicht mehr nur ein angeordnetes Lied von Menschen, die Macht hatten. Wenn man die ‚Internationale' gesungen hat, dann hat man sich irgendwie verbunden gefühlt mit Menschen überall."

Im Jahre 1964 wurde Lenka Reinerová rehabilitiert. Gegen diese Formulierung erhebt sie sogleich Einspruch. „Nur gerichtlich rehabilitiert, das ist etwas anderes. Da hieß es dann: ‚tragischer Irrtum.' Ich erhielt auch eine Entschädigung, ich glaube, es waren 10.000 Kronen. Aber davon wurden zehn Kronen pro Tag für Kost und Logis abgezogen, für meinen Aufenthalt im Gefängnis. Ich habe darauf hingewiesen, dass ich mit den 10.000 Kronen rehabilitiert werde, also zu Unrecht dort war. Da hieß es aber nur: ‚Wenn Sie draußen gewesen wären, hätten Sie doch auch gegessen. Und das hätten Sie für zehn Kronen am Tag nicht geschafft.' Ich habe gesagt: ‚Dann hätten Sie mich länger drinnen behalten sollen, dass ich mehr spare...' Es war das einzige Mal in meinem Leben, dass ich wirklich hochgegangen bin, denn das war zu viel."

Schon vier Jahre später fiel die Schriftstellerin erneut in Ungnade, weil sie die Regierung unter Alexander Dubček unterstützt hatte. Zwei Jahrzehnte vor Gorbatschow in Russland versuchte Dubček, den Sozialismus in der Tschechoslowakei zu reformieren. Auch Lenka Reinerová gaben er und sein „Prager Frühling" 1968, mit dem das Land mehr Demokratie und Liberalität erhalten sollte, neue Hoffnung. „Aber wir waren naiv bei der Vorstellung, dass es wirklich gelingen könnte", urteilt sie nun selbstkritisch, „die Sowjetunion, das Regime dort, konnte sich das nicht leisten. Aber ich denke bis heute: Wenn wir nicht den ‚Prager Frühling' hier gehabt hätten, dann wäre der Gorbatschow nie ans Ruder gekommen. Und wenn Gorbatschow nicht ans Ruder gekommen wäre, fragt sich, wie lange die Berliner Mauer noch gestanden hätte..."

Sie wirkte selbst an dieser Zeit des Umbruchs mit. „Ich habe eine Zeitschrift gemacht, die sehr engagiert war. Die Bewegung ging ja von der Partei aus. 1958 waren sie wieder auf mich zugekommen und hatten gesagt: ‚Wir wissen genau, wer du bist und was du hinter dir hast. Du musst wieder bei uns Parteimitglied sein, du musst nicht den kleinsten Finger rühren. Es ist für uns eine Sache der Ehre.'" Mit dem Einmarsch der sowjetischen und anderer Truppen aus Staaten des Warschauer Paktes endete dieser „Prager Frühling" im August 1968. Die Kommunistische Partei der Tschechoslowakei besann sich einer neuen Ehre. Sie schloss Lenka Reinerová endgültig aus. Die Autorin erhielt wieder Publikationsverbot.

Wie hat sie diese Zeit überstanden? „Ich habe als Simultan-Dolmetscherin gearbeitet, das war eine anonyme Arbeit, wie bei vielen anderen Schriftstellern und Journalisten, die als Heizer arbeiteten oder als Schaufenster-Wäscher", erzählt sie. „Meine Arbeit hatte zumindest noch irgendeinen Sinn, sie war nicht ganz idiotisch und auch noch ganz gut bezahlt. Ich habe auch übersetzt, was ich nicht durfte, aber da hat dann eine Kollegin den Vertrag für mich unterschrieben, und die wurde in dem Buch auch als Übersetzerin abgedruckt. Sie war mächtig stolz darauf, aber der Verlag wusste natürlich, dass ich es mache. Ab Mitte der 80er Jahre, als ich mich als verhältnismäßig gute Übersetzerin etabliert und auf bildende Kunst spezialisiert hatte, habe ich auf Übersetzungen unter eigenem Namen bestanden. Und plötzlich ging das auch, denn zu diesem Zeitpunkt rumorte es schon ein bisschen in der Führung."

Auslöser dafür war die Bewegung „Charta 77". Mit ihr forderten Dissidenten nach der Konferenz für Sicherheit und Zusammenarbeit - der sogenannten „Helsinki-Konferenz" von 1975 - mehr Bürgerrechte in der Tschechoslowakei ein. „Das war schon in Ordnung. Nur für mich kam nicht in Frage, dass ich etwas unterschreibe", erklärt Lenka Reinerová ihre Haltung dazu. „Aus dem einfachen Grund: Ich hatte eine Tochter, die lebte in England. Ich wusste, wenn ich unterschreibe, sehe ich meine Tochter für eine unbestimmte Zeit nicht mehr. Und das konnte ich nicht mehr auf mich nehmen, das war einfach zu viel für mich nach all dem, was ich erlebt hatte. Und ich konnte es auch ihr nicht antun. Sie war sechs Jahre alt, als man mich geholt hat. Sie hat begonnen, in die Schule zu gehen, als ich nicht da war. Das kam für mich überhaupt nicht in Frage."

Erst mit dem demokratischen Wandel ab 1989 durfte die Schriftstellerin ihre Werke in ihrer Heimat wieder veröffentlichen. Seitdem schrieb sie mehrere Erinnerungsbücher über das Prager Milieu. Den Topos vom „Mythos Prag" hat sie damit nicht geschaffen, aber in ihren Erzählungen verbreitet und vertieft. Durch sie und ihre Werke lebte er weiter. Wer wissen wolle, wie Kafka einst gesprochen habe, der müsse nur Lenka Reinerová reden hören, hatte ein Buchverleger schon vor längerer Zeit angemerkt. Für ihre Verdienste erhielt sie hohe deutsche und tschechische Auszeichnungen: den Schiller-Ring, die Goethe-Medaille, das Bundesverdienstkreuz, die Tschechische Verdienstmedaille. Und ihre Ernennung zur Ehrenbürgerin von Prag. „Das ist etwas ganz Besonderes", unterstreicht sie ihre

Wertschätzung gerade dafür, „weil ich eine unmittelbare Beziehung zu dieser Stadt habe, vor allem aber wegen der Begründung dafür. Sie lautete: ‚Für die gegenseitige Bereicherung der tschechischen, deutschen und jüdischen Kultur in Prag.' Das wurde offiziell noch nie so formuliert, und so steht es jetzt im Goldenen Buch des Altstädter Rathauses, ein- für allemal. Das macht mir eine ganz besondere Freude."

All diese Ehrungen bescherten ihr zuweilen seltsame Verpflichtung. Zu allem und jedem musste Lenka Reinerová fortan Rede und Antwort stehen. Sogar über das sogenannte „Tanzende Haus", das der Stararchitekt Frank Gehry 1996 am Moldau-Ufer baute und das mehr einer zerdrückten Cola-Dose als einem Bürogebäude gleicht. In einem TV-Interview blieb die Prager Literatin auch bei dieser architektonischen Frage verbindlich wie immer. „Warum nicht?", befand sie lakonisch, „das ist eben der Fortschritt." Über diesen Hype um ihre Person freut sie sich bei unserem Treffen trotzdem. „Ich hätte nie gedacht, wirklich nicht, dass ich es dazu bringe, was mir in den letzten Jahren widerfahren ist: dass ich plötzlich bekannt bin, dass Leute mir applaudieren, dass ich ausgezeichnet werde. Das war überhaupt nicht in meiner Vorstellungswelt. Jetzt habe ich das, es ist sehr schön, aber es hat mich, glaube ich, gar nicht verändert. Ich bin dieselbe, die ich immer war."

Abrupt unterbricht sie ihre Erinnerungen. „Was ich hier erzähle, muss Ihnen doch alles vorkommen wie tiefstes Mittelalter?", schaut sie mich mit zweifelnden Augen an, „alles so weit weg von heute." Ich widerspreche heftig. „Im Gegenteil, ich könnte Ihnen noch lange zuhören."

„Aber ich habe keine Zeit mehr." Lenka Reinerová beendet unser Gespräch mit einem überzeugenden Argument. „Ich muss jetzt dringend zu einem Zahnarzt."

Am Abend des 27. Juni 2008, kurz vor 23 Uhr, melden die ARD-Tagesthemen, dass Lenka Reinerová im Alter von 92 Jahren gestorben ist. Sie habe als letzte deutschsprachige Schriftstellerin Prags gegolten, sagt der Sprecher.

„Das stimmt wirklich", bekräftigte Lenka Reinerová, als ich sie während unserer Begegnung im Café darauf ansprach, „ich habe selbst eine Liste mit all diesen Autoren gesehen. Und da stand mein Name als letzter in der Reihe."

Unter Menschenhändlern. Und Opfern

Rote Meile Wenzelsplatz. Nepp und Gaunereien. Nicht überall, aber wenn, dann heftig. Ganz besonders in der Seitenstraße Ve Smečkách am oberen Ende des Boulevards. Hier buhlen vier Nachtclubs auf wenigen Metern um zahlungskräftige Kunden. Erstaunlicherweise hat eine renommierte internationale Kette mittendrin ein Hotel eröffnet, das dem Rotlichtviertel wie eine Trutzburg Paroli zu bieten scheint. Schräg gegenüber lockt ein Türsteher zehn erwartungsfrohe Gäste mit den üblichen Versprechungen („Die schönsten Mädchen von Prag") in eine Kellerbar. Dafür kassiert er 100 Kronen Eintritt pro Mann. Umgehend eilt eine Bedienung an den Tisch und nimmt Bestellungen entgegen. Die Getränke müssen sofort bezahlt werden. Gleichzeitig lümmeln vier halbbekleidete Tänzerinnen gelangweilt auf Stühlen an einer Seite des Raums. Zwei andere stehen im Gang und telefonieren mit ihren Handys. Daher passiert auf der Bühne eine halbe Stunde lang überhaupt nichts, im Gegensatz zu den vollmundigen Ankündigungen des Türstehers. Nur ohrenbetäubende Musik dröhnt aus riesigen Lautsprechern. So laut, dass die jungen Männer das Etablissement nach wenigen Minuten wieder entnervt verlässt, obwohl sie ihre Gläser erst zur Hälfte ausgetrunken haben.

Ein paar Meter weiter zahlen Besucher sogar den doppelten Eintritt. Oberhalb einer kleinen Treppe kommen sie an eine zweite Tür, wo nochmals 50 Kronen zu entrichten sind. Dies wird offiziell als „Geschenk" für jenes Mädchen deklariert, das ihnen am besten gefalle. Diskussionen darüber sind zwecklos, der Eingang wird von zwei trainierten Bodyguards bewacht, die nicht den Eindruck erwecken, irgendwelchen Spaß zu verstehen. Geschweige denn die Sprachen ausländischer Gäste. Auch im Club passen „Sicherheitskräfte" auf, dass die Geschäfte reibungslos funktionieren. Die Bedienung offeriert eine Flasche Bier zu 190 Kronen. Bei der Bezahlung fordert sie plötzlich 290 Kronen. So stehe es schließlich in der Getränkekarte, sagt sie unwirsch. Diese Liste liegt auf kaum einem Tisch aus.

Einzig die stolze Ankündigung im Schaukasten, dass dieses Nachtetablissement „täglich 40 bis 70 Frauen" anbiete, scheint den Tatsachen zu entsprechen. Unter ihnen sind Tänzerinnen, Animierfrauen, aber auch Prostituierte. Denn einige Clubs sind zugleich Bordelle, die in Nebenräumen oder oberen Etagen Zimmer bereithalten. Politik und Verwaltung lassen sie ohne große Einschränkungen gewähren. Insider bestätigen, dass in diesem Wirtschaftszweig kräftig geschmiert und korrumpiert wird. „Natürlich muss ich zahlen, wie alle anderen auch", erklärt mir ein Nachtclub-Besitzer. Gerade so, als sei dies das Selbstverständlichste der Welt. Womit er jedoch nicht Abgaben an Mafia-Organisationen meint, sondern an Empfänger in Amtsstuben. Was für einige in Prag das gleiche ist.

Seit fünf Stunden recherchiere ich in der Innenstadt. Eine Wochenzeitung hat mich damit beauftragt, eine Reportage über das Nachtleben in der tschechischen Metropole zu schreiben. Auslöser dafür war eine Story, die ich zuvor über das wilde nächtliche Treiben während der Donaumonarchie in Prag geschrieben hatte. An Berichten prominenter Zeit- und Augenzeugen darüber herrschte kein Mangel. Der Lokaljournalist Egon Erwin Kisch wies auf unzählige Dokumente im Prager Stadtarchiv hin, die schon damals eine lange Geschichte der käuflichen Liebe in der Metropole belegten. Wie Kisch ließ auch der

Schriftsteller Franz Werfel reichlich eigene Erfahrungen und Erlebnisse aus Prager Nächten in seine Erzählungen einfließen. Beiden hatte es vor allem der „Salon Goldschmied" angetan, in dem sich jede Nacht die Bohème der Stadt traf. Er befand sich in der Kamzíková (Gemsengasse) und hatte schon vor seiner Schließung in der Silvesternacht 1919 unter dem Spitznamen „Gogo" einen legendären Ruf. Mitglieder von Regentenhäusern und Regierungen gingen hier inkognito auf „Gemsenjagd". Selbst Seine Kaiserliche Hoheit soll in dem Haus verkehrt sein.

„Interessant", sagte eine Redakteurin der Zeitung, nachdem sie mein Manuskript abgedruckt hatte, „aber noch spannender wäre ein Report über die nächtliche Szene heute." Ihre Forderung war nicht unbegründet. Der Wenzelsplatz ist in Europa längst nicht mehr als Sitz des Nationalmuseums bekannt, sondern als Sammelpunkt für erotische Angebote. Wahrscheinlich ist er dafür schon so berühmt wie die Reeperbahn auf St. Pauli. Auf der rechten Wegseite in Richtung Museum sprechen dunkelhäutige Schlepper beinahe an jeder Ecke alleinreisende Männer an, um sie zu einem Besuch der zahlreichen Nachtclubs zu animieren. Kioske auf dem Wenzelsplatz offerieren neben Zeitungen und Stadtplänen auch zahlreiche erotische Reiseführer. Darin werden Adressen von Clubs und Bordellen aufgelistet, ergänzt durch Preise und Tipps über Angebot und Qualität der Mädchen. Mit dem Slogan „Beer and Breast" warben britische Veranstalter vor einiger Zeit für Reisen in die tschechische Hauptstadt. Wobei „Breast" nicht auf den Verzehr kulinarischer Genüsse in Prager Gaststätten abzielte. Noch immer ist die Stadt ein bevorzugtes Ziel, wenn englische Junggesellen ihren Abschied vom Alleinsein feiern wollen.

Alle Versuche einer Bürgerinitiative, dem Boulevard im Zentrum der Stadt ein besseres Image zu geben, blieben erfolglos. Selbst der Straßenstrich besteht hier weiter, wenn auch nicht mehr so groß wie in den Jahren nach der politischen Wende.

Nach Angaben der Polizei sollen derzeit etwa 100 Frauen nach Freiern suchen. Zu sehen sind aber gleichzeitig kaum mehr als 20, vor allem Roma, die ihre Dienste gleich an Ort und Stelle in zugigen Passagen oder Treppenhäusern anbieten. Meist wenig erfolgreich, weshalb sie von ihren ums Eck wartenden Männern und Brüdern oft beschimpft und zuweilen auch verprügelt werden. Dabei sind ihre Preise erschreckend. Viele offerieren sexuelle Dienste schon ab 500 Kronen (etwa 20 Euro), manch Ältere angeblich sogar im Tausch für Lebensmittel, wie Streetworker berichten. Eine Zeitlang zeigte die Polizei auf dem Platz Präsenz, indem sie Mannschafts- und Streifenwagen vorfahren ließ. Jedoch speziell in der touristischen Hochsaison, weshalb sie lediglich der Eindruck von Scheingefechten erweckte. Dafür nehmen Polizisten während ihrer nächtlichen Streifengänge gerne selbst mal einen Kaffee an der Theke des „Carioca"-Clubs.

Im frühen 20. Jahrhunderts fanden Chronisten in Prag noch Häuser vor, die „nicht nur ein Hort der Freuden waren, sondern auch der geistigen Regsamkeit." Deshalb wurden sie zu einem Treffpunkt für Jüngere und Ältere der gehobenen Klasse. Franz Werfel, wohl selbst Stammgast im Bordell „Goldschmied", schrieb über die Mädchen, dass die Tüchtigsten eine besondere Würde zur Schau stellten und durch ihre Beschäftigung dort gar „in höhere Lebenskreise" einzutreten glaubten. Das genaue Gegenteil davon lerne ich unerwartet kennen, als ich schon auf dem Heimweg bin und am frühen Morgen über den Betlémské náměstí (Bethlehemplatz) nahe der Karlsbrücke gehe. In einer dunklen Ecke des Platzes spricht mich plötzlich ein junger Mann in gutem Englisch an. Er ist kaum älter als 20 Jahre und drückt mir einen bunten Zettel in die Hand. Darauf das übliche Angebot: sehr schöne Mädchen, gute Preise, ergo exakt das Richtige für einen einsamen Mann in dunkler Nacht. Was komplett von der Norm abweicht: Es fehlt eine Adresse. Wo man denn all diese Versprechungen einlösen könne, frage ich nach. „Ich bringe Sie hin, kein Problem", erwidert der Mann freundlich. Unterwegs teilt er mir mit, dass er aus Kasachstan komme und an der Prager Universität Politische Wissenschaften studiere. Heute Nacht verdiene er sich das notwendige Zubrot zu seinem Studium.

Trotzdem möchte ich gerne wissen, wer ihn bezahle und wohin man nun gehen müsse. „Es ist nicht weit, nur ein paar Schritte", weicht er aus. Tatsächlich laufen wir kaum 200 Meter bis zum Smetanovo nábřeží (Smetana-Kai) an der Moldau. Dort klingelt er an der Pforte eines Hauses, das scheinbar gewöhnliche Prager Bürger bewohnen, wie die Namen auf den Schildern ausweisen. Auf Nachfrage flüstert er seinen Namen und ein Codewort in eine Sprechanlage. Dann öffnet sich die Tür, und wir steigen über ein enges Treppenhaus an der Außenseite des Hauses hinauf in die Dachkammern. Uns empfängt eine gepflegte Frau mittleren Alters, sie führt mich in einen großen Raum mit schrägen holzverkleideten Wänden und Querbalken. Dort erwartet mich eine bizarre Kulisse, wie sie Franz Kafka in einem seiner Romane beschrieben haben könnte. In einem Halbkreis kauern etwa 15 Mädchen auf schmalen Stühlen vor mir. Sie sind zum größten Teil sehr jung, einige wohl gerade erst 18 Jahre alt geworden. Alle sind vollständig bekleidet, im Gegensatz zu den Mädchen in Reizwäsche zuvor in den Clubs. Manche haben noch Koffer neben sich stehen, scheinbar sind sie gerade erst in Prag angekommen. Andere flüstern miteinander in osteuropäischen Sprachen.

Ich bin der einzige Gast auf dem Dachboden. Die Empfangsdame führt mich herum und deutet auf einzelne Mädchen. „Wie wäre es mit dieser hier?", fragt sie. Als ich die junge Frau ganz links ansehe, fängt sie an zu zittern. Ihr angsterfüllter Blick fällt auf mich zurück. Die beiden Mädchen neben ihr rutschen nervös auf ihren Sitzen hin und her. Nicht, um auf sich aufmerksam zu machen, wie die Club-Girls mit ihren aufreizenden Posen. Vielmehr wollen sie im Gegenteil von sich ablenken, sich quasi verstecken. Was freilich unmöglich ist, weil sich keinerlei weitere Möbel in dem Raum befinden. Dafür sind noch andere Menschen in der Nähe. Aus einem verschlossenen Raum hinter den Frauen dringen Geräusche herüber. Es raschelt, ein Metallteil fällt auf den Boden, leises unterdrücktes Fluchen wird hörbar. Es bedarf keiner großen Phantasie, um zu erkennen, dass sich in dem Nebenzimmer Handlanger aufhalten, die auf die Mädchen aufpassen.

All diese Umstände lassen nur eine Deutung zu: Hier sitzen Opfer von Menschenhändlern, die zur Prostitution gezwungen werden sollen! Den meisten, vielleicht sogar allen Mädchen wird erst in diesen Minuten bewusst, was sie in Prag erwartet und auf wen sie hereingefallen sind. Jetzt wollen sie nur noch weg von hier, so schnell wie möglich wieder zurück in ihre Heimat - wenn dies irgendwie möglich wäre.

„Nein, niemand dabei, schade", bedauert die Frau mit gespielter Enttäuschung, als sie merkt, dass ich die Wohnung wieder verlassen will. Mit einer wegwerfenden Handbewegung fordert sie mich auf, rasch zu gehen. Der kasachische Führer war gleich nach der Begrüßung umgekehrt, wohl um auf dem Platz neue Kunden einzufangen. So begleitet mich niemand hinaus. Die Gittertür ist auf dem Rückweg verschlossen. Deshalb muss ich außen über das Geländer klettern, fünf Meter über dem Eingang. In diesem Haus wird beim Geschäft mit dem käuflichen Sex zu dieser Stunde noch stark improvisiert. Alles soll scheinbar möglichst geheim ablaufen, um nicht aufzufliegen.

Wie organisiert Menschenhändler sonst arbeiten, erfahre ich ein paar Tage später von Oxana, die in der Ukraine zu einem Opfer wurde. Den Kontakt zu ihr hat mir ein befreundeter Streetworker vermittelt. Die zerbrechlich wirkende Ukrainerin wohnte in einem Dorf unweit von Kiew mit ihrer zweijährigen

Tochter, den Eltern und der Großmutter. Ihr kleines Bauernhaus gehörte der Familie seit Generationen und war nicht nur an einer Ecke reparaturbedürftig. Während sich ihre Oma nach Kräften um karge Erträge aus einer kleinen Landwirtschaft mühte, verfiel der Vater immer stärker dem Alkohol. „Er verkraftete nicht, keine Arbeit mehr zu haben", erklärt Oxana. Daher fühlte sie sich für den Unterhalt des Fünf-Personen-Haushaltes verantwortlich. In Kiew bekam sie eine Stelle als Sekretärin. Über eine Stunde fuhr sie mit dem Bus dorthin, jeden Tag außer sonntags. Ihr Arbeitgeber war eine kleine heimische Firma. Doch ihr Verdienst reichte nicht aus, um die große Familie ausreichend versorgen zu können.

Aus diesem Grund ging Oxana dem unbekannten Landsmann nicht gleich aus dem Weg, der sie eines Tages auf der Dorfstraße ansprach. Er war Anfang 40 und trat ihr in einem schicken Anzug mit Krawatte gegenüber. Der Ukrainer bot ihr einen Job im Ausland an. Da seien 2.000 Dollar im Monat zu verdienen, gab er vor. Er öffnete sogleich seinen Aktenkoffer und zauberte auf der Stelle die notwendigen Formblätter für Pass und Visum hervor. Oxana ist nicht dumm, andernfalls hätte sie kaum die Stelle in der Hauptstadt bekommen. Daher zweifelte sie an seinen Versprechen. Doch der Mann zeigte Langmut. Kein Problem, er schaue nächste Woche nochmals vorbei. Allerdings verließ er sie nicht ohne den deutlichen Hinweis, was für ein Segen das deutlich höhere Einkommen für ihre Verwandten sein werde. „Deine Familie kämpft ums Überleben, vergiss das nicht!" Oxana rätselte noch, woher er ihre Verhältnisse so genau kannte, als sie der fremde Mann ein paar Tage später vor ihrer Firma in Kiew abfing. Sie sollten vor ihrer Heimfahrt schnell ein kleines Café in der Nähe aufsuchen, forderte er sie auf, und noch einmal über seinen Vorschlag reden. In der Gaststätte wartete zu ihrer Überraschung auch Sergiy auf sie, ein Schulfreund von früher. Jahr für Jahr saß sie neben ihm in der kleinen Dorfschule. Und sie war sehr verliebt in ihn. Doch er wollte lieber Nadja, eine andere Schulkameradin. Schon mit 20 heirateten sie, mit 21 wurde die Ehe wieder geschieden.

Jetzt war ihr klar, wer den Unbekannten über sie informiert hatte. Trotzdem zog sie Sergiy an ihre Seite, um seinen Rat zu hören. „Sei nicht dumm", redete er ihr ins Gewissen, „kein Mensch kann dir zusichern, dass du deine Arbeit in dieser Firma in Kiew noch lange behalten wirst." Im Ausland warte dagegen eine sichere Anstellung auf sie, mit einem festen Gehalt, und viel höher als hier. „Ich habe Angst, ins Ausland zu gehen", entgegnete sie, „was soll ich überhaupt dort machen?" Sie werde als Kellnerin in einem großen Hotel arbeiten, erklärte der Fremde. Vielleicht finde sie dort sogar einen netten freundlichen Mann fürs Leben, sie sei ja solo, und das Hotel ein ziemlich großes Haus, da habe sich schon manche Ehe angebahnt. Oxana dachte in dieser Sekunde eher an eine Heirat mit Sergiy statt mit einem Unbekannten, wie sie jetzt zugibt. Mehr noch waren ihre Gedanken aber bei einem anderen Menschen, der ihr ganz nahe steht.

„Und meine Tochter?", bohrte sie nach. Man bekomme im Ausland genug Urlaubstage und könne jederzeit zu Besuch nach Hause fahren, beruhigte der Unbekannte. Und, nicht zu vergessen, jeden Monat 2.000 Dollar für ihr Mädchen und den Rest der Familie. Oxana schwankte zwischen dem dringend nötigen Geld und der unsicheren Zukunft. Sie kannte Sergiy so lange, er sollte ihr die Entscheidung erleichtern. Am besten sogar abnehmen. „Glaubst du ihm?", sprach sie ihn direkt an. Selbstverständlich, habe Sergiy bekräftigt und seine Hand auf ihren Arm gelegt.

„Ich hätte den beiden niemals vertrauen dürfen", wirft sich die 23jährige heute vor.

Der Fremde begleitete sie nach Tschechien. Gleich nach der Ankunft nahm er ihr den Pass ab, ebenso ihr Visum. Und er war nun überhaupt nicht mehr höflich zu ihr. Schlimmer noch. „Du hast 13.000 Dollar Schulden bei mir", gab er ihr mit grimmigem Gesichtsausdruck zu verstehen, „das musst du jetzt abarbeiten." Ihre Anreise habe viel Geld gekostet, Touristenvisum, andere Dokumente, Transport, all die Spesen. Dazu natürlich die Kosten für seine Fahrten in ihr Dorf, warf er ihr zynisch an den Kopf. Dann brachte er sie in ihre Unterkunft. Sie fuhren nicht in das angekündigte Großhotel, sondern in ein Bordell an der deutsch-tschechischen Grenze. Dort begrüßte sie eine ältere Frau überaus herzlich. Man werde schon gut miteinander auskommen, versicherte sie mit festem Handschlag.

„Was soll das? Was ist mit dem Job als Bedienung?" begehrte Oxana kurz und mit allem Mut auf, den sie hatte. „Es gibt derzeit keine andere Arbeit für dich, und basta", gab der Vermittler barsch zurück. Zugleich warnte er sie: „Versuche gar nicht erst, wegzulaufen. Ich habe deinen Pass. Außerdem finde ich dich, egal wohin du gehst." Eine Drohung bereitete ihr besonders große Sorge: „Ich weiß, wo deine Familie wohnt, denk' an dein Kind. Stell dir vor, was mit ihm passieren könnte..." Seine Einschüchterungen verfehlten nicht ihre Wirkung. Aus purer Angst befolgte Oxana seine Anweisungen. „Du hast doch gewusst, was hier auf dich wartet und was du machen wirst", trat der Fremde bei einem Besuch nach, „schließlich hast du das Geld notwendig gebraucht und nie das Märchen vom Hotel geglaubt, oder...?" Tatsächlich konnte sie nur manchmal ein paar Dollar an ihre Eltern in die Ukraine schicken. In diesen Briefen behauptete sie weiterhin, als Kellnerin zu arbeiten. Schon, weil ihre Post sonst nicht weiter befördert worden wäre. Aber auch aus einem Gefühl von Scham und Schande.

Drei Jahre hielt es Oxana in dem Bordell aus, ständig überwacht und abgeschirmt von der Außenwelt. Oft wurde ihr Zimmer durchsucht. Und sie erhielt Schläge von brutalen Aufpassern, wenn sie nicht genügend Geld verdient hatte. „Man hielt mich wie einen Hund", findet sie einen drastischen Vergleich für ihr damaliges Leben. Nach wenigen Tagen leistete sie keinen Widerstand mehr gegen die Anweisungen der Frau, die sie so freundlich eingeführt hatte und doch nur eine Helferin des Bordellinhabers war. Irgendwann habe sie tief in ihrem Inneren einfach nichts mehr gespürt. „Ich wollte nur noch überleben", beschreibt Oxana ihre Gefühle. Dann vertraute sie sich heimlich einem Streetworker an, der den Club manchmal aufsuchte. Er arbeitete für „Magdala", einem Projekt der Caritas in der Erzdiözese Prag, das Opfern von Menschenhandel kurz- und längerfristig Unterstützung anbietet. Aller Angst zum Trotz steckte sie ihm eine Serviette in die Tasche, darauf ein Hilferuf in dürren Worten. Der Helfer holte sie in einer Nacht-und-Nebel-Aktion aus dem Club bei Cheb (Eger) und brachte sie an einen sicheren Ort.

Solch ein vertrauenswürdiger Platz ist ein Heim der Caritas, das versteckt zwischen Wohnblocks an einem Stadtrand von Prag liegt. „Verraten Sie unsere Adresse nicht", bittet mich Leiterin Jindřiška Krpálková um Diskretion, „ich kann nicht ausschließen, dass unsere Bewohnerinnen noch immer von ihren Peinigern gesucht werden." In ihren Räumen erhalten Opfer von Menschenhändlern Rechts- und soziale Beratung, medizinische Hilfe, Umschulungen und Ratschläge für eine Rückkehr in ihre Heimat. Besonders wichtig ist für die meisten jedoch zunächst das geheime und geschützte Wohnen. Trotzdem flößt die neue Umgebung vielen Hilfesuchenden oft Furcht ein. Deshalb lehnen sie Gespräche lange ab. Zuweilen kommen Schlafstörungen, Alpträume und die Panik vor Männern hinzu. Viele sind unterernährt und nehmen in der Unterkunft kaum Nahrung auf. „Anfangs wollen viele Frauen das Gebäude überhaupt nicht verlassen, und später auch nur in Begleitung von Helferinnen", bekräftigt Krpálková.

Von Zwangsprostitution war bei meinen Besuchen in den Prager Clubs vordergründig nichts zu bemerken. Zwar erklärte mir ein Theker aus einem dieser Etablissements nach Dienstschluss, dass in vielen Nachbars die Mafia herrsche. Allerdings ging er nicht ins Detail, möglicherweise aus Angst. Doch es ist bekannt, dass Banden aus Ost- und Südosteuropa tschechische Gangs in den 1990er Jahren aus dem Rotlichtmilieu drängten und die Bezirke Prags untereinander aufteilten. So beschrieb Jürgen Roth, Autor von Sachbüchern über Organisierte Kriminalität, schon vor einigen Jahren die Übernahme des Prager Nightclubs „U Holubů" durch die Russenmafia.

Heute beurteilt die Polizei die Lage weniger dramatisch. Ausländische Zuhälter hätten die Frauen früher mit Waffengewalt und Drogen zum Sex gezwungen, dagegen seien tschechische Bordellbesitzer mittlerweile vergleichsweise harmlos, erklärt ein Polizeisprecher. Auch Jindřiška Krpálková hat die Erfahrung gemacht, dass Club-Besitzer in Prag nicht mehr so brutal vorgehen wie einst. Nach ihrem Eindruck wollen sie sich als Geschäftsmänner gerieren und gute Beziehungen in normale Wirtschaftsbereiche pflegen. Deshalb seien ihre Einrichtungen jetzt kultivierter. Gleichwohl stellt sich für Krpálková das Problem der Prostitution heute generell nicht anders dar als nach der Wende 1989.

Wie sie beklagt auch die tschechische Vertretung der Internationalen Organisation für Migration (IOM) seit Jahren, dass das komplette Ausmaß des Frauenhandels in Tschechien sehr im Dunkeln liege. Die Szene schottet sich hermetisch ab, betroffene Frauen sind für Hilfe von außen schwer zu erreichen. So fehlt es an notwendigen Zeuginnen für Zwangsprostitution. Nur vereinzelt werden Fälle durch Razzien aufgedeckt, wie selbst das tschechische Innenministerium in einem Report einräumen musste. Experten gehen daher von einer hohen Dunkelziffer aus. In Tschechien sollen jährlich etwa 400 Millionen

Euro mit der Prostitution umgesetzt werden. Davon profitieren in erheblichem Maße auch Menschenhändler.

Diese spezielle Form der Kriminalität begann hier nach dem Fall des „Eisernen Vorhangs" und mit den offenen Grenzen. Frauen aus Osteuropa wurden quasi über Nacht zur „Handelsware". Zunächst war die Tschechische Republik selbst ein wichtiges Herkunftsland für den Menschenhandel. Viele junge Tschechinnen fielen auf verlockende Angebote über gutbezahlte Jobs im Ausland herein und landeten nicht selten als Zwangsprostituierte in einem Bordell in Westeuropa. Solche Fälle gibt es nach Erkenntnissen von Hilfsorganisationen noch immer. Weil sich die wirtschaftlichen Bedingungen in Tschechien aber verbessert haben und das Land in unmittelbarer Nähe zu Deutschland und Österreich liegt, wird die Republik nun stärker zu einem Ziel für ausländische Menschenhändler. Sie versprechen Frauen wie Oxana eine Arbeit zu angenehmen Bedingungen in der tschechischen Gastronomie oder als Putzfrauen. Nur selten schenken sie ihnen (halb-)reinen Wein ein und kündigen zumindest erotische Dienste an, die sie zu leisten hätten. Oft werden Opfer von Zwangsprostitution an andere Zuhälter oder Eigentümer von Nachtclubs weiter verkauft, um den Profit noch zu erhöhen. Nach internationalen Studien sollen jährlich bis zu zwei Millionen Menschen „gehandelt" werden, davon bis zu 500.000 innerhalb Europas. Die Einnahmen aus dem Menschenhandel werden auf bis zu zwölf Milliarden Euro geschätzt. Somit bringt diese Form der Organisierten Kriminalität den Tätern Gewinne ein, die mit dem internationalen Drogen- und Waffenhandel vergleichbar sind. Wobei sie beim Menschenhandel jedoch ein weit geringeres Risiko eingehen, weil sie die hilflose Lage ihrer Opfer in einem fremden Land gnadenlos ausnutzen.

„Die Frauen sind meist so verängstigt, dass sie selbst gar nicht auf den Gedanken kommen, Hilfe zu suchen", berichtet

Tereza Hulíková von IOM. Organisationen und Politiker beklagen, dass die gesamte Prostitution - ob freiwillig oder erzwungen - völlig unübersichtlich sei. Schon Schätzungen über die Zahl der Prostituierten in Tschechien gehen weit auseinander. So sehen Verantwortliche von „Rozkoš bez Rizika" („Vergnügen ohne Risiko") etwa 10.000 Frauen in dem Gewerbe, davon rund 3.000 in Prag. Die tschechische Caritas und auch die Organisation „La Strada" sprechen dagegen sogar von über 30.000 Frauen im Rotlichtmilieu, wobei bis zu 70 Prozent von ihnen aus dem Ausland stammen sollen. Nach Angaben des Prager Innenministeriums hauptsächlich aus Bulgarien, Litauen und der Ukraine. Hilfsorganisationen haben registriert, dass Menschenhändler aber auch Frauen aus Rumänien oder asiatischen Staaten wie Vietnam oder China einschleusen.

Ein großes Problem ist, dass Prostitution in der Tschechischen Republik offiziell nicht existiert und in einer rechtlichen Grauzone liegt. Dass sie bis heute nicht durch ein Gesetz geregelt wurde, erleichtert das Geschäft von Menschenhändlern. Die schleppende staatliche Initiative für ein regulierendes Gesetz führt Heimleiterin Jindřiška Krpálková auch darauf zurück, dass es dabei um viel Geld geht. Und dass Korruption eine Rolle spielen könnte, wie so oft in Tschechien. „Ich denke ja", so Krpálková, „auch wenn ich keinen Beweis dafür habe." Gesetzesvorlagen gab es schon mehrere, keine wurde bisher im Parlament verabschiedet. Der Prager Stadtrat wollte kürzlich Prostitution legalisieren, indem Huren zu Gewerbetreibenden würden, Steuern und Sozialabgaben zahlen müssten. Dafür hätten sie Anspruch auf bessere gesundheitliche Versorgung und sogar eine Rente. Für Hana Malinová von „Rozkoš bez Rizika" lässt sich das Problem durch ein nationales Gesetz jedoch nicht lösen. Gerade Zwangsprostituierte würden dadurch weder erfasst noch geschützt, weil sie keine Aufenthaltsgenehmigung besitzen, und auch keine Arbeitserlaubnis.

Trotzdem verbinden Lokalpolitiker damit die Hoffnung, das Organisierte Verbrechen in Tschechien wirkungsvoller bekämpfen und die Szene besser überwachen zu können. Denn in Prag sind nur acht Prozent der Prostituierten auf der Straße tätig. In den allermeisten Fällen spielt sich Prostitution in Model-Wohnungen oder in Club-Bordellen in der Innenstadt ab. Dadurch werde Prostitution immer stärker in die Anonymität gedrängt und gerate zunehmend außer Kontrolle, fürchten Politiker und Hilfsorganisationen. Und so wachse die Gefahr für Frauen, Opfer von Gewalt zu werden. Deshalb sei in den letzten Jahren auch die Zwangsprostitution angestiegen, sagt Petra Vorlíčková von der Organisation „Karo". Im deutsch-tschechischen Grenzgebiet werden Bordelle oft als einfache Restaurants oder Hotels getarnt, und die Frauen als freiwillige Hilfskräfte. Ohne eindeutige Gesetze haben Polizei und Behörden große Probleme, dagegen vorzugehen. „Sie dürfen ohne konkrete Hinweise nicht in Clubs", erklärt Jindřiška Krpálková, „erst aufgrund von Beweisen geben ihnen Richter die Erlaubnis, auch in die Zimmer der Mädchen zu gehen." Ob ein Richter solch eine Handhabe zum Einsatz erteilte, hänge „von seiner Person und vom jeweiligen Fall ab", sagt Krpálková. Womit sie auch darauf verweist, in der Judikative nicht nur Unterstützer zu haben.

Die Organisation „Magdala" hat sich in den letzten Jahren zu einem großen Netzwerk mit rund 100 Helfern entwickelt. Sie unterhält Kontakte zur Polizei entlang der deutsch-tschechischen Grenze, die neben Prag als Hochburg der (Zwangs-)Prostitution in Tschechien gilt. Speziell auch zu Einheiten, die gegen die Organisierte Kriminalität kämpfen. „Sie können besonders gut helfen, wenn es bei einer Frau Probleme mit dem Pass gibt", klärt mich ein Streetworker auf, „dann kann die Polizei sie mitnehmen, auch gegen den Willen der Clubbesitzer." Stellt sich eine Frau als Zeugin zur Verfügung, erhält sie sofort eine legale Aufenthaltserlaubnis für Tschechien und kommt in ein Schutzprogramm.

In dem Haus von Jindřiška Krpálková am Stadtrand von Prag leben 20 ehemalige Prostituierte gemeinsam mit Opfern von häuslicher Gewalt. Sie kommen aus Tschechien, der Ukraine oder Vietnam, einige haben ihre Kinder dabei. Das Heim ist ein Modellprojekt. Die Frauen bewohnen einen Teil dieses Gebäudes, in einem anderen leben Senioren. „Wir hoffen, dass sich beide Gruppen gegenseitig stützen", formuliert Krpálková als Hauptziel. Alle Bewohner essen gemeinsam, machen Ausflüge, sprechen miteinander, treffen sich beim Freizeitprogramm im Garten.

Auch Oxana hat eine neue Unterkunft gefunden. Sie ist noch immer ängstlich, hat jedoch neue Hoffnung auf ein glücklicheres Leben für sich und ihre Tochter geschöpft. Vor ein paar Monaten nahm sie wieder Kontakt zu ihrer Familie in der Ukraine auf. Im Gegensatz zu den meisten ehemaligen Prostituierten will Oxana zurück in ihre Heimat, allerdings in anderes Dorf. Sie hat ihre Familie schon gebeten, dorthin zu ziehen. „Sie wird versuchen, wieder ein normales Leben zu führen, mit Familie, neuen Freunden und vielleicht einem Ehemann", blickt der Streetworker voraus, „doch sie muss sich ein komplett neues Leben aufbauen. Und das wird ein großes Problem."

Ferne Heimat Prag

Mit ihrer Großmutter spricht Nelly tschechisch und mit den anderen Kindern im Zirkus deutsch. Außer mit der Tochter des Raubkatzen-Dompteurs, die nur englisch versteht. Mit ihrem Papa unterhält sich Nelly auf italienisch, ebenso mit ihrer Tante. Sie ist jedoch Französin, wie auch ihre kleine Tochter. Deshalb weicht Nelly in Gesprächen mit den beiden manchmal ins Französische aus. Nelly verständigt sich also in fünf Sprachen und könnte damit beinahe schon selbst im Zirkus auftreten. Denn sie ist erst fünf Jahre alt. „Wir sind eben eine Multi-Kulti-Familie", schmunzelt Oma Monika, „und Nelly saugt alles auf wie ein Schwamm."

Gerade hört Nelly am Stand ihrer Großmutter einer älteren Dame zu, die ebenfalls einen Enkel im Schlepptau hat. „Eine große Tüte, bitte", bestellt die Besucherin. Monika Štipka füllt einen Pappbehälter bis zum Rand mit Popcorn, reicht ihn über die Theke und kassiert dafür fünf Euro. „Ich beschäftige mich einfach gerne", sagt sie, „und hier komme ich zudem noch mit vielen Leuten in Kontakt." Monika Štipka ist mittlerweile 67 Jahre alt und verdient sich mit dem Verkauf von Popcorn im Vorzelt des Zirkus Charles Knie ein kleines Taschengeld zu ihrer Rente. Bis zu ihrem 50. Lebensjahr trat sie als sogenannte Jockeyreiterin selbst in der Manege auf. „Solange ich dort ansehnlich war", wie sie bescheiden anfügt.

Diese Rolle haben nun ihre Kinder Daniel und Denisa übernommen. Als beide kurz nach Beginn der Vorstellung einreiten, riecht es im Zirkusrund nach Sägespänen und auch ein wenig nach Popcorn, wofür der tüchtige Verkauf durch Monika Štipka und der Pausenclown aus der Schweiz sorgten, der unentwegt ihren erhitzten Puffmais futtert. Die Štipkas führen auf dem Rücken von zwei schweren holländischen Friesenhengsten ein „Pas de deux" vor, uralte Zirkuskunst, von ihnen weiter verbessert. Während Daniel die tiefschwarzen Pferde breitbeinig und in gleichmäßig hohem Tempo durch die Manege lenkt, steigt Denisa auf seine Schulter und präsentiert ständig neue Figuren. Mit seinem athletischen Körper hält Daniel seine Schwester scheinbar mühelos im Gleichgewicht. So kann Denisa in immer riskantere Positionen wechseln. Zum krönenden Abschluss umkreisen beide Kopf auf Kopf die Manege. Einen weiteren Auftritt absolvieren die Štipkas unmittelbar vor der Pause. Eingeführt von Tänzerinnen in spanischer Tracht und untermalt von feurigen Klängen, reiten sie auf ihren Pferden die klassische „Hohe Schule". Weil auch Gesang diese anmutige Vorführung begleitet, kommt die Musik ausnahmsweise vom Band und wird nicht vom achtköpfigen Live-Orchester eingespielt. Der Vortrag ist in ein Dressur-Potpourri eingebettet, bei dem ein Tierlehrer sechs weitere Friesen temporeich und in verschiedenen Formationen durch die Manege laufen lässt.

Trotz des enormen Kraftaufwandes wirken die Darbietungen der Štipkas spielerisch leicht. „Das ist eben Professionalität", kommentiert ihre Mutter die Meisterleistungen knapp, für die sie nach all ihren Jahren im Zirkus jedoch kaum noch ein Auge hat. Dafür sieht sie vor und während der Vorstellungen nach den Enkeln. Und sie sorgt dafür, dass die Familie danach etwas Feines auf den Tellern hat. „Ich halte ihnen den Rücken frei", beschreibt Monika Štipka ihre Aufgabe, „und mir tut's gut." Weil sie in Sport und Gymnastik die Beste in ihrer Klasse war, besuchte die kleine zierliche Frau schon mit zwölf Jahren eine Ballett- und Artistenschule in ihrer Heimatstadt Ost-Berlin. „Ich hatte keine Ahnung, was mich dort erwartet", wundert sie sich noch heute über ihren Mut. Danach erhielt die junge Monika ein Engagement als Trampolinspringerin im DDR-Staatszirkus. Er gab im Jahr 1966 Artisten für ein gemischtes Programm mit tschechoslowakischen Künstlern ab. Dabei lernte sie den tschechischen Kunstreiter Harald Štipka kennen. Und lieben. „Es passt zwischen uns", schrieb er ihr ein Jahr später unsentimental nach Ost-Berlin, „mach' die Papiere fertig." Im tschechischen Schicksalsjahr 1968 heirateten sie, und Monika zog zu ihm nach Prag.

Die Štipkas sind eine tschechische Zirkusfamilie mit großer Tradition. In ihrem Wohnwagen bewahrt Monika Štipka alte Schwarz-Weiß-Fotos auf, einige schon zerknittert, andere etwas vergilbt. Eines reicht bis zum Beginn des 20. Jahrhunderts zurück und zeigt sechs zum Teil blutjunge Familienmitglieder, alle in Artistenkostümen und der Größe nach seitwärts aufgereiht. „Schon die Großmutter von Harald und deren Geschwister traten in der Manege auf", erklärt sie dazu, „und der Großvater war als Komödiant im In- und Ausland unterwegs." Auf einem anderen Bild aus dem Jahr 1962 ist Harald als 20jähriger in einem Cowboy-Outfit im tschechoslowakischen „Cirkus Evropa" zu sehen, gemeinsam mit seiner Mutter Zdenka. „Sie wurde 1921 in einem Wohnwagen geboren und war eine erfolgreiche Drahtseilartistin", erinnert sich die spätere Schwiegertochter. Frühzeitig begeisterten die Štipkas das Zirkuspublikum auch mit waghalsigen Pferdenummern.

In der Familie ihres Mannes sattelte Monika um und erlernte Kunststücke der Jockeyreiterei. Flic-Flac, Salto oder Kopftrapez. „Trotz meiner Grundausbildung als professionelle Artistin war das was ganz anderes", musste sie feststellen. Gemeinsam mit Harald, Schwager und Schwägerin sowieso zwei Partnern aus einer Moskauer Artistenschule bildete Monika Štipka eine Formation, die unter dem Namen „Haraldos" auftrat. Sechs Artisten und vier bis fünf Pferde im Zirkusrund, damit war die Gruppe über Jahre hinweg eine circensische Attraktion. Wie vielen anderen eröffnete der „Prager Frühling" 1968 auch den Štipkas unerwartete Vorteile, vor allem Tourneereisen durch das westliche Ausland. Mit seiner Niederschlagung endete der rege Kulturaustausch. „Ab dann nur noch Bulgarien statt Frankreich", kommentiert die ehemalige Reiterin nüchtern.

So wurden die „Haraldos" notgedrungen zu einem Zugpferd im Programm des tschechoslowakischen Staatszirkus „Humberto". Diesen Namen übernahm er Anfang der 1950er Jahre von einem Roman des Prager Schriftstellers Eduard Bass. Der Stoff diente Ende der 1980er Jahre als Vorlage für eine äußerst populäre Fernsehserie, die auch in Deutschland zu sehen war und an der die Štipkas mitwirkten. „Zwei Winter lang haben wir dafür vor der Kamera gestanden", blickt Monika zurück. Als die Revolution in der ČSSR im November 1989 ihren Höhepunkt erreichte, gastierte der „Zirkus Humberto" mit den Štipkas gerade auf dem Prager Letná-Plateau, einem Sammelpunkt für die großen Herbst-Demonstrationen. Revolutionäre wollten sich das Zirkuszelt für politische Massenkundgebungen ausleihen. „Das war doch etwas zu viel verlangt", sagt Monika Štipka, „obwohl wir sehr dafür waren, endlich den Mund aufmachen zu können und keine Angst mehr vor Denunzianten haben zu müssen."

Mit dem politischen Umsturz veränderte sich auch die Zirkuslandschaft in der Tschechoslowakei komplett. Für Unternehmen wie „Humberto", das erst 1993 in Privatbesitz kam und seitdem wieder durch tschechische und slowakische Dörfer und Städte tourt. Und für Artisten wie Familie Štipka. Ein Jahr lang blieb sie in Prag und bereitete sich gezielt auf die neuen Anforderungen vor. „Wir kratzten unser Geld zusammen, kauften

Pferde, liehen Transporter, ich nähte neue Kostüme, mein Mann verschickte massenweise Videomaterial über uns", erläutert Monika Štipka. „Viele tschechische oder ostdeutsche Artisten, die sich nicht selbst um ihre Zukunft kümmerten, blieben dagegen auf der Strecke." Hart traf es vor allem Gruppen, die wegen ihrer Tiere oder Transportfahrzeuge auf die Hilfe des Staatszirkus angewiesen waren und sich daher vielfach auflösen mussten. Die Štipkas erfüllten die große Neugier westlicher Zirkusunternehmen auf osteuropäische Artisten nach der Wende. „Dort hat ein Agent nach dem anderen gesessen", zeigt Monika auf eine Couch in ihrem Wohnwagen. Die Familie konnte sich aussuchen, wohin sie gehen wollte und was dies bringen sollte. Seitdem leben Monika, ihre Kinder und Enkel bestenfalls noch einen Monat im Jahr in Prag.

Jede Woche eine andere Stadt. Irgendwo in West- und Nordeuropa. Und das seit Jahrzehnten. Weiß sie unter diesen Umständen überhaupt noch, wo sie gerade ist? „Das ist mir im Prinzip egal", winkt Monika Štipka ab, „wichtig ist vor allem, wo der nächste Supermarkt liegt." Das Reisen hat immer wiederkehrende Rituale zur Folge. „Auspacken, ein paar Tage später wieder einpacken, weiterfahren." Und es führte bei ihr zu der Erkenntnis: „Irgendwann sind alle Fußgängerzonen gleich, zumal wir oft in die gleichen Städte kommen, wenn auch vielleicht erst Jahre später." Daniel würde mancherorts gerne mal eine Sehenswürdigkeit besichtigen. „Aber dafür müsste ich ein Training ausfallen lassen", nennt er einen wichtigen Grund, warum er es meist doch nicht tut. Wie der Ablauf einer Zirkus-Vorstellung ist auch der Alltag der Familie exakt durchorganisiert. „Zwei Auftritte am Nachmittag und Abend, immer nur für ein paar Minuten, das klingt wenig", so der Sohn, „aber sie sind ja nur die Spitze des Eisberges."

Damit ihre Nummer in der Manege zu einem Erfolg wird, müssen nicht nur die beiden Artisten in Topform sein, sondern auch die Tiere. Und deshalb dreht sich bei den Štipkas alles um ihre vier Pferde. Monika ist morgens um sieben Uhr in der Regel immer noch als erste bei den drei Friesen und dem Palomino mit dem goldglänzenden Fell und der weißen Mähne. „Die Wärme dort, der Geruch, die freundliche Begrüßung durch die Tiere", all dies entschädige sie für reichlich Arbeit. Wobei das Füttern, Putzen, Ausmisten irgendwann zur Gewohnheit werde. Und auch wenn sie manchmal nerven, so gelte doch: „Wer mit Pferden großgeworden ist, der kommt sein Leben lang nicht mehr von ihnen los." Besonders nicht, wenn man mit ihnen arbeitet. „Man muss ihr Vertrauen gewinnen, damit das Zusammenspiel funktioniert", klopft Monika Štipka einem Friesen auf den Rücken, „doch das bekommt man nicht in einem Acht-Stunden-Arbeitstag."

Deshalb gibt es für die Štipkas keinen wirklichen Feierabend. Neben ihren Auftritten trainieren sie jeden Tag, zwei Stunden vormittags. Dafür führt Daniel die Pferde schon um halb neun in die Manege. Mit drei Jahren werden sie angelernt. Die Familie besitzt derzeit sehr junge Pferde. Noch viel zu jung seien sie, bemerkt Monika. Zwar sehr intelligent, aber auch zickig. Dabei gilt: „Je älter, desto besser, vor allem für die Hohe Schule." Dann werden sie abgeklärter. „Und dann kann man eine kleine Ewigkeit mit ihren arbeiten, manchmal sogar 17 Jahre lang." Diesen Beweis erbrachten zuletzt ihre Kaltblüter. „Richtige Brauerpferde waren das", lacht sie, „stark und ruhig und zuverlässig." Doch nicht jedes Tier ist für den Zirkus geeignet. „Es stimmt einfach nicht, dass alle Pferde Zirkusmusik lieben", räumt sie mit einem alten Vorurteil auf, „einem Pferd mussten wir sogar Watte in die Ohren stopfen, weil es Musik partout nicht vertrug." Später wurde es eingeschläfert. „So ein Fall ist für die gesamte Familie immer eine Katastrophe", wird die Seniorchefin ein wenig melancholisch. „Pferde sind wie Kollegen", stimmt ihr Sohn zu. Niemals würden die Štipkas ein Pferd abgeben. Im Gegenteil, öfter nahmen sie schon abgehalfterte Tiere vom staatlichen Zirkus oder nach schwerer Arbeit in der Tatra auf. „Pferde, die nicht mehr arbeiten können, bekommen bei uns immer ein Gnadenbrot", unterstreicht Monika Štipka. Ihre Tierliebe ist auch der Grund dafür, dass sie Engagements in Südeuropa stets ablehnte, weil ihr die mangelnde Verbundenheit der Bewohner mit Tieren dort gründlich gegen den Strich geht. Beinahe selbstverständlich, dass zu ihrem persönlichen Tierpark nicht nur die Pferde gehören, sondern auch Rita, eine alte Mischlingshündin. Und zwei Yorkshire-Terrier.

Gleichwohl behagt an manchen Tagen weder Mensch noch Tier die gemeinsame Arbeit. „Pferde wehren sich und loten Grenzen aus", erläutert Monika Štipka, „und wenn die Pferde schlecht laufen, der Platz nichts taugt und es im Winter morgens dazu noch sehr kalt ist, müssen auch wir den inneren Schweinehund überwinden." Dann sehnen sich selbst die Štipkas nach einem Bürojob im Warmen. „Das Leben im Zirkus kann richtig hart sein", ergänzt Daniel, „manchmal hat man einfach keine Lust."

„Aber das sind Momente, die immer wieder schnell verfliegen", fügt seine Mutter an. Disziplin als unabdingbare Voraussetzung für einen Job beim Zirkus. Dazu gehört auch die Ernährung. Fettarmes Essen, manchmal Diät. „Wir dürfen für unsere Arbeit keinesfalls zu dick werden." Die Verpflichtung gegenüber den Tieren führt zu Einschränkungen. „Freizeit oder Disko war und ist für die Kinder weitgehend gestrichen", betont Monika, „auch dass man sich einen Abend mal sinnlos betrinkt, geht einfach nicht." Wegen ihrer Tiere führt die Familie ein anderes Zirkusleben als etwa der junge Tscheche Paolo Kaiser, der eigentlich Pavel heißt und im Zirkus Knie gewagte Salti auf Brettern und Rollen springt. Dafür muss er nicht täglich üben, nur auf seine Requisiten achten und ist ansonsten sein eigener Herr. „Er hat es sicher leichter als wir", vergleicht Daniel, um im gleichen Atemzug einzuschränken: „Ich möchte trotzdem nicht mit ihm tauschen." Kaiser sieht es anders, denn er hätte den gleichen Weg wie Štipka wählen können. „Seine Mutter war früher meine Partnerin", erinnert sich Monika.

Die Arbeit mit den Pferden ist zudem ein Knochenjob. Das haben alle Štipkas bereits am eigenen Leib verspürt. Nach einem schweren Unfall, bei dem ihr zwei Wirbel im Kreuz brachen, war Monika zwei Jahre lang nicht arbeitsfähig. „Weil ich wusste, wie weh es tun kann, habe ich meine Kinder anfangs vom Zirkus ferngehalten", erläutert sie. Beide sollten ihr eines Tages keinen Vorwurf machen können. „Und auch keinen Tunnelblick bekommen, obwohl Daniel eher reiten als laufen konnte." Trotzdem ließ sie ihren Sohn bei seinem Großvater in Prag zurück, als er 14 war, um das Abitur abzulegen und eine Lehre im Prager Zoo zu absolvieren. Dadurch wurde seine Liebe zu Tieren jedoch noch intensiver, weshalb Monika Štipka die Zirkuskarriere ihres Sohnes endgültig nicht mehr stoppen konnte. Ähnlich verlief es bei Denisa. „Sie sieht gut aus und wollte sich schon immer präsentieren", musste die Mutter schließlich einsehen. Zwar besuchte Denisa zunächst eine Wirtschaftsschule, zog im Alter von 16 Jahren jedoch gewagte Übungen auf Pferden buchhalterischen Aufgaben vor. Dafür brachten die Geschwister unterschiedliche Voraussetzungen mit. „Denisa war sehr talentiert und besaß schon immer ein natürliches Geschick für die Reiterei", wertet Monika. „Dany musste dagegen immer viel trainieren." Er benötigte jedoch keine externe Schule dafür, sondern fand die besten Lehrer in der eigenen Familie. „Vater und Onkel waren ideale Vorbilder für das Jockeyreiten", sagt er, „ich konnte mir viel von ihnen abschauen."

Zwei Stunden vor der Nachmittags-Vorstellung liegt eine brütende Hitze über dem Zirkusgelände. Charles Knie ist einer der letzten Großzirkusse in Deutschland und hat sich in kurzer

Zeit zu einem Marktführer entwickelt. Jedes Jahr reist er in etwa 50 deutsche Städte und hat dort rund 500.000 Besucher. Gerade gastiert Zirkus Knie auf dem Volksfestplatz in Bayreuth. Die Štipkas sind bei ihm im vierten Jahr engagiert, jeweils von März bis November. Monika holt Milch und Hundefutter aus dem überfüllten Führerhaus ihres Campers. Hündin Rita knurrt erwartungsfroh. „Viel zu warm heute", sagt Daniel, der für seine Pferde einen kleinen Stall aufgebaut hat, mit einer Plane darüber. Nun muss er Leitungen verlegen, um sie mit Wasser zu versorgen. Ein Schild warnt Besucher: „Vorsicht, Pferde beißen!" An einem Tag wie diesem sehnt er sich möglicherweise nach Prag. „Ich liebe diese Stadt", bekräftigt der dunkelblonde Mann mit dem kunstvoll geschnittenen kurzen Backenbart, „dort habe ich meine Ruhe, obwohl immer viel Papierkram zu erledigen ist, wenn ich mal zu Hause bin." In Prag verfügt die Familie über eine riesige Sechs-Zimmer-Wohnung am Pulverturm, unmittelbar neben dem neuen Einkaufszentrum „Palladium". Bayreuth ist nur 250 Kilometer von Prag entfernt, die oberfränkische Bezirksstadt und den sechsten Prager Stadtbezirk verbindet daher auch seit Oktober 2008 eine von 67 Partnerschaften zwischen bayerischen und tschechischen Kommunen. Trotzdem zu weit weg, um zu einer Stippvisite schnell mal über die Grenze zu fahren. „Zu viel Arbeit", wehrt Monika Štipka ab.

Wenn sie über ihre Familie spricht, ist sie spürbar darum bemüht, ein sehr konventionelles bürgerliches Leben zu schildern, auch wenn es sich in einem Zirkus abspielt. „Die Frauen machen den Haushalt und die Wäsche, der Mann kümmert sich vor allem um die Tiere und den Transport." Wobei sich die Štipkas strengere Regeln auferlegen müssten als normale Familien. Zuweilen sogar auf Kosten ihrer Gesundheit. „Wenn bei uns etwas wehtut, die Gelenke zum Beispiel oder das Knie, dann darf das keiner merken. Dann muss man sich am Riemen reißen und nimmt eine Schmerztablette", führt sie aus, „keinesfalls lässt man sich von einem Arzt einfach krankschreiben. Zu ihm kann man im Winter immer noch gehen, wenn man frei hat." Dies ist für sie auch eine Frage der Solidarität mit den Kollegen. „Wenn ein Artist ausfällt, gibt es eine große Lücke im Programm." Ein weiterer Unterschied zu anderen Familien besteht darin, dass die Štipkas „frauenlastig" sind. „Deshalb verteilt sich der Gelderwerb bei uns auf alle." Die Familie besteht aus drei Frauen, zwei kleinen Mädchen und Daniel, der sich neben der Arbeit mit den Pferden allein mit allen technischen Problemen herumschlagen muss. Auch mit dem Fuhrpark aus zwei Lkws, dem Pferdetransporter und den beiden Campingwagen. „Ich hätte gerne mehr Unterstützung", gibt er unumwunden zu. Denisa hat sich von ihrem Mann getrennt, er lebt mit seiner neuen Familie in Frankreich. „Manchmal kommt er mich besuchen", sagt Tochter Nelly.

Mit ihrem krausen braunen Haar sieht sie immer aus, als ob sie gerade einer Badewanne entstiegen wäre. Nelly hält eine graue Gummischlange in den Händen und versucht damit, den Nachbarn einen Schrecken einzujagen. Währenddessen liegt ihr rosafarbenes Fahrrad achtlos vor einem Wohnwagen. Gleich neben den Schuhen, die wie stets bei Tschechen vor der Eingangstür stehen, egal ob es sich dabei um eine Wohnung oder einen Zirkuswagen handelt. Auf einer Decke davor sitzt Amy, zwei Jahre alt, und spielt mit einem kleinen Ball. Die Tochter von Daniel und Eliane wurde in Mainz geboren. Reiner Zufall, wie oft bei Zirkuskindern, weil Knie eben damals gerade dort gastierte. Während ihrer Schwangerschaft hatte Eliane zuvor jeden Monat einen neuen Arzt in einer anderen Stadt aufgesucht. Die junge Frau mit den langen schwarzen Haaren und einem Gesicht voller brauner Sommersprossen war Ballett-Tänzerin, als sie Daniel vor acht Jahren kennen lernte.

In schwarzen Shorts und einem blauen Sport-Bustier spritzt die 23jährige den Palomino mit einem großen Schlauch ab, um ihm etwas Kühlung zu verschaffen. Nicht nur sie verbreitet eine Atmosphäre wie auf einem Campingplatz. Der Taschendieb aus Dänemark, der bei Vorstellungen immer in Anzug und Weste die Geldbeutel und Uhren von Besuchern klaut, überquert das Gelände nun in einem Hawaii-Hemd und kurzer Freizeithose, um seine Mülltüte am anderen Ende des Platzes zu leeren. Dabei kommt er am Raubkatzen-Gehege vorbei, in dem der englische Dompteur gerade die Mähne eines alten Löwen striegelt, was dem scheinbar gut gefällt. Zwischen den Wohnwagen lässt die deutsche Hula-Hoop-Artistin in Badelatschen und schwarzem T-Shirt vier Reifen in rasender Geschwindigkeit um ihren Körper kreisen. Sie tritt auch mit den beiden Seelöwen auf, die in einem Bassin gemächlich ihre Bahnen ziehen. Vor ein paar Tagen führte sie mit den Tieren Kunststücke bei einer PR-Veranstaltung im nächsten Spielort vor. Bis die Seelöwen den Verlockungen eines Brunnens auf dem Marktplatz erlagen und darin plötzlich verschwanden, um ein paar Runden zu drehen.

In diesen freien Stunden findet sich niemand, der etwas vormachen oder gar vorschwindeln will. Keine Spur von Überheblichkeit oder Wichtigtuerei bei jenen Menschen, die in der Manege sonst Illusionen vermitteln und Sensationelles vollbringen. „Gute Artisten sind bescheiden", hat Monika Štipka während ihrer vielen Engagements in renommierten Zirkusunternehmen erfahren, „nur die anderen zeigen Staralüren." Alle Künstler sind sich ihres Könnens und ihrer Leistungen augenfällig gewiss. Ob er vor seinem Auftritt in wenigen Minuten nicht doch ein wenig nervös sei, frage ich einen Artisten. „Überhaupt nicht", entgegnet der junge Mann, der bei jeder Vorstellung einen Handstand auf einem halben Dutzend Stühlen riskiert, die nur auf vier Flaschen stehen, „ich mache das ja täglich." Er ist erst 16 Jahre alt. Mit nacktem Oberkörper hat er es sich auf einem Klapphocker bei den Štipkas bequem gemacht. Vor einem der beiden Camper der Familie, die wie große Kastenwagen aussehen und in Dänemark bzw. Frankreich gekauft wurden. Sie stehen in einer Reihe mit meist weißen und zuweilen hochmodernen Campingwagen der anderen Artisten, links und rechts neben den Freigehegen der Tiere hinter dem großen knallroten Chapiteau. Alles geht seinen gewohnten Gang, jeder erledigt seine Angelegenheiten. Mit Routine, Ruhe und Gelassenheit. So liegt beinahe ein Hauch von Romantik über dem Zirkusgelände. „Ich dränge mich nicht auf", erzählt Monika vom täglichen Leben hier, „wenn aber jemand einen Grill anschürt, und ich komme nicht dazu, dann ist er böse." Gutes Miteinander und einvernehmlicher Umgang seien schon wegen der vielen Kinder geboten.

Gleichwohl leben alle auf engem Raum zusammen, über viele Monate. Ja, bestätigt Monika, Toleranz sei unverzichtbar. „Wer zickig ist, ist reif fürs Altersheim." Leider gebe es auch Querulanten. Dabei seien sie „doch alle Kollegen, wir essen vom gleichen Brot. Und außerdem sieht man sich beim Zirkus immer wieder, in verschiedenen Unternehmen oder an unterschiedlichen Orten." Auch ihre Familie sitzt tagein, tagaus aufeinander. Ohne viel Platz für eine Privatsphäre. Die Štipkas widersprechen. „Jeder hat seinen eigenen Wohnwagen, das genügt", erklärt Daniel. „Wenn ich meine Ruhe haben will, mache ich einfach meine Türe zu und fertig", hält Monika dagegen. Dann schaltet sie ihren Fernseher ein und sieht sich ein tschechisches Programm über ihre Satellitenschüssel auf dem Camper an. Im Gegensatz zu ihrem Sohn vermisst sie Prag kaum. „Ich würde dort verkümmern, ganz allein in dieser großen Wohnung." Trotz der Verwandten, die noch in der tschechischen Hauptstadt leben. Nur selten ist die Familie einige Wochen hintereinander an der Moldau, meist im Januar. In der übrigen Zeit passt eine Bekannte auf ihr Heim auf. Zwei Jahre am Stück verbrachte Monika Štipka zuletzt dort, nachdem ihr Mann an Krebs erkrankt war. „Trotzdem pendelten wir bis zu seinem letzten Tag zwischen Prag und dem Zirkus hin und her, weil er einfach nicht davon loskam", erzählt sie. Da wurde er wahr, der vielbeschworene Zauber der Manege, der Zirkusbesucher für ein paar Stunden gefangen nimmt und Artisten scheinbar tatsächlich ein Leben lang gefangen hält. Vor drei Jahren starb Harald, nach 40 gemeinsamen Ehejahren.

Zu Lebzeiten machte er sich noch über einen Wandel lustig. „Wenn wir früher in eine Stadt kamen, hieß es: sperrt die Fahrräder weg! Und heute ist es umgekehrt", habe Harald oft bemerkt. „Der Grund war, dass ihm zwei Drahtesel gestohlen wurden", erinnert sich seine Frau. Gleichwohl ist sich Monika Štipka des schlechten Ansehens bewusst, das Zirkusse und das „fahrende Volk" noch immer bei vielen Leuten genießen. In einer Nachbarstadt, in der Knie ein paar Wochen später gastieren wird, fand gerade eine Razzia in einem anderen Zirkus statt, bei dem die Polizei nach Schwarzarbeitern suchte. „Es gibt leider immer noch einige schwarze Schafe", bedauert sie, „und wie im normalen Leben machen sie das Image der ganzen Branche kaputt. Doch zum Glück gehen immer mehr von ihnen ein." Monika Štipka hat daraus ihre Konsequenzen gezogen. „Bekamen wir ein Engagement bei einem Zirkus mit schlechtem Ruf, habe ich stets erzählt, ich sei auf der Durchreise." Arbeitete sie in seriösen Unternehmen, gab sie bei Einkäufen in Geschäften oder Apotheken voller Stolz an, vom Zirkus zu sein. „Die Reaktionen der Leute waren daraufhin sehr positiv." Während der Monate bei Charles Knie kann sie dies problemlos tun. Um Imageschaden vorzubeugen, tritt er als „offener Zirkus" auf, der nichts verbergen oder verheimlichen will, auch nicht gegenüber Tierschützern. „Der Chef ist nett und sehr erfolgreich, deshalb hat er viele Neider unter seinen Konkurrenten", drückt Monika Štipka ihre Wertschätzung aus. Eigentlich ist er Kaufmann, erfüllte sich mit 32 Jahren aber einen Kindheitstraum, als er den Zirkus erwarb. Damit liegt er im Trend. Auch unter den Artisten kommt jeder Zweite nicht mehr aus einer Zirkusfamilie, sondern war zuvor etwa Medizinstudent, Betriebwirt oder in Hotels beschäftigt. So werden die Štipkas mit ihrer langen Tradition allmählich zu einer Ausnahme.

Obwohl sie ein Gewinn für jedes Unternehmen ist, weiß die Familie nie, was sie im nächsten Jahr verdienen wird. Im Zirkus ist es üblich, Jahresverträge abzuschließen. Wie viel ihnen Charles Knie im Moment zahlt, will Monika Štipka nicht verraten. „Aus Respekt vor den Kollegen", argumentiert sie. Der Pressesprecher deutet an: Ihre Gage liegt im mittleren dreistelligen Bereich pro Tag für beide Auftritte. Der Vertrag garantiert ihnen 20 Arbeitstage im Monat. Arbeitsrechtlich gelten sie als Selbständige. Von dem Verdienst muss die sechsköpfige Familie daher nicht nur leben, sondern auch all ihre Abgaben selbst tragen. Ebenso die Kosten für die Tiere, nur das Futter stellt der Zirkus. Außerdem muss davon auch etwas Geld angespart werden, für ein neues Auto, Kostüme oder Pferdegeschirr. „Ich habe noch nie einen reichen Artisten gesehen", stellt Monika mit Nachdruck fest, „und alle, die ich kenne, mussten und müssen ihr Leben lang arbeiten."

Zirkus Knie wird ihr Engagement wahrscheinlich nicht mehr verlängern, weil der Direktor nach vier Jahren ein neues Programm aufbauen will. Trotzdem machen sich die Štipkas um ihre Zukunft keine Sorgen. „Glücklicherweise gibt es noch genügend Nachfrage, denn unser ‚Pas de deux' wird nicht mehr allzu oft in Europa gezeigt", bekräftigt Daniel stolz. „Ich habe ihn noch nie so gut gesehen", bestätigt der Pressesprecher. „Nur Routine wäre tödlich", pflichtet Monika Štipka ihrem Sohn bei, „wir müssen fleißig bleiben und unser hohes Niveau halten, dann werden wir immer einen Zirkus finden." Deshalb führen sie bereits an vielen Tagen um 12 Uhr ein einstündiges Sondertraining durch: Eliane, deren Familie in siebter Generation im Zirkus arbeitet, soll in die Truppe eingebaut werden. „Wir brauchen Pferde mit besonders breitem Rücken für unsere Figuren", erklärt sie fachmännisch, „wir suchen bereits nach einem neuen Tier." Sie trainiert nun im dritten Jahr mit und soll bald in der „Hohen Schule" reiten. Ein wenig hofft Monika Štipka darauf, dass die Truppe dann wieder den traditionsreichen Namen „Haraldos" annehmen könnte.

Wenige Minuten vor ihrem Auftritt führen Daniel und Denisa ihre Pferde an den Hintereingang des Zeltes. Beide sind einheitlich in rote Hemden und schwarze Hosen gekleidet. Zu diesem Zeitpunkt verkauft Monika schon seit einer halben Stunde wieder Popcorn auf der anderen Seite, gleich rechts am Eingang zur Manege. Neben ihr steht ein Sack voller Salz. „Besucher wünschen manchmal besonders salziges Popcorn", hat sie gelernt, „aber komischerweise nur in großen Städten." Am nächsten Stand schenkt ein Artist aus Brasilien Sekt aus. Nicht viel später wird er einen dreifachen Salto unter der Zeltkuppel springen. Der ganze Zirkus eine große Familie? „Das Personal ist unser größter Kostenfaktor", erläutert der Pressesprecher, „wenn wir Artisten oder deren Angehörige zusätzlich in der Restauration einsetzen, sparen wir Geld, und sie können sich dort ein Zubrot verdienen." So organisiert sich Knie betriebswirtschaftlich höchst effizient, denn für einen erfolgreichen Zirkus sind Ergebnisse mittlerweile ebenso wichtig wie Emotionen.

Im Herbst werden Daniel und Denisa 14 Tage lang im ersten Prager Nikolauszirkus auftreten. „Tschechien hat wieder eine lebendige Szene mit schönen Zirkussen und einem richtigen Konkurrenzkampf", urteilt Fachfrau Monika, „allerdings sind wir bei westlichen Unternehmen weiterhin mehr gefragt." Für die nächsten Gastspiele müsse man „nicht um jeden Pfennig feilschen", sagt sie. „Wir leben so lange Zeit so eng zusammen, da müssen auch das Umfeld und der soziale Kontakt stimmen." Für den Januar wurden die Štipkas zum Festival nach Monte Carlo eingeladen, das Insider als „Mutter aller Zirkusfestivals" bezeichnen. Ein Höhepunkt in ihrer Karriere. Zumal Daniel bereits 41 Jahre alt ist und seine Schwester 37. Denisa riss in Belgien letzthin die Achillessehne, zur Vorsicht trägt sie nun eine Bandage. „Die Sehnen wackeln", konstatiert ihre Mutter sorgenvoll. Dies kostet die Geschwister derzeit schon einen weiteren Auftritt bei Zirkus Knie, ohne Pferde und nur an Tüchern akrobatisch in der Luft schwebend. Daniel kann aus gesundheitlichen Gründen seinen Paradesprung von Pferd zu Pferd nicht mehr ausführen. „Wir werden so lange in der Manege weitermachen, wie es geht", hat er sich dennoch zum Ziel gesetzt. Gleichwohl hat er schon für die Zeit danach vorgesorgt. Seine Familie besitzt einen Reiterhof bei Kolín. Dort will Daniel eines Tages Reitunterricht erteilen. Oder er nutzt seine vielen Kontakte und geht als Betriebsleiter zu einem Zirkus.

Vielleicht setzen dann die Steppkes der Štipkas die lange Zirkustradition der Familie fort. Immer öfter nimmt Denisa die kleine Nelly mit in die Manege. Durch eine Longe gesichert, darf sie dort auf den mächtigen Pferden reiten und sogar schon Stände probieren. Auch für die noch kleinere Amy gehört der tägliche Umgang mit den Tieren zu ihrem Leben wie für andere Mädchen das Spiel mit Puppen. Aktuell plagt Oma Monika und Mutter Denisa jedoch eine andere Sorge: Nelly wird schulpflichtig. Eine schwierige Situation für ein reisendes Zirkuskind. In welche Schule soll sie gehen? Und in welcher Stadt? Denisa will das Mädchen zunächst in Prag einschulen. „Das wird ein langwieriger bürokratischer Prozess", weiß sie um die Probleme. Ihre Schwägerin denkt ebenfalls schon an die Zukunft von Amy. „Ich hatte keine Möglichkeit, eine Ausbildung zu machen", sagt Eliane, „das soll bei meiner Tochter anders werden." Denisa nickt, für sie hat ebenfalls „oberste Priorität, dass sich ein Kind einen Beruf aussuchen darf." Für den Unterricht kann die Reiter-Familie zwischen Schule, Internat oder einem Privatlehrer wählen, wie ihn derzeit auch die Tochter des Dompteurs genießt. „In den ersten beiden Jahren könnte Nelly auch Unterricht über das Internet erhalten, durch die Verbindung zu einer tschechischen Schule", hat Monika Štipka schon eruiert, „oder Oma bleibt eben doch zu Hause in Prag..." Nelly ist das derzeit noch ziemlich egal. Sie spricht nicht nur fünf Sprachen, sondern kann auch schon Spagat. Und vor dem Popcorn-Stand ihrer Großmutter schlägt sie schnell ein Rad. Einen Handstand müsse sie dagegen weiter üben, beklagt Nelly mit grimmiger Miene. Möglicherweise tritt sie eines Tages als Bodenakrobatin im Zirkus auf. Wenn Nelly am Ende nicht doch wieder aufs Pferd setzt, wie alle in ihrer Familie.

Sinfonie einer Straße

Karel ist weg. Ich werde ihn vermissen. Er führte das „Na Hromádkové" an der Ecke zwischen den Straßen Plzeňská und Kmochová. Meine Eckkneipe. Karel sorgte dafür, dass sie immer eine originäre Prager Bierstube blieb: der kleine Gastraum völlig überheizt und verraucht, Nippes in jeder freien Ecke, alte Werbetafeln der Smíchover Hausbrauerei Staropramen an den Wänden, die obligatorischen Spielautomaten rechts neben dem Eingang. Und Karel roch nach Schweiß. Essen konnte man hier bis weit nach 23 Uhr. Trinken sogar nonstop. Denn irgendwann beschloss Karel, das „Hromádkové" rund um die Uhr offen zu halten. Selbst als die Putzfrau morgens um sieben kam, um mit dem Besen ihre Runde durch den Schankraum zu drehen, durften Gäste weiter vor ihrem Bier sitzen bleiben. Sofern sie noch in der Lage waren, zumindest kurzzeitig die Füße zu heben.

Gerettet hat Karel auch die neue Öffnungszeit nicht mehr. Sein Nachfolger wird keinen leichten Stand haben. Wenn der Wind durch die Plzeňská fegt, und das tut er oft, wirbelt er vor dem Lokal mächtig Staub auf. Auch Papierschnipsel und kleine Steine. So viele liegen in dieser Straße, dass die orangefarbenen Tankfahrzeuge der Stadt hier weitgehend umsonst ihr kostbares Wasser vergeuden. Zuweilen dringt fauliger Geruch aus Hausecken und Türen. Die Bürgersteige rund ums „Hromádkové" sind übersät von dunklen Flecken und Rinnen aus ausgelaufenen Bierflaschen, Speichel, getrockneter Hundepisse. Noch vor zwei Jahren verursachte jeder Tscheche im Schnitt nur 330 Kilo Müll, die geringste Menge in einem europäischen Land. Jetzt ist sie auf 530 Kilo angestiegen. Rund um die Plzeňská dürfte ein Großteil davon liegen, sobald „Müllpiraten" wieder einmal die grauen Container heimgesucht haben.

Kein Viertel für Touristen. Auch nicht für jeden Prager. Es sei denn, man will im „Hromádkové" ein Drei-Gänge-Menü aus Suppe, Hauptgericht und Limonade zu 84 Kronen essen, weniger als vier Euro. Oder einen Hermelin-Käse, gefüllt mit Johannisbeer-Marmelade und garniert mit extrascharfer Pepperoni, zu 60 Kronen. *Tlačenka,* die heimische Sülze, angemacht in reichlich Essig und Öl und mit vielen Zwiebeln, gibt es noch günstiger. Dagegen sind die Preise in vielen anderen Prager Restaurants 20 Jahre nach der Revolution so hoch wie in jeder europäischen Großstadt, im Zentrum Prags oft auch höher.

Wer regelmäßig kommt, hat im „Hromádkové" seinen festen Platz, denn Tschechen mögen keine Veränderungen. Die drei Sitze an der Theke sind für Jarda, Pancho und Kukuč reserviert. Darüber informieren runde Messingschilder, die fest ins Holz eingeschraubt wurden. Auf der Vorderseite stehen ihre Namen, und auf der Rückseite kleben Fotos von ihnen, damit auch Aushilfsbedienungen sofort Bescheid wissen. Stammgäste bekommen unaufgefordert vorgesetzt, was sie immer trinken. Fürs nächste Glas genügt ein kurzer Blickkontakt mit der Thekenfachkraft. Auch fürs Essen sind kurze mündliche Ansagen anstelle von Menükarten ausreichend. Bald darauf bringt die Bedienung das Gericht und manchem Gast auch die beiden Zigaretten, die er hinterher gerne raucht. Allerdings hält sie eine feste Reihenfolge ein. Wer zuerst kommt, wird zuerst versorgt. Wer Sonderwünsche äußert oder sich dazwischen drängelt, den bestraft sie mit einem bösen Blick. Vergessen wird sein Wunsch trotzdem nicht. Jeden Fremden nimmt die Belegschaft der Gaststube, also Personal und Kundenstamm, zunächst skeptisch in Augenschein. Dann darf er dauerhaft bleiben. Aus all diesen Gründen bekennen sich viele in Prag zu ihrem ganz persönlichen Stammlokal. Wie ich zum „Hromádkové", Plzeňská 30. Nur wenige Meter davon entfernt liegt meine Wohnung im vierten Stock eines dunkelgrauen Hauses. Es wurde schon im Jahre 1896 konstruiert, wie über hohen Holztüren am Eingang in Stein gemeißelt steht. Ein stolzer Bau, der damals für viel Geld und mit großem Kunstverstand errichtet wurde, wovon noch immer bunte Verzierungen an der verfallenden Fassade künden. Weil er schon so alt ist, diktiert er nun exakte Verhaltensregeln, damit das Leben hinter seinen Mauern funktioniert. Zum Beispiel für das Licht im Treppenhaus. Es ist in so kurzen Intervallen geschaltet, dass ich meine Wohnung nur in tiefer Dunkelheit erreiche, selbst wenn ich mit schnellen Schritten über die ausgetretenen Stufen haste. Es sei denn, ich drücke den Schalter auf halbem Weg erneut, selbst wenn das Licht noch brennt. Dies verlängert den Lichtschein bis vor meine Tür, warum auch immer.

Oder bei der Heizung. Niemals wird der Heizkörper in meinem Schafzimmer warm, obwohl der Schalter längst am Anschlag steht. Drehe ich ihn jedoch noch zehnmal weiter nach rechts, erfüllt den Raum bald wohlige Wärme. Ärgerlich nur, dass mir dabei fast die Finger brechen. Heißes Wasser in größerer Menge gibt es nur, wenn es nicht allzu viele Mitbewohner gleichzeitig mit mir nutzen wollen. Und wenn die Anlage das kostbare Nass durch die uralten Rohre bis hinauf in meine Etage pumpt.

All diese Kalamitäten sind jedoch vergessen, wenn wieder ein Zettel an meiner Tür hängt. „Kenen Sie pite komen zu meine zimer. Ich brauche mit dir reden. Danke.", schreibt Jakub, einer meiner Nachbarn. Ein deutlicher Hinweis darauf, dass er am Abend eine köstliche Flasche Wein aus Mähren köpfen will. Interessante Gespräche ergeben sich auch mit Studenten oder Praktikanten, die eine Wohnung auf Zeit nutzen. Sie müssen sich jedoch immer erst daran gewöhnen, dass die Haustüre an manchen Tagen klemmt. Dann hoffen alle, dass der Schlosser sein Mittagessen im „Hromádkové" an der Ecke einnimmt und nicht anderswo beschäftigt ist. Der neue Besitzer hat sein Lokal schon aufgerüstet. Jetzt stehen zwei kleine Bildschirme vorne und ein großer hinten im Raum, damit Gäste bei ihm die vielen Sportübertragungen im tschechischen Fernsehen verfolgen können. Sogar drei Tageszeitungen hält er in einem kleinen Holzständer: „Blesk", die Bild-Zeitung Tschechiens, „Dnes", die meistgelesene Tageszeitung nach „Blesk", sowie „Sport", ein tägliches Fachblatt. Neben Staropramen fließen nun auch Gambrinus und Pilsner Urquell aus den Zapfhähnen. Dazu offeriert er die Sorte einer kleinen Brauerei, die noch irgendwo in Tschechien produziert. Ich probiere ein Glas davon, der Gerstensaft schmeckt ausnahmsweise scheußlich, deshalb schwenke ich sofort wieder auf ein Pilsner um. Die junge blonde Bedienung berechnet nachher nur das Pilsner. Nicht allein diese Großzügigkeit spricht für sie. Auch, dass sie einen schmackhaften Latte Macchiato aus einer eher unscheinbaren Kaffeemaschine zaubert und mir dazu immer ein kleines Gebäck spendiert, für 35 Kronen. In jedem Prager Café zahle ich dafür mindestens 60 Kronen. Und dass sie dem neuen Besitzer hilft, indem sie zu ganz besonderen Anlässen auch mal oben ohne bedient und damit Gäste auf Dauer an die Kneipe bindet.

An hellen Holztischen oder auf schmalen Barhockern sitzen in der Regel Kleinbürger aus der unmittelbaren Umgebung, einige von ihnen schon am Morgen. Dann ordern sie auch ihr erstes Bier, Männer ebenso wie Frauen. Deshalb sind sie noch lange keine Trunkenbolde. Bier ist in Tschechien ein Volksgetränk wie andernorts Apfelsaftschorle. Jeder Tscheche konsumiert durchschnittlich 156 Liter im Jahr und damit erheblich mehr als etwa ein Ire (131 Liter) oder Deutscher (115 Liter). Überhaupt mehr als in jedem anderen Land weltweit. Viele Gäste kommen am Samstagabend wieder, dann aber in ihren besten, wenn auch zuweilen kräftig abgetragenen Klamotten, um mit ihren Frauen auszugehen. Reich werden sie trotzdem auch den neuen Besitzer nicht machen.

Obwohl es einen WiFi-Zugang gibt, sitzt im „Hromádkové" kaum einmal ein Gast vor einem Laptop, wie in vielen anderen Prager Restaurants oder gar bei Straßenbahn-Fahrten. Dabei nutzt kein Volk in Europa die sozialen Netzwerke intensiver als die Tschechen. 2,6 der zehn Millionen Bürger sollen ein eigenes Profil bei „Facebook" besitzen, jeder fünfte Tscheche ruft dort seine Seite gleich nach dem Aufstehen auf und jeder dritte spätestens beim Frühstück. Dafür klingelt immer wieder mal ein Handy im „Hromádkové". Für Tschechen hat ein Mobiltelefon etwa die Bedeutung wie ein Kleidungsstück. Schon im Jahr 2005 waren 10,7 Millionen aktiviert, womit mehr Handys als Bewohner übers Land verteilt waren. Und diese Zahl ist in den letzten Jahren weiter gestiegen.

„Gehen wir in die Eckkneipe", schlage ich meinem Vermieter immer vor, wenn ein paar Dinge zu besprechen sind. Weil das „Hromádkové" eben gleich in der Nähe liegt. Doch er will mich nicht mehr dort treffen. In dem Lokal sitzt regelmäßig einer, der monatelang seine Stromleitung anzapfte und damit ein energieintensives Elektrogerät betrieb. Erst nach Erhalt einer gigantischen Jahresstromrechnung kam ihm mein Vermieter auf die Spur. Für eine Anzeige bei der Polizei fehlen ihm jedoch eindeutige Beweise.

Einen Nachteil hat der Besitzerwechsel gebracht: Das Fleisch auf den Tellern ist nicht mehr genießbar. Auch wenn hungrige Arbeiter diese Gerichte mittags an langen Tafeln bis zum letzten Fettzipfel verzehren. Lange hatte ich deshalb vermutet, dass das

Lokal von der *večerka* beliefert würde, die direkt ans „Hromádkové" angrenzte. Der Tante-Emma-Laden auf der Plzeňská
schloss erst um 22 Uhr, doch die Besitzerin ließ Kunden nicht
selten auch danach noch in ihren schmuddeligen Raum eintre-
ten, in dem Cola-Dosen und Bierflaschen verstreut auf dem
Boden lagen. Sie verkaufte eine würzige *salám(i) turista* ebenso
wie *chlebíčky*, jene schräg geschnittenen Weißbrotscheiben, auf
die zunächst Butter oder ein anderer Aufstrich aufgetragen wird,
bevor sie mit Bierschinken, ungarischer Salami, Käse, kleinen
Eischeiben, Gewürzgurken, etwas Petersilie oder manchmal
auch mit Fisch belegt werden. Tschechen essen diese Schnitt-
chen gerne zwischen größeren Mahlzeiten oder als Hauptgericht
bei gesellschaftlichen Anlässen. Der Aufstrich kann statt aus
Butter auch aus Frischkäse, Tartar, Krebsfleisch, Mayonnaise
oder einer Remoulade bestehen und blieb in der *večerka* die
große Unbekannte. Einmal schlug er mir gewaltig auf den
Magen.

Darüber muss ich mir keine Sorgen mehr machen. Die
večerka wurde geschlossen. Der neue Besitzer des „Hromádkové" hat in ihrem Raum einen kleinen Festsaal für geschlos-
sene Gesellschaften eingerichtet. Trotzdem schmeckt das
Fleisch weiterhin zäh und flechsig. Das Schlimmste aber: Sonntags ist die Eckkneipe nun überhaupt nicht mehr geöffnet. Und
unter der Woche ist dort schon um 23 Uhr Feierabend. Wer danach noch Hunger oder Durst hat, muss sich im „Relay" unten
in Anděl eindecken. Der neumodische Markt bietet das Lebens-
notwendigste zu jeder Tages- und Nachtzeit an: Zigaretten, heimische und ausländische Zeitungen, Tickets für Metro und
Straßenbahn, eingeschweißte Sandwiches, Spirituosen, Gummi-
Bärchen, Cola und natürlich Bier in Flaschen und Dosen.

Anděl (auf deutsch: Engel) liegt etwa 700 Meter zu Fuß vom
„Hromádkové" entfernt und ist gleichsam der Marktplatz von
Smíchov, dem wichtigsten Teil des fünften Prager Stadtbezirks.

Hier verfolgen Bewohner im Sommer wichtige Fußballereignisse auf großen Leinwänden und erwärmen sich im Winter auf dem Weihnachtsmarkt an einem *svařák*, dem heimischen Glühwein. Und hier beginnt auch die Plzeňská. Nirgendwo hat sie sich innerhalb des letzten Jahrhunderts so verändert wie an diesem Ort. Der Schriftsteller Jáchym Topol, während des Kommunismus ein Protagonist des Prager Underground und heute einer der erfolgreichsten jungen Autoren, schrieb Mitte der 1990er Jahre die verstörenden Zeilen: „Wieder in der Straßenbahn rund um Anděl und durch Anděl hindurch. Anděl stand samt seinem menschenunwürdigen Schlund für alle, die in ihm verschwinden wollten, bereit."

Da wusste Topol noch nicht einmal, dass die Verwaltung von Prag 5 dem Platz sein altehrwürdiges Gesicht komplett rauben würde. Zu Beginn des neuen Jahrtausends ließ sie eine Vielzahl alter Gebäude im Herzen von Smíchov abreißen und an ihrer Stelle ein gigantisches Geschäftsviertel errichten. Das Projekt kam mit einer Fläche von 159.000 Quadratmetern dem Potsdamer Platz in Berlin nahe, der lange als „größte städtische Baustelle Europas" galt. Es erstreckte sich rund um die Metrostation „Anděl", die von Architekten nach sowjetischem Vorbild zwischen 1977 und '85 erbaut wurde. Dies ist ihr bis heute anzusehen. Reliefs im Untergrund feiern noch immer die tschechoslowakisch-sowjetische Freundschaft aus den Zeiten des Kommunismus, vor allem in der bemannten Raumfahrt.

Hunderte von Arbeitern schufen zunächst den Komplex „Zlatý Anděl" („Goldener Engel") mit Läden, Restaurants und einer Tiefgarage. Seine gewaltige Glasfassade schmückte der französische Stararchitekt Jean Nouvel mit großformatigen Zitaten von Kafka, Rilke und Meyrink, um die Aufmerksamkeit der Passanten zu wecken. Sicher auch, damit die Glasfront nicht gar so glatt und brutal wirkt. „Anděl City" („Stadt der Engel") schließt sich mit Dutzenden von Büros, Lokalen, einem Multiplexkino und Bowling-Center sowie 500 Parkplätzen direkt an. Gegenüber der „City" entstand das Einkaufs- und Freizeitzentrum „Nový Smíchov" („Neues Smíchov") mit über 100 Geschäften und Restaurants, dessen Haupteingang in der Plzeňská liegt. Darin offeriert „Tesco" mit meterlangen Regalen wie in amerikanischen Supermärkten scheinbar ein besonderes Einkaufserlebnis. „Junge Prager finden das Kaufhaus schrecklich", widerspricht mir jedoch die Bedienung im „Hromádkové", „allerdings kann ich dort nach Dienstschluss noch meine Einkäufe erledigen." Wo heute „Nový Smíchov" ist, standen jahrzehntelang die Werkhallen von Ringhoffer, einer Industriellendynastie aus dem Burgenland, die in der zweiten Hälfte des 18. Jahrhunderts in Prag ansässig wurde. Ihre Waggonfabrik war die größte in der österreichisch-ungarischen Monarchie, in Böhmen kannte man die Familie zudem wegen ihrer Tatra-Autos und Straßenbahnen aus einem großen Mischkonzern, den sie bis zur Verstaatlichung nach dem Zweiten Weltkrieg betrieb.

Dieser beinahe revolutionäre bauliche Wandel setzte auch neue Schwerpunkte innerhalb Prags. Anděl mauserte sich zu einem hochmodernen Zentrum, dem wichtigsten in der Hauptstadt neben Wenzelsplatz und Altstädter Ring. Abends verwandelt sich das Quartier in eine mondäne Meile. In sanierten alten Gebäuden finden Hungrige mehrere Italiener neben einem Mexikaner und Sushi vom Japaner Seite an Seite mit böhmischer Küche. In der Regel sitzen dort schicke Prager aus dem fünften Bezirk, die in den zahlreichen Büros gutes Geld verdienen. Immer öfter kommen aber auch Bewohner anderer Stadtteile in das Amüsierviertel. Ausländische Touristen sind noch deutlich in der Minderheit. In allen Lokalen werden Rechnungen korrekt ausgedruckt, im Gegensatz zu manch anderer Gegend in Prag. Nach dem Dinner lassen Nachtschwärmer den Abend gerne in einem der zahlreichen Musikklubs zwischen Anděl und dem Smíchover Bahnhof ausklingen. Oder im „Jet Set" in der

Plzeňská, einer Cocktail-Bar mit langer Theke, schwarzen Ledercouchen, weißen Sesseln und Ex-Models als Serviererinnen. Wenn DJs dort House- oder Techno-Music auflegen, droht „Anděl City" in die Luft zu fliegen, in dessen Erdgeschoss das „Jet Set" wie eingebaut erscheint. Lautstärke und Stil treffen indes den Geschmack des meist jungen Publikums.

Finanzstarke Investoren wie der niederländische ING-Konzern, Carrefour aus Frankreich oder das österreichische Unternehmen UBM Bohemia steckten viele Millionen in die neuen Gebäude rund um die Plzeňská. Mit ihnen wollten die Stadtväter von Prag 5 dem alten Arbeitervorort Smíchov ein neues Image als modernes Dienstleistungszentrum verpassen. Da Prag nach dem politischen Wandel zu einer Drehscheibe zwischen Ost- und Westeuropa wurde, sollte ihr Viertel gleichsam der Motor dafür sein, mit Dutzenden von Büros und vielen Arbeitsplätzen. Fortschrittsgläubige nennen die Stadträte deshalb Modernisierer, Traditionalisten dagegen Totengräber des alten Prag. „Der Supermarkt ist toll", lese ich in einem Bericht einer langjährigen Bewohnerin Smíchovs, „aber die Gemütlichkeit der Ortschaft ist dahin." Sie erinnert sich wehmütig an alte Gasthäuser und zweistöckige Gebäude aus dem 18. Jahrhundert, die einst hier standen. Und an ein Barockhaus, in dem eine Freske mit einem Engel an der Wand hing. „Sie ging in der Metrostation unter und soll dort irgendwo versteckt sein." Als ich einen Sprecher des Rathauses auf diese Kritik hinweise, reagiert er unwirsch. „Hätten wir für immer ein Ghetto wie Žižkov bleiben sollen?", blafft er mich an.

Früher bildete Anděl nur den Kern von Smíchov und Prag 5, jetzt ist der Platz mit Metro-Station und zahlreichen Straßenbahn- und Buslinien einer der meistgenutzten Verkehrsknotenpunkte der Stadt. Täglich steigen hier 101.000 Passagiere ein oder um, damit weist Anděl die dritthöchste Frequenz unter allen Prager U-Bahn-Stationen auf. Dies dürfte auch den Sicherheitsbehörden Sorge bereiten. Immer wieder gab es in den letzten Jahren Hinweise auf geplante Attentate in Prag. Die Plzeňská und Anděl böten dafür kaum geschützte Ziele, denke ich, als ich gegen drei Uhr morgens eine Kneipe verlasse und über den Platz nach Hause schleiche. Denn nur in dieser Zeit ist er für ein paar Minuten menschenleer. Darüber erschrecke ich beinahe zu Tode.

Zwischen all den Bauten aus Glas und Stahl verschwindet mittlerweile fast die steinerne alte Synagoge in der Plzeňská. Dabei hat sie entscheidenden Anteil daran, dass die Gegend den Namen Anděl führt. Der Volksmund verbreitet seit langer Zeit, dass einem Rabbiner gerade hier ein geflügeltes Engelswesen erschienen sein soll. Schon Mitte des 18. Jahrhunderts pflegte eine Gemeinde jüdisches Leben in Smíchov, damit ist sie die zweitälteste in Prag. Ihre Synagoge wurde 1863 im maurischen Stil errichtet, 1941 geschlossen und in den 1950er Jahren als Lager für Ersatzteile von Tatras genutzt. Im Jahr 1986 drohte ihr gar der Abriss, jetzt ist sie ein Kulturdenkmal und Teil des Jüdischen Museums Prag.

Mit dem hufeisenförmigen Bürocenter „Smíchov-Gate" endeten die jahrelangen Bauarbeiten an den neuen Glaspalästen. Von dort überqueren Angestellte zur Mittagszeit oft die Plzeňská, um auf der anderen Seite im „Zlatý Klas" zu essen, Hausnummer 9. In keinem Prager Gasthaus bin ich länger übers Ohr gehauen worden als in diesem. Erst mein Vermieter machte mich darauf aufmerksam, dass es im „Zlatý" zweierlei Speisekarten gab. Sobald der Ober mitbekam, dass der Gast ein Ausländer war, nahm er die tschechische Karte schnell aus der Klarsichthülle und ersetzte sie durch eine in englischer Sprache. Speisen und Getränke waren darauf deutlich teurer, wenn auch immer noch erheblich günstiger als in Deutschland. Am Ende servierte er keine Rechnung, sondern legte ein Stück Papier mit drei Strichen auf den Tisch. „Diese hier Essen, und andere zwei das Bier", unterrichtete er radebrechend deutsche Kunden und hielt ihnen gleichzeitig einen Taschenrechner vor die Nase, auf dem der genaue Rechnungsbetrag aufgeführt war. Das Geld ließ er zuweilen in der eigenen Tasche verschwinden. Vor einigen Jahren zog das „Zlatý" in ein benachbartes Kellergewölbe um, mit polierten kupferfarbenen Braukesseln als Dekoration und einer Fenstergalerie auf Kniehöhe zur Plzeňská. Seitdem ist alles anders. Das Essen ist gut und das Restaurant täglich randvoll, weil sich zu den heimischen oft ausländische Gäste aus den vielen Hotels rundum gesellen, die hier die Atmosphäre in einem typischen Prager Lokal schnuppern wollen. Geht mein Bier zur Neige, brauche ich den Kellner nur scharf ins Auge zu fassen. Gleich darauf wird mir der nächste Halbliterkrug dröhnend und ohne jedes weitere Wort vorgesetzt. Die Abrechnung stimmt nun exakt auf Heller und Krone.

Kürzlich erzählte mir ein Prager Freund im „Zlatý" von vier jungen Touristen, die in einer Wechselstube am Prager Hauptbahnhof nur 1.600 Kronen für 100 Euro erhielten, obwohl der Aushang 26 Kronen für einen Euro versprach. Wieder einmal hatte eine Wechselstube Kurse für den Tausch von Kronen in Euro angegeben statt umgekehrt, was für Besucher viel wichtiger wäre. Nachdem ihr eine weitere Reisegruppe auf den Leim gegangen war, schrieb ich einen Zeitungsartikel darüber, mit folgendem Tipp: In einer Wechselstube immer zunächst den Betrag auf einem Zettel notieren lassen, der konkret ausbezahlt wird, bevor auch nur ein Euro durch die schmale Öffnung geschoben wird. Weigert sich das Personal hinter der Glasscheibe, ist dies ein sicherer Hinweis auf unlautere Absichten. Wenige Tage später protestierte die Betreiberin der Bahnhofsstube heftig gegen meinen Bericht. Sie klagte vehement darüber, dass ausgerechnet ihre Einrichtung und keine andere für die Kritik ausgesucht worden sei, womit sie ungewollt bestätigte, dass Kunden in vielen Wechselstuben über den Tisch gezogen werden. Seit dem Artikel komme kaum noch ein Tourist zu ihr, schimpfte die Frau, ihr Geschäft sei deshalb erheblich geschädigt. Dieser Hinweis erfreute mich. Genau dies sollte der Beitrag erreichen.

Kurz darauf schimpfte ein Nachbar über einen Taxifahrer, der sein Auto so vor der Haustüre abstellte, dass er wegen der vielen Einbahnstraßen rund um die Plzeňská zwangsläufig einen Umweg fahren musste und dadurch mehr Geld kassieren durfte. Mein Nachbar hatte 150 Kronen zu zahlen und gab dem Fahrer einen 1.000 Kronen-Schein. Der Mann steckte ihn sofort ein, forderte jedoch weitere 50 Kronen, weil ihm angeblich nur ein 100 Kronen-Schein gegeben worden war. Der Nachbar zahlte auch noch diesen Betrag, unsicher geworden, ob er sich bei der Dunkelheit nicht doch geirrt hatte. Er und ich sind daher der gleichen Meinung: In Prag sollte man ein Taxi weiterhin nur im Notfall rufen.

Neben dem „Zlatý" wurde ein kleiner Parkplatz auf Schottersteinen angelegt. Er wird an einer Seite nur von einem Seil abgesperrt, soll aber Tag und Nacht bewacht sein. Trotzdem erinnert er mich manchmal an jenen obskuren Platz, auf dem ein tschechischer Kollege in den „wilden 1990er Jahren" sein Auto verlor. Sicherheitshalber hatte er es vor einer Reise nach Deutschland auf einer eingezäunten und überwachten Fläche im quirligen Prager Zentrum abgestellt, fand es dort aber vier Wochen später nicht mehr vor. Mehr noch: Auch der Parkplatz war verschwunden. Sein Betreiber hatte ihn zwischendurch mit allen Beständen „aufgelöst". Trotz „schwarzer Schafe" unter Kellnern, Wechselstuben-Betreibern und Taxifahrern wird heute in Prag jedoch deutlich weniger gestohlen oder betrogen als in anderen Hauptstädten. Nach einer aktuellen Statistik liegt die Stadt bezüglich der Kriminalität auf dem vierten Rang in Europa und ist entgegen aller Vorurteile von Touristen erheblich sicherer als London, Paris oder Brüssel. Während etwa in Wien im Schnitt über 1.000 Straftaten pro 10.000 Bewohner verübt werden, sind es in Prag nur 628.

Sobald Straßenbahnen diesen Parkplatz passiert haben, nehmen sie unter zwei mächtigen Tunnelbauwerken einen Anlauf, um die Rechts-Links-Kurve und den folgenden Anstieg auf der Plzeňská bewältigen zu können. Ausgerechnet hier wurden die neuen rot-silbernen Trams vom Typ T14 erprobt. Sie werden von Škoda in Pilsen gefertigt, Porsche hat ihr Design entworfen, und gegenüber den alten Modellen sehen sie aus wie Panzer. Wenn sie lautstark und in scharfem Tempo durch die enge Straßenschlucht vorbei am „Hromádkové" donnern, frage ich mich stets, wann eine von ihnen das erste Haus in der Plzeňská zum Einsturz bringen wird. Der T14 bringt viel mehr Gewicht auf die Gleise als die traditionelle Straßenbahn vom Typ T3, die seit 50 Jahren durch die Prager Stadtteile schleicht. Und er rumpelt an etlichen Mietshäusern in der Plzeňská vorbei, die schon im 19. Jahrhundert erbaut wurden. Auch die einst so prachtvollen Bürgerhäuser dazwischen wurden von ihren Besitzer bisher nur in Ausnahmefällen saniert. Daher ähneln sich die Betonburgen um das „Hromádkové" irgendwie: dunkelgrün, dunkelbraun, dunkelgrau, dunkelgelb, schwarzdunkel.

In einigen von ihnen ist eine *potraviny* im Erdgeschoss untergebracht. Diese kleinen Lebensmittelmärkte werden sehr oft von Vietnamesen betrieben, mit rund 58.000 Angehörigen die drittgrößte ethnische Gruppe in Tschechien. Die meisten Familien kamen schon während des Kommunismus in den „Bruderstaat" Tschechoslowakei, arbeiteten anfangs in Fabriken und blieben auch nach der Revolution 1989. Etliche versuchten sich anschließend mit Ständen auf Märkten im Grenzgebiet, auf denen sie Gartenzwerge, billige Zigaretten oder gefälschte Markenartikel verkauften. Später eröffneten Vietnamesen kleine Obst- und Gemüsestände, zuweilen gar in zugigen Prager Hausdurchgängen, oder eben Läden. Sie arbeiten viel und stecken ihre Einkünfte zu einem großen Teil in eine gute Ausbildung ihrer Kinder. Deshalb wird prognostiziert, dass Vietnamesen in einigen Jahren die neue Elite in Tschechien stellen könnten. Eine kleine Minderheit ist allerdings auch in kriminelle Geschäfte in Tschechien verwickelt, zunehmend im Drogenhandel.

Nächster Straßenbahn-Halt auf der Plzeňská ist der Malostranský hřbitov, der zwar auf Smíchover Gebiet liegt und dennoch Kleinseitner Friedhof heißt, wie der Stadtteil Malá strana (Kleinseite). Ein verwunschener Ort, schon lange sind die Gräber überwuchert und von Laub bedeckt. Er wurde in der Pestepidemie von 1680 ausgewiesen, seit 1884 gibt es dort keine Bestattungen mehr. Noch immer beherbergt er trotzdem eine Vielzahl schöner Grabstatuen, die bedeutende tschechische Bildhauer wie Josef Malínský und Václav Prachner im Stil des Klassizismus und der Empirezeit schufen. Prachner gestaltete auch das auffälligste Grabmal, die Ruhestätte von Leopold Leonhard Raymund Graf von Thun und Hohenstein. Er war der letzte Fürstbischof von Passau, verließ die Stadt 1803 im Streit über den Verlust seines weltlichen Herrschaftsgebietes und lebte bis zu seinem Tod 1826 in Prag-Košíře. Auch das Ehepaar Dušek ruht auf diesem Friedhof. In seiner Villa „Bertramka" war Mozart zwischen 1787 und 1791 mehrfach zu Gast und beendete dort seine Oper „Don Giovanni". Heute ist das ehemalige Weingut ein Mozart-Museum. Um es zu besichtigen, müssen Besucher in der Plzeňská etwa 200 Meter zurück in Richtung Anděl gehen und dann scharf nach rechts abbiegen. Das einstige Sommerhaus des Komponisten František Xaver Dušek und der Opernsängerin Josefina Dušková verliert sich mittlerweile hinter dem großen Gebäude des Mövenpick-Hotels.

Die „Bertramka" ist das bekannteste Anwesen entlang der Plzeňská. Deshalb ist die Haltestelle nach ihr und nicht nach dem Friedhof benannt. Trotzdem ist er für mich der geheimnisvollere Ort. Verwachsen, wüst, seit Jahren geschlossen - kein Wunder, dass zahlreiche Spuk- und Schauergeschichten über ihn in Umlauf sind. Obwohl eine dichte Baumreihe über rostigen Metallgitterzäunen einen besonders engen Schutzschild um ihn zu bilden scheint. Finster entschlossen, den Friedhof gegen jeden Störenfried zu verteidigen, der den Prominenten die letzte Ruhe rauben könnte. Erst recht gegen die vielen Autos, die mit hoher Geschwindigkeit an ihm vorbei durch die Plzeňská stadtauswärts rasen.

Nachts verbreitet die Straße nicht nur auf Höhe des Friedhofes eine eigenwillige Stimmung. Dann dämmert sie unter steilen Laternen an den Fußgängerwegen und Lampen auf Drähten hoch über der Fahrbahn in einem schmutzig-bräunlichen Licht dahin. An heißen Sommerabenden dringt von ihr jedoch ein sinnlicher Klangmix durch offene Fenster. Autos, Trams, Sirenen, Liebesgestöhn. Fast im Takt stößt ein Bettpfosten gegen meine Wand. Ein junges Paar hat kürzlich die möblierte Wohnung nebenan bezogen, wie mir mein Vermieter erzählte. Seitdem musste er bereits eine Matratze ersetzen, sogar der Holzrahmen des Bettes ist schon zerbrochen. Die Stadt vibriert. Gerade in der Plzeňská. Um Mitternacht übertönt ein bellender Hund für kurze Zeit den Autolärm auf der Straße. Die alte Mitbewohnerin, die immer so freundlich grüßt, findet scheinbar wieder keinen Schlaf und führt aus Langeweile ihren Jack Russell Gassi. Kurz davor hat der Busfahrer vom Nebenhaus seine Spätschicht beendet, jetzt legt er eine CD mit Liedern der Schlagersängerin Helena Vondráčková ein, die schon im Kommunismus ein Star war und für viele Tschechen heute noch ist. Ihre Musik fräst sich durch die dicken Wände zwischen den Altbauten zu mir herüber. Noch ein paar Stunden, dann wird der fröhliche Lärm spielender Kinder wieder aus dem Innenhof des hohen Schulgebäudes am Rand des Wohnblocks zu hören sein und alle angrenzenden Wohnungen mit Leben erfüllen. Prag in seiner vollen urbanen Vitalität. In diesen Augenblicken verstehe ich Lenka Reinerová. Nach ihrer Rückkehr aus dem Exil lebte sie mehr als ein halbes Jahrhundert in der Plzeňská. Ihre Wohnung lag im vierten Stock eines Mietshauses gegenüber dem Klamovka-Park. Schon in einem anderen Teil von Prag 5, nämlich Košíře, und doch nur zwei Tramstationen von mir entfernt. Unter ihrem Balkon wurde die Straße breiter und heller und war trotzdem auch hier nichts anderes als ein lärmender Verkehrsweg. Weshalb Lenka Reinerová ihren Balkon verfluchte. Ihre Unterkunft habe „nichts Idyllisches oder Romantisches, hier fahren unzählige Autos vorbei, fortlaufend klingelt eine Straßenbahn, und dann gibt es noch die ohrenbetäubenden Sirenen der Ambulanzen", resümierte sie. Doch die letzte deutschsprachige Schriftstellerin Prags wollte sich partout keine ruhigere Wohnung suchen. An ihrem ersten Todestag brachten Freunde neben der Haustür in der Plzeňská 129 eine Marmortafel an. Zur Erinnerung an eine große kleine Dame. In gewissem Sinne auch eine Ehrbezeugung für die Plzeňská.

Weiter nach Westen stehen immer weniger Häuser entlang der Straße. Hier könnte jetzt auch der dicke Einäugige einen neuen Unterschlupf gefunden haben. Ein Rom. Einer von vielen Roma-Angehörigen, die im fünften Prager Bezirk leben. Eines Tages sah ich, wie er auf dem Bürgersteig seinen Mantel leicht öffnete und einer jüngeren Frau ein Messer in der Innentasche zeigte. Wahrscheinlich wollte er ihr nur imponieren. Über Monate hauste der Einäugige in einem dunkelblauen Tatra-Bus aus den 1970er Jahren, den er in der Mitte der Kmochová abgestellt hatte. Gemeinsam mit zwei Schäferhunden, die seine einzigen Begleiter und im Winter wohl auch seine Heizkörper in dem zugigen Bus waren. Bis mein Vermieter und andere Hauseigentümer sein Fahrzeug an den oberen Rand der steilen Kmochová schleppten, weil er das Image verdarb und ihre Geschäfte störte. Seitdem fehlt von ihm jede Spur.

In Motol, dem folgenden Teil von Prag 5, blicken Autofahrer von der Plzeňská unwillkürlich auf einen großen blau-weißen Baukomplex mit hohem Schlot. Das Universitätskrankenhaus Motol wurde in den 1960er Jahren gebaut, oft erweitert und ist nun eine der wichtigsten medizinischen Einrichtungen Tschechiens. Es unterhält viele Fachbereiche und eine Abteilung für Ausländer. Dorthin fahren bei Tag und Nacht jene unzähligen Krankenwagen, die schon Lenka Reinerová die Nerven raubten. Wie Blitze schießen diese staubig gelben Kleinbusse durch die Plzeňská. Meist unter einem Sirenengeheul, das an die einstige US-Fernsehserie „Einsatz in Manhattan" erinnert, weshalb die Straße nie zur Ruhe kommt. Schon an der Haltestelle Anděl das erste Hupen, wenn einer der Krankenwagen über die Schienen der Straßenbahn rast, und querende Passanten deshalb von den Gleisen spritzen. Die Fahrzeuge verfügen über eine ganze Palette von Tönen, wobei ein Signal dem langgezogenen Quaken eines Frosches ähnelt und damit unglaubliche Dezibelwerte erreicht.

Die Wohnung meines Vermieters liegt zur Straßenseite. Deshalb ist er an manchen Tagen dem Wahnsinn nahe. Neulich bekam ich eine amüsante Mail von ihm: „Während ich diese Zeilen schreibe, fährt gerade wieder eine Ambulanz mit voller Sirene vorbei, und dabei fällt mir auf, dass ich mir eigentlich keine Sorgen um meine Gesundheit zu machen brauche. Selbst wenn ich krank werden sollte, so scheint doch zumindest der medizinische Notfalldienst in Prag bestens zu funktionieren. In meinem Falle (ein weiterer Wagen fährt gerade vorüber) ist es wohl am besten, ich rufe gar nicht beim Notdienst an, sondern stelle mich einfach unten vor meine Haustür und fordere kurzerhand ein vorbeifahrendes Sammeltaxi der Prager Notfallversorgung dazu auf, mich mitzunehmen. Vermutlich ist es genau so gedacht, denn anders kann ich mir nicht erklären, dass mehr Ambulanzen wie Taxis an meinem Haus vorbeifahren. p.s.: Die nächste Ambulanz ist gerade vorbei gerauscht. Entweder schreibe ich zu langsam oder irgendetwas ist hier nicht in Ordnung."

Gegenüber der Klinik liegt ein 9-Loch-Golfplatz. Hügelig, mit engen Fairways und erhöhten Grüns, die ein exaktes Spiel erforderlich machen, wie der 1926 gegründete Golfklub auf seiner Homepage ausführt. Dafür bietet seine Clubhaus-Terrasse eine fantastische Aussicht über die Stadt. Der Golfplatz wurde in den 1970er Jahren angelegt. Damals fuhr ich zum ersten Mal durch die Plzeňská und erkundigte mich bei einem Fußgänger, ob sie tatsächlich nach Pilsen führt. Der Tscheche verstand mich nicht, weil ich „Pilsen" sagte und nicht „Plzeň". Die große Straße ist seit Jahrhunderten ein wichtiger Verkehrsweg, schon 1897 ließ der Bürgermeister von Košíře auf ihr eine elektrische Bahn zwischen Klamovka und Anděl fahren. Heute wirkt sie auf Touristen nur wie eine gesichtslose Ausfallstraße. Als schnellster Weg, um Prag mit dem Auto über die D5 wieder in Richtung Nürnberg oder München zu verlassen.

Für mich ist sie dagegen der heimelige Beginn von Prag. Biege ich auf Höhe des Krankenhauses in die Plzeňská ein, lege ich gerne „Coming Home" von Sasha in den CD-Player meines Autos ein. Ein paar Minuten später habe ich den Parkplatz vor meiner Wohnung erreicht. Sehr wahrscheinlich, dass ich gleich darauf ins „Na Hromádkové" gehe. Auf ein kühles Pilsner Urquell.